新时代 北京卷
教育文库

北京市朝阳区实验小学

幸福人生 从健康起航

学生体质健康工作改革与实践探索

陈丽华◎主编

中国言实出版社

图书在版编目（CIP）数据

北京市朝阳区实验小学：幸福人生 从健康起航：学生体质健康工作改革与实践探索 / 陈立华主编. -- 北京：中国言实出版社，2024.2
（新时代教育文库.北京卷）
ISBN 978-7-5171-4750-3

Ⅰ.①北… Ⅱ.①陈… Ⅲ.①小学生－身体素质－健康教育－教学研究 Ⅳ.①G623.82

中国国家版本馆CIP数据核字（2024）第044616号

幸福人生 从健康起航

责任编辑：王君宁 史会美
责任校对：王建玲

出版发行：中国言实出版社
　　　　　地　址：北京市朝阳区北苑路180号加利大厦5号楼105室
　　　　　邮　编：100101
　　　　　编辑部：北京市海淀区花园路6号院B座6层
　　　　　邮　编：100088
　　　　　电　话：010-64924853（总编室） 010-64924716（发行部）
　　　　　网　址：www.zgyscbs.cn 电子邮箱：zgyscbs@263.net

经　　销：新华书店
印　　刷：北京虎彩文化传播有限公司
版　　次：2024年3月第1版 2024年3月第1次印刷
规　　格：710毫米×1000毫米 1/16 19.75印张
字　　数：320千字

定　　价：89.00元
书　　号：ISBN 978-7-5171-4750-3

本书主编简介

陈立华，女，中共党员，正高级教师，北京市特级教师，北京市特级校长。现任北京市朝阳区实验小学党委副书记、校长。兼任朝阳区政协委员、北京青联委员、教育部"国培计划"名校长工作室主持人等。曾获全国教育改革创新优秀校长、北京市先进工作者、北京市优秀共产党员、北京市优秀教育工作者、朝阳区"凤凰计划"教育领军人才等荣誉称号，荣获首都劳动奖章、北京市"三八"红旗奖章。

文库编委会

主　任：顾明远

编　委：（以下按姓氏笔画排序）

尹后庆　代蕊华　朱卫国　朱旭东

李　烈　李有毅　吴颖民　陈如平

罗　洁　姚　炜　唐江澎　韩　平

褚宏启

本书编委会

主　编：陈立华

副主编：（按姓氏笔画排序）

于　浩　王长柏　王雪莲　李　军　李星燃

李梓阳　李博瀚　张博彦　陈　旭　陈大禹

武与文　赵　军　赵黎明　胡爱国　侯　杰

夏莹莹　高晓明　蒋　圆　冀丽丽

编　委：（按姓氏笔画排序）

于志刚　王　超　王志芳　王学俊　王秋香

王晓松　王晶晶　冯莉娜　冯家冉　邢洪宇

邢绘君　孙　滨　苏博为　李丽丽　李海龙

吴咸中　沈　光　张　雯　张　蕾　张娜薇

张鑫杰　周　帅　郑新萌　屈晓娜　赵明月

赵雄韬　胡　浩　姚娅旭　倪　芳　高　伟

崔　彦　崔英华　焦健荣　蔡宇晴

总　序

党的二十大报告中指出，"高质量发展是全面建设社会主义现代化国家的首要任务"、"教育、科技、人才是全面建设社会主义现代化国家的基础性、战略性支撑。必须坚持科技是第一生产力、人才是第一资源、创新是第一动力，深入实施科教兴国战略、人才强国战略、创新驱动发展战略，开辟发展新领域新赛道，不断塑造发展新动能新优势"。为深刻领会以习近平同志为核心的党中央作出这一战略部署的深义和赋予教育的新使命新任务，加快建设教育强国，加快推进教育高质量发展，展示新时代我国基础教育的发展变革和取得的重大成就，中国言实出版社策划、出版了"新时代教育文库"丛书。

进入新时代以来，教育系统全面贯彻党的教育方针，落实立德树人根本任务，培养德智体美劳全面发展的社会主义建设者和接班人；促进教育公平、提升教育质量，加快推进教育现代化，办好人民满意的教育。教育的中国特色更加鲜明，教育面貌正在发生格局性变化。新时代以来，我国教育普及水平实现了历史性跨越，更好地保障了人民受教育的机会；教育服务能力稳步提升，为国家重大战略实施和经济社会发展提供了强大的人才和智力支撑；教育改革开放持续深化，服务全民终身学习的教育体系进一步完善。"新时代教育文库"丛书记录了、见证了基础教育事业的发展变革，对研究我国基础教育具有一定的史料价值。

本丛书选题视野开阔，立意深远。丛书以地区分卷，入选学校办学特色鲜明、教学教研成果突出，既收录了办学者、管理者高水平的理论研究创新成果，也收录了一线教师对课堂教学的真实感悟案例，收录了一线管理者的成功经验总结，这些，对基础教育工作者、研究者具有一定的参考价值。

　　是为序。

著名教育家，中国教育学会名誉会长、北京师范大学资深教授

2022 年 12 月

前　言

　　20 世纪 50 年代，清华大学旗帜鲜明地提出"为祖国健康工作五十年"，引起社会各界的强烈反响。强健体魄，既是自己幸福生活的基础，更是对国家负责。

　　强国必先强民，强民必先强体。百年来，我们彻底摘掉了"东亚病夫"的帽子；我们的运动员在国际赛场上摘金夺银，全民运动逐渐兴起，正由体育大国向体育强国迈进。

　　然而，青少年体质健康依然不容怠慢。在刚当校长之初，我们发现学生的体质正在逐步下降，校园里的"小眼镜""小胖墩"多了起来，甚至在升国旗时，学生多站一会儿，就会出现低血糖、中暑等不良反应，学生的健康问题令人担忧。

　　青年强则体育强，体育强则国家强。青少年身体健康关系到国家民族的未来，促进青少年健康是体育工作的重点内容。党中央、国务院高度重视青少年体质健康。习近平总书记多次强调，建设体育强国要重视青少年体育工作，引导广大青少年积极参与体育健身，强健体魄、砥砺意志，凝聚和焕发青春力量，为中华民族伟大复兴做出应有贡献。

　　从《关于深化体教融合　促进青少年健康发展的意见》发布，到《关于全面加强和改进新时代学校体育工作的意见》出台，再到"十四五"规划和 2035 年远景目标提出的"重视青少年身体素质和心理健康教育"，为新时代学校体育工作绘出了宏伟蓝图，也为新时代学校体育教育改革指明了方向。

　　一直以来，北京市朝阳区实验小学高度重视学生的体质健康，并将体育作为学校的主要学科。学校提出了"为幸福人生奠基"的办学理念，并从"幸福人生航"四个维度去诠释。学校认为"健康"是学生拥有幸福人生的首要因素，也是学生个人最大的财富。我们追求的健康，不仅是身体健康，还包含精神、心理、生理、社会、环境、道德等方面的全面健康。我们希望孩子们从小建立健康观，培养终身体育锻炼的意识，真正实现"为国家健康工作五十年"。

　　小学阶段是培养学生"健康"意识的黄金阶段，同时也是学生身心发展的关键时期。学生很多的健康问题都可以通过社会、学校、家庭共同协作，得到很大程度的改善，甚至转好。学校将健康意识融入学校的常规教育中，不仅让健康知识走进课堂、走进食堂、走进操场，而且走进教科书，与各学科融合起来，提升学生的健康意识；同时学校从体育锻炼、营养均衡、医疗康复等不同的角度，营造健康校园、健康课堂的文化氛围，去解决学生的体质健康问题。

　　在体育锻炼方面，我们抓运动负荷和培养体育兴趣，"双管"齐下，帮助学生健康成长。在运动负荷上，我们关注运动强度，每天课间操都组织全体学生进行长时间的跑操和绳操，"夏练三伏，冬练三九"，长年不断，让学生每天的中高等运动强度达到30分钟以上，实现"真出汗，真锻炼"的目标，以此促进学生的生长发育，磨炼学生的意志品质。在培养体育兴趣上，我们开发和强化多种运动项目，有足球、篮球、排球、体操等大众项目，也有武术、花绳等传统项目，还有登山、跑酷、街舞、啦啦操等新兴项目，更有拳击、软垒、舞狮小众项目，甚至还开设了旱地滑雪、轮滑、冰球等冰雪项目……多元的体育项目融入体育课和社团活动中，并通过"必修＋选修"的模式，让每一名学生都能找到他感兴趣的运动项目。

　　在营养均衡方面，针对低年级学生的贫血现象和高年级超重、肥胖等问题，我们设计不同的营养配餐，在注重食物色、香、味的同时，补充维生素和微量元素。我们实施课间加餐，缓解学生上、下午的饥饿感，补充大脑中的血糖，提高学习效率。最为重要的是，在学生换牙期、培养小肌肉群的敏感期、青春期等特殊时期，我们安排有针对性的营养餐，促进生长发育及保证身体健康。

　　在医疗康复方面，我们勇于尝试"体医结合"健康促进策略，将每年学生的医学体检（如血常规、血压等数据），国家学生体质健康监测（如身高体重的比例BMI、肺活量、跳绳等数据），以及运动健身三者结合在一起，对学生的健康情况进行评估，分析学生体质薄弱的原因，为学生提供个性化的运动处方和营养膳食指导，从而增强学生体质、防治疾病、维护健康。

　　尽管我们在促进学生健康方面做了很多大胆的创新之举，学生的体质也有很大的改善，学生体质健康的优秀率在 10 余年由 16.57% 提升到 80.4%，肥胖率由 25.58% 下降到 10.82%，但时代在变、环境在变，挑战永远存在，我们的工作任重而道远。

　　在实现"两个一百年"奋斗目标的路上，我们每名教育工作者都责无旁贷。如今教室里的青少年，就是未来祖国建设的中坚力量，我们希望家校社能携起手来，为孩子健康成长护航，真正实现"为祖国健康工作五十年"。当然，由于笔者水平有限，本书难免错漏，也恳请各位专家和同人不吝指教。

陈立华

2023 年 3 月 6 日

目　录

理论篇

第一章　理念引领 ·························· 003

第二章　队伍建设 ·························· 023

第三章　营养健康 ·························· 042

第四章　心理健康 ·························· 064

第五章　体育课程 ·························· 081

第六章　体育教学 ·························· 103

第七章　课外体育 ·························· 137

第八章　体育社团 ·························· 157

第九章　体育竞赛 ·························· 183

第十章　校外锻炼 ·························· 196

跨学科主题学习案例

神奇的影子 ·························· 崔　彦 / 220

红军不怕远征难，重走红军长征路 ·········· 崔英华 / 223

百队争先，创作大赛 …………………………………………… 王志芳 / 227

心怀目标 坚持不懈 …………………………………………… 屈晓娜 / 229

确定起跑线 1 …………………………………………………… 冯莉娜 / 232

确定起跑线 2 …………………………………………………… 王晓松 / 235

运动中的统计 ………………………………………… 张 蕾 倪 芳 / 238

走进中外流行体育运动 …………………………… 李海龙 张鑫杰 / 241

奥运有我，我爱奥运 …………………………………………… 蔡宇晴 / 244

五子棋连连看 ……………………………………… 高晓明 邢绘君 / 247

英勇志愿军 ……………………………………………………… 胡 浩 / 250

小小跳绳 欢乐唱游 …………………………………………… 王 超 / 253

乒乒乓乓摆战场，小小球儿闪银光 …………………………… 高 伟 / 256

动态飞扬 运动场上 …………………………………………… 孙 滨 / 261

发现运动规律，感受动态之美 ………………………………… 赵雄韬 / 264

呼吸与健康生活 ………………………………………………… 苏博为 / 268

定向少年，探秘植物王国 ……………………………………… 吴咸中 / 272

传统游戏 ………………………………………………………… 姚娅旭 / 275

沙包 ……………………………………………………………… 于志刚 / 278

舞动的语言 ……………………………………………………… 王晶晶 / 281

英雄少年 勇往直前 …………………………………………… 周 帅 / 284

运动与测量 ……………………………………………………… 冯家舟 / 287

小雨伞——如何欣赏与评价足球比赛 ………………………… 邢洪宇 / 289

华丽变身捕虫能手 ……………………………………………… 沈 光 / 293

吹响劳动的号角 ………………………………………………… 张 雯 / 296

后 记 ……………………………………………………………………… 299

理论篇

第一章　理念引领

第一节　学校文化的积淀和形成

优秀的学校文化反映了学校的办学方向、办学特色和办学信誉，蕴含着优良的教育传统、共同的价值取向、崇高的职业愿景、浓郁的学术氛围、自觉的道德规范和深厚的文化积淀，是一所学校人文精神的集中体现。丰富的、富有特色的学校文化更是一所学校走向成熟的重要标志，是一所学校生生不息、薪火相传、不断完美的血脉和基因，更是学校的灵魂与精髓。

一、学校早期的校园文化

我校成立于1956年，现已成为拥有雄安、贵阳、密云等18个校区20个办学校址的教育集团。总校坐落在北京市朝阳区幸福村，交通便利，地理环境优越，知名度很高。学校前身为幸福村中心小学，1997年更名为北京市朝阳区实验小学（以下简称朝实），是第一所以"朝阳区"政府名称命名的实验学校，也是朝阳区教委早期的5所直属校之一。学校更名后的第一任校长是全国劳动模范、特级教师马芯兰，其创造的"马芯兰教学法"至今在全国具有深远的影响。因此学校一直以数学教学为特色，传承与发扬"马芯兰教学思想"，鉴于对教学质量不懈的追求，学校总结出包括"追求卓越"这一办学理念在内的学校文化（见表1）。

表1 学校文化

办学理念	追求卓越
核心价值观	责任
朝实精神	搏、韧、容
朝实校训	敦品、励学、达才、成德
朝实校风	求真、求实、求新、求精
朝实气质	儒雅、恬淡、大气、睿智
办学目标	办现代化实验学校，育高素质优秀学生
管理思想	与时代发展竞进　细节决定成败
办学原则	育人为根本，德育为首位，教学为中心，发展为主题
办学宗旨	服务社会、服务家长、服务学生
办学策略	以科研为先导，以优化课堂教学结构研究为根本，全面提高学生的思维能力与质量
校徽	

对办学理念的解读：

追求卓越是一种境界，要学无止境而不是浅尝辄止、满足现状；追求卓越是一种态度，要仰望星空，脚踏实地，敢于自我挑战，追求更好；追求卓越是一种习惯，要把握当下、孜孜以求，而不是贪恋享乐。

对朝实校训的解读：

敦品与励学是修行的过程，达才与成德是实现的目标。

敦品：具有诚恳、笃厚的品格，这是做人的基本准则。做人要以诚为本，忠诚厚道，做事要脚踏实地，求真求实。这是修身立德的根本。

励学：在实践中不断追求新的目标，自信乐观，积极向上，勇攀新高。不断发展与完善自身的精神需求，彼此激励，树立科学的人生观、价值观，适应社会需求。这是治学的基本态度。

达才：达到并实现有能力、有才干的目标，成为博学多才的人。才，可以理解为"才干""才能""才学""才智"等。

成德：德行是个人在自由地追求美与善的生活中获得的，诸如正义、节制、仁慈、宽容、友谊、诚实、勇敢、守信、实践、智慧等。成德就是要成就好的德行与德望。

对朝实校风的解读：

求真：就是要尊重科学，崇尚真理，坚持实事求是，具有严谨认真、锐意进取的工作作风。

求实：指学校的各项工作遵循务本求实、说老实话、办老实事、做老实人的原则。

求新：就是要追求一种永不满足、永不停歇、不断开拓发展的创新精神，全身心地投入教学改革，不断更新观念、推陈出新、挑战自我、勇于开拓。

求精：是精华，提炼或挑选的；是完美，最好或精益求精的。学校提倡精品教育，教师要忠诚党的教育事业，追求业务上的精通和精益求精，努力成为育人的模范。

对校徽的解读：

以火箭腾空为意向的校园标识，体现出向上发展的蓬勃力量和争创第一的奋斗精神；其中环内的字母"C""S""Y"，隐喻"朝阳区实验小学"校名的缩写。图案中1、6、8、9等多个数字突出了马芯兰数学教改的思想与学校鲜明的办学特色。

二、学校文化的积淀与形成

从早期的学校文化中，我们可以感受到学校的定位，是以学校发展和教师培养为主，对学生发展没有做重点、突出的强调。这可能与当时的社会环境、学校背景有关系，也与当时的教育观念有关。1997年更名后的朝实，首先面临的是朝阳区教委对学校的高定位，希望马芯兰校长利用学校的特色或自身优势将学校打造成朝阳区的"龙头"学校或品牌学校。但学校当时所面临的现状是，教师学历水平较低，最高学历为大专，更多为中师，且平均年龄较大，虽然有"马芯兰教学法"的引领，但各学科发展不平衡，老师整体授课水平不高；同时，全校10多个班级，30余名教师，整体规模不大，甚至有被他校合并的风险，与现代化学校的发展理念差距较大。所以，学校必须先提高教师的能力，促进教学质量的提升，解决学校的生存、发展问题。因此，学校在建设校园文化时，设定的很多项目和内容，更多的是对老师提出方向、目标和要求，比如从智慧、勤奋、精神和责任等方面来引导老师。虽然对学生的发展有展望，但涉及不深，内容不成体系。

我国是中国共产党领导的社会主义国家，这就决定了我们的教育必须把培养社会主义建设者和接班人作为根本任务，培养一代又一代拥护中国共产党领导和我国社会主义制度、立志为中国特色社会主义奋斗终身的有用人才。教育的最终目的是培养学生成才，为国家和社会输送更多的人才，这一重任自然而然落在学校的身上，学校必须充分发挥这一功能，为党育人、为国育才。而学生是学校的主人，是学校教育的主体，学校的一切工作都是为了学生，借用一句话："一切为了学生，为了学生的一切，为了一切学生。"我们必须"以生为本"，构建"以学生的发展为中心"的教育体系，改变教育观念，改革教育教学方法，调整教育评价体系，促进学生的全面发展。

树立以学生发展为中心的教育理念：思想决定行为，只有在学校和老师中树立以学生发展为中心的教育理念，才可能在教育教学工作中推进与落实。在学校层面，学校把学生作为教育与管理的根本，以学生为核心开展工作，把对教师培训的最终目标，由提高教师综合素质调整为为学生服务上来，并在学校的教育环境、制度制定、校园文化、校园管理等环节的安排上，落实"以学生为本"的理念。在教师层面，使教师意识到学生是具有较强的主观能动性、可塑性以及发展潜力的，将课堂更多的时间与空间还给学生，强调学生才是课堂的主人；调整以前教师单向传递知识，学生被动接受的局面，强调"精讲多练"，让学生多自主学习、合作学习和探究学习，从而促进学生全面、健康、协调发展。

形成以学生发展为中心的课堂教学：课堂是学生学习的主阵地，要改变传统教学中以"教师、教材、课堂"为中心的教学现象，在备课、课堂教学和作业三个环节，落实以学生发展为中心的教育理念。在备课时，我们考虑到学生的实际需求，了解学生认知水平的差异，研究制订出分层指导的目标和措施，做好"保底不封顶"的教学准备。在课堂教学时，我们关注学生的反馈，比如，我们要求让每个学生在课堂都有一次站起来与老师进行互动的机会，一改以前只关注教学进度的情况，充分感受全体学生的学习状态，并快速做出相应的教学反应。同时，加大学生练习环节和时间的比重，一改老师一讲一节课的情况，让学生"学会""做对"。在布置与批改作业时，因人而异，根据学生的能力，布置"必写＋选写"相结合的作业，让每个学生都能在规定的时间内完成作业，既掌握了基础知识和基本技能，又有提高能力的途径和措施，满足学生的不同需求。

建立以学生发展为中心的评价体系：教学评价对课堂教学具有督导、激励、诊断、评价、调控等功能，是提高课堂教学质量的有效措施。我们一改以前评价方法形式单一的情况，尊重学生在课堂教学中的主体地位，采用多样的评价方式，如学生自我评价、教师对学生评价、学生对教师评价以及学生之间的互评等，全面评价课堂教学；同时，我们一改以前评价标准整齐划一的情况，关注学生个体的差异，优化评价内容和标准，比如将以前主要评价学生的学业成绩，调整为对学生全面发展的评价，让每个学生都能找到自己的闪光点；另外，我们在注重评价教与学结果的基础上，强调对学生参与学习过程的评价。

三、学校办学理念的升级

在学校文化的建设中，办学理念最为重要。它是学校全体成员在基于"办怎么样的学校"和"怎样办好学校"的深层次思考下，根据学校发展目标，在办学实践的基础上不断反思、重构而形成的对学校发展的理性认识和价值追求。它是一所学校办学的总体指导思想，是一所学校建设的根本，是一所学校发展的灵魂所在。我校已建校60余年，是一所不断向前发展的现代化学校，随着学校办学经验的累积和时代向前推进，学校的办学理念也随之升级、升华。

习近平总书记在2012年11月提出"中国梦"，将其定义为"实现中华民族伟大复兴，就是中华民族近代以来最伟大梦想"，具体表现是国家富强、民族振兴、人民幸福。我们党和国家在努力为人民谋幸福，人民也应该加强自己谋幸福的能力，彼此相向而行，才能实现"中国梦"。作为学校，就应该培养幸福的人，通过教育提升教师和学生的幸福感，为孩子们一生的幸福打下坚实的基础。为了让学生拥有获得幸福的能力，拥有幸福的明天，学校对原有的办学理念"追求卓越"进行升级，提出了"为幸福人生奠基"的办学理念，并从"幸福人生从健康起航，幸福人生让道德引航，幸福人生用习惯护航，幸福人生乘能力远航"四个维度去诠释，致力于培养学生具备正确的幸福观，知道幸福的存在，感受到周边的幸福，拥有创造幸福的意识，能与他人共享幸福，从而培养学生理解幸福、体验幸福、创造幸福、享受幸福的能力。

幸福人生 —— 从健康起航

我们经常说：健康是1，事业、财富、成就都是后面的0，没有前面的1，一切归零。健康是人生最根本的载体和平台，学生要学习，长大要工作，就需要拥有健康的体魄，自信的心态，让自己身心处于良性循环之中。所以，我们从健康、道德、习惯、能力四个方面去解读学校的办学理念时，把健康排在了第一位。

世界卫生组织给健康下的定义为："健康是一种身体上、精神上和社会适应上的完好状态，而不是没有疾病及虚弱现象。"从世界卫生组织对健康的定义可以看出，它包含了三个基本要素：身体健康、心理健康、具有社会适应能力。"具有社会适应能力"是国际上公认的心理健康的首要标准，因此全面健康包括身体健康和心理健康两大部分，两者密切相关，缺一不可，无法分割。这是健康概念的精髓。

近些年，我们通过各种数据、现象、事例等，发现一个客观的事实，我们孩子的健康出了问题，特别是身体的健康，此部分将在本章的第二节进行详细描述。我们需要发动全部力量去改变这一现状，而学校是对学生健康进行干预、促进学生健康最有效的场地。因此，学校利用自身优势，将学生健康问题摆在学校发展的首位，改变学校、社会、家长"唯分数论"的思想和做法，给学生在健康方面以更多的支持，如，有更多的时间让学生去玩、有更多的资金去改善运动场地和设施。

幸福人生——让道德引航

在学校的日常工作中，我们经常遇到一些问题，虽小但很常见，时间一长，就引发了我们深入的思考，心中不停地问自己，这是怎么回事？

礼仪问题：每个学期我校都会有大量的国内外教育访问团来校交流参观，但每逢遇到参观都要提前提示教育学生要有礼貌，因此我们感觉到礼仪礼貌还未成为学生一种内在的素养。

责任问题：同学之间经常发生一些小摩擦，孩子之间磕磕碰碰在所难免，但学生总是先指责别人，而对自己的问题避重就轻，不能勇于承担责任。

丢失物品：学生或家长经常反映学生在学校丢失文具、衣服，甚至饭费，有的能找到，有的却永远找不到了，感觉很无奈。

厕所事件：卫生老师和保洁师傅经常抱怨，厕所的蹲位或水池经常被堵，在修理时常掏出水果、塑料瓶等，同时厕所的设施也经常被毁坏，厕所墙壁随意涂抹。在事后的了解中，发现学生把这些事情当作一种刺激、一种乐趣。

语言粗野：同学之间发生矛盾，双方谩骂语言不堪入耳；高年级学生背后议论教师，有的甚至直接用手机微信的方式指责老师，对老师很不尊重。

这些现象从狭义的角度分析，属于学生的行为习惯问题、心理健康问题；但从广义的角度分析，属于学生的道德修养问题。什么是道德？"道德"是一种社会意识形态，是人们共同生活及其行为的准则与规范。但丁曾说："道德常常能填补智慧的缺陷，而智慧永远无法填补道德的缺陷。"学校必须通过多种形式的教育教学活动，培养学生良好的道德习惯与道德修养。虽然学生的道德修养问题一定程度上源自家庭、社会的影响，但我们绝不能淡化学校教育的作用、教师道德的感染。

幸福人生——用习惯护航

叶圣陶讲："什么是教育？就是习惯的培养。"那么作为教师就应该首先形成好的习惯，并培养学生在校园里良好的学习和生活习惯。虽然，习惯不能解决所有的问题，但习惯可以解决基本问题，良好的习惯伴随着我们的孩子幸福成长。

北京教育学院原院长温寒江老先生在书中对习惯定义："习惯是行为的自动化，实际上是思维的某种程序经过反复的操作后达到非常熟练的程度，这时这种思维经过优化，达到减缩的程度，就形成了习惯。"所以说习惯是一种思维长时间的训练所产生的结果。其中学习习惯是学习过程中，经过反复练习形成的，并发展成为一种个体需要的自动化学习行为方式，良好的学习习惯有利于激发学生的积极性和主动性。

习惯形成的外在表现：行为和思维的自动化，不需要特别的意志努力，不需要别人监控，在什么情况下，就按什么规则去思考和行动。从其概念中，我们可以了解到，看似习惯是行为的自动化，其实是思维在起作用。在学习习惯中更是如此，并且告诉我们，通过一段时间的反复训练是可以达到的。

思维层面的习惯——要有训练，要形成方法，明确其流程。

我们要对学生从思维层面的习惯进行训练，并形成一套方法。如原魏淑娟校长在中途接了一个班，一个星期后，这个班的计算错误率就由10%下降到0，那是因为魏校长总结了一套很好的方法。第一步，抄写数字一步一回头；第二步，进行验算；第三步，对于结果整体思量。

行为层面的习惯——要有规范，提出要求，照做。

如苏联著名的宇航员加加林，之所以能成为第一个宇航员，就因为上级部门在挑选时，被他的一个细节打动：登舱脱鞋。

在我们的学校里，就有很多很好的行为习惯，如行走习惯"慢步、轻声、右行"，需要我们进一步明确地提出来，并坚持和传承；比如健康习惯：锻炼，我们坚持了学生就坚持了，体育组教师实施的早锻炼、假期锻炼都值得肯定和推广；例如肥胖、近视儿童在食谱、身体检测、视力纠正、宣传教育等方面的积极干预，都需要形成习惯并长期坚持。

幸福人生——乘能力远航

谈未来，我们任重道远，未来是下一代的竞争。因此，我们不仅需要培养具有爱国情怀的中国人，而且要让他们在竞争能力方面具有优势。

温寒江在《学习与思维》一书中提到，能力是技能的高水平的综合。能力的发展，从横向来说是多元的、多侧面的。我们要关注学生语言交往能力、身体运动能力、动手实践能力、信息运用能力、艺术表现能力、创新思维能力的提升。

语言交往能力：一项调查显示，三分之一的青少年学生认为自己不受同伴重视和欢迎。虽然他们很想努力改变自己，但找不到解决问题的有效方式，而努力后的挫败感加重了压抑和自卑情绪。所以调查组专家指出：对儿童、青少年交往能力的训练和心理健康教育迫在眉睫。

身体运动能力：代表速度的运动项目：50 米跑，说明神经、肌肉的功能。代表耐力的运动项目：小学生 50 米 ×8 往返跑，男 1000 米跑，女 800 米跑，说明肌肉、呼吸功能，心血管功能。代表爆发力的运动项目：立定跳远，说明神经、肌肉的功能。力量测验，男生，小学生斜身引体；女生，1 分钟快速仰卧起坐（屈腿），主要说明肌肉的功能。柔韧测验，立位体前屈，说明关节的活动幅度。

动手实践能力：创新思维、动手实践、独立思考等多种能力，不是在课本上学到的，而是在动手实践中形成的。动手实践可以提高学生的学习兴趣，培养学生的创新意识，开发学生的思维。

信息运用能力：能胜任处理信息工作的主观条件。吸收信息，这是提高处理信息能力的基础。以敏锐的观察和准确的判断去及时捕捉有价值的信息，并不断开辟信息源，利用多种途径去追踪信息。筛选信息，吸收而不筛选，庞杂的信息反而会导致思维的混乱。筛选信息就是将得到的各种信息进行分析、整理、储存，选择那些最能影响人们行动和决策的信息。运用信息，把吸收和筛选来的信息尽快运用到实践中去，并取得最佳的效果，是处理信息的目的。

艺术表现能力：艺术表现能力的培养是艺术教育的核心问题，是指在艺术作品创作中所表现出的强劲的感染力量，以及在美化画面、艺术造型等诸多方面表现出内蕴丰富的意境、节奏、韵律、品位等。

创新思维能力：培养学生的创新思维能力，有助于个人专业学习、专业能力的发展，有助于培养更多高层次拔尖人才，促进人才强国战略和科技强国战略的全面实施。

学校希望通过调整办学理念的内容，让办学理念的指向更加明确，社会各界能够理解在"以学生发展为中心"理念指引下，学校所关注的方向，从而凝聚各方面的力量，解决学生在发展道路上所面临的问题，培养勇于探索、勤于思考、善于交流和敢于创新的幸福人。

第二节　学生健康的困惑

100多年前，中国著名的学者梁启超先生在《少年中国说》中写道："少年强则国强，少年独立则国独立，少年自由则国自由，少年进步则国进步……"文章中对中国少年寄予无限希望，鼓励他们奋然而起，投入建设祖国的战斗中，令人振奋。每当我们的孩子在集体诵读时，都会让现场的人们热血沸腾，气氛达到高潮。但是近些年，我们也悄然发现，我们的孩子，我们的学生，我们的少年的健康有点令人担忧。

一、三组数据带给我们的震撼

我校有一个非常好的传统，就是在每年招收一年级新生时，全体老师或者大部分教师都会参加迎新工作，带孩子找班级，指引家长参观学校，协助班主任组织学生等，各司其职，让孩子们能够快速适应新学校的氛围，迅速进入上学状态，顺利度过幼小衔接。

曾几何时，我们对新生的关注重点由学生是否机灵，改为肥胖生多不多。当然，我们思考更多的是这些孩子的家庭教育是什么情况，孩子在学校将怎样学习，体育课怎么上……尽管如此，我们仍然未重视学生的健康问题。直到三组数据公布，数据以及背后所产生的意义让我们产生了警觉，才开始认认真真地思考孩子们的体质、营养、发育等健康问题。

数据一：2011年国家体育总局发布的《2010年国民体质监测公报》，对31个省区市的459184人进行了抽样。结论是，2010年，17岁男孩的平均身高是1.714米，17岁女孩的平均身高是1.593米。而日本文部科学省所做的统计，2010年日本17岁男孩平均身高是1.708米，女孩是1.580米。2010年韩国17岁男孩平均身高为1.736米，17岁女孩平均身高为1.609米。

通过对东亚三国这一年17岁的青年人平均身高进行对比发现，中国比韩国低，比日本略高（见图1）。

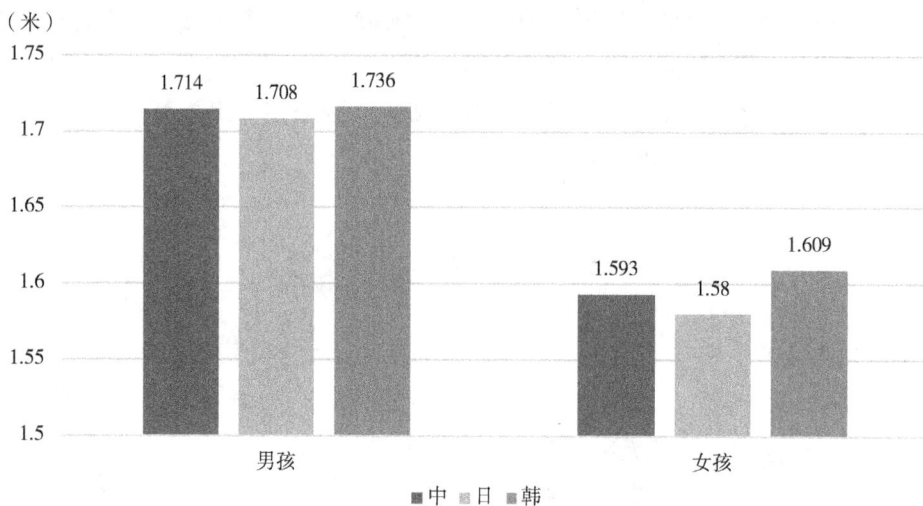

图1　2010年中日韩17岁人群平均身高对比

数据二：2011年，北京市体检中心发布的《2011年度北京市体检统计资料报告》显示，2011年度本市高招体检总计参检75256人，其中男考生35765人，女考生39491人。其中，完全合格10080人，占总体检人数的13.39%；基本合格（学校有关专业可不录取）65164人，占总体检人数的86.59%；不合格（高等学校可不录取）12人，占总体检人数的0.16‰。

其中，高招体检中共检出视力不足64836人次，检出率为86.15%，其中男性29483人，占45.47%，女生35353人，占54.53%。

数据表明：当年北京全市高中毕业生体检的学生中，完全合格的学生仅一成多，除视力不足、超重等"老大难"问题外，还出现脊柱侧弯及血压增高等问题。

数据三：2008年我校全体1684名学生参加国家学生体质健康标准监测的试点工作，对学生的身体形态、身体技能、身体素质3个方面进行测试。结果显示，共有88名学生获得"优秀"等级，占比为5.2%。而获得"不及格"等级的学生为181名，占比为10.7%，远高于"优秀"的等级。

我们通过对数据的进一步分析，发现平均每个班获得"优秀"等级的学生不足2人，而当时推荐当选市、区级"三好学生"则要求体质健康监测成绩达到"优秀"等级，很多学生因此与"三好学生"失之交臂，成为学生和家长的遗憾。

北京师范大学体育与运动学院院长毛振明教授把青少年体质描述为"硬、软、笨"。硬，即关节硬，也就是柔韧性差；软，即肌肉软，是指肌肉没有力量，肌力和耐力差；笨，即动作不协调，是指长期缺少运动导致身体不灵活。

我们认为从健康角度，从上面三组数据的分析来看，现在的青少年还存在"虚、高、异"的问题。虚，即心肺功能差，是指血压偏高和肺活量低；高，即近视率高，指长期不科学用眼导致视力不足或弱视；异，即身体形态肥胖或偏瘦，是指身高与体重的比值 BMI 不正常。这些问题不得不让我们调整对学生学习或成绩的要求，重新审视学生的健康问题。

二、学生健康问题的深层次分析

面对学生健康问题的日益凸显，我们需要全方位剖析、深层次分析，找出其根本之所在，对症下药，解决这一问题。因此，我们认为需要从社会、学校、家庭三个层面来进行探讨。

（一）社会层面

1. 社会群体对孩子过度关爱。

随着社会的不断进步，整个社会群体对孩子的关爱越来越多，特别是独生子女的大量出现，人们对孩子的保护更加全面，生怕孩子受到意外伤害。"打不得，说不得""捧在手里怕摔了，含在嘴里怕化了"，在大街上，人们因为包庇孩子的错误而发生争执的不在少数，不知不觉中，社会上有了这种不良的风气。

很多孩子由于娇生惯养，过于呵护，过度溺爱，形成很多不良的生活习惯和性格特点。有利于身体健康的活动，孩子怕苦怕累，就不做或少做；有利于培养坚强品质的事情，孩子坚持不下来，就放弃。孩子们的生长发育，就在点滴中慢了下来。

2. 现代生活方式让孩子"静态化"。

相对于 10 年前、20 年前，人们的生活环境、生活习惯发生了巨大变化，最为典型的是人们的生活方式由"动"到"静"。我们孩子们的生活也深受影响，在家时，喜欢玩电子游戏、上网或看电视，外出运动的欲望和时间明显减少；外出时，日益发达的交通工具、电梯等各种公共设备，让孩子们日常的运动量较从前大为减少；孩子们在一起玩耍时，更多的是谈网络游戏、玩手机，运动的时长明显缩短。

这些现代的生活方式，其实也包括一些不健康的生活方式，造成包括青少年学生在内的整个社会人群体质的下降，也让很多人的身体处于"亚健康"状态。

（二）学校层面

1.学习任务或压力过重。

近些年，国家或地方政府下发了各种减轻学生学习负担，增加学生活动的文件，但收到的效果有限。主要原因还是学校有考试的压力，小学有抽测的压力，中学有中高考的压力，学校希望在这些重要的考试中，取得好的成绩或名次，保持或提升学校的知识度或影响力；另外，教育主管部门也会通过这些重要的考试来评估学校的教学质量。那自然而然，学校就会把主要的精力放在文化课上或追求升学率上，无形中增加了学生的学习任务。

学校的这种行为也会直接影响社会和家长，让学生在校内外都承受巨大的学习压力，那么学生的体育活动的时间就会减少，正处于生长关键期的学生的健康也会受到影响。

2.安全教育或措施过紧。

现在某些家长的"维权"意识过强，对学生在学校出现的"磕碰事故"，不相信学校或老师能妥善地解决，而是听信一面之词，反应过于激动，反复与学校、当事老师或教育主管部门"理论"，给学校工作带来了干扰。学校为了规避不必要的风险和麻烦，反复强调安全问题，制订了若干安全措施，层层设置，导致老师在体育课或课外活动中不敢让学生做"有危险"的活动，最为极端的是不允许学生在操场跑，怕冲撞，怕摔倒，怕受伤。学生的体育锻炼受到极大的限制，学生各项生理机能的生长不能得到促进，最终影响学生的生长或发育。

（三）家庭层面

1.学生睡眠不足。

睡眠与青少年健康成长密切相关，睡眠不足将严重影响身体的正常生长发育，引起免疫力和抗病能力的下降，造成健康隐患。2011年，中国青少年研究中心发布的《中国少年儿童十年发展状况研究报告（1999—2010）》显示，在学习日，中小学生平均睡眠7小时37分钟，比国家规定最低时间（9小时）少了1小时23分钟；在周末，中小学生平均睡眠7小时49分钟，比国家规定最低时间（9小时）少了1小时11分钟。

睡眠不足的原因，更多的是家长给孩子在校外报了各类辅导班，文化类和艺术类偏多，体育类较少，将孩子的时间排得满满的，让学生更多地处于紧张的学习状态，影响学生身心和智力的发育。

2.家长健康观念不对。

现在有很多家长偏重学生的智力教育，也有很多家长什么都不关注，只关注学生是否天天快乐，是否每顿饭都吃好了，特别是隔代教育，爷爷奶奶对孙儿孙女鲜有理性的教育思想。家长们对学生体质健康方面的考虑不多，认为学校要求的体育锻炼是一种负担，会影响孩子的学习；但对学生的饮食过于放纵，致使学生挑食、偏食，导致营养过剩或营养不良。

不良的饮食习惯导致学生中间出现了很多"小胖墩"或"豆芽菜"，也增加了孩子们出现高血压或低血糖的概率，降低了学生的体质。

三、学生健康问题带来的危害

学生的健康问题看似影响的是个体，着急的是家庭，实则关系到一个国家、一个民族的整体素质。

（一）对学生个体的影响

学生身体素质和身体机能的下降，意味着学生的心肺功能、代谢能力、免疫能力，甚至骨骼、肌肉等都会变弱。而一些疾病专找体质差的人，如我们现在所关注的学生肥胖问题，据统计，重度肥胖儿童高血压的发病率达30%，重度肥胖儿童脂肪肝发病率高达80%。体质弱的学生不仅要面对患上疾病的危险，而且在面对较高强度的学习或工作时，可能因为跟不上，而面临淘汰，无疑这些都为自己未来的人生留下隐患。

同时学生心理健康水平的下降，也使很多孩子心理承受能力差，情绪调控能力弱，缺少顽强拼搏、勇于担当的精神，个别学生甚至出现偏执、孤僻等心理问题。这些学生在面对挫折、委屈时，大多不能有效地控制自己的情绪，更有甚者做出一些极端事情，比如离家出走、跳楼自杀等，给家庭和社会造成悲剧。

（二）对家庭的影响

体质弱的学生因免疫力差，一年四季都容易得病，春季过敏、夏季中暑、秋季流感、冬季冻疮。而现在每个孩子都是家庭的"掌中宝""心头肉"，一旦孩子生病，不仅孩子遭罪难受，而且整个家庭都会陷入焦虑之中。家长需要花更多的时间、精力和费用来照顾孩子。如果孩子只是小病小伤，总归能治好，家长虽然一段时间焦急、烦躁，但心中始终抱有希望；如果孩子得了较大疾病，难以治愈，整个家庭不仅会付出巨大的经济代价，更重要的是会摧毁家庭的幸福和未来，在家庭每个成员的心中蒙上阴影。

（三）对社会发展的影响

我们的孩子未来将会步入社会，也会成为社会发展的主力军。但如果孩子们的身体不强壮，意志不坚定，那么走入职场、走入社会，其工作能力、创新能力必会受到制约。而现在的社会发展快速，日新月异，人们只有具有强健的体魄、强大的心脏，才能跟上社会发展的步伐，才能支持国家的建设和社会的发展，进而促进社会主义现代化建设目标的实现。反之，如果你的工作效率低、完成质量差，则可能会被单位辞退、被社会淘汰，成为家庭和社会的负担。现在媒体对青年人因工作失败而在家"啃老"的报道不绝于耳。

（四）对国家的影响

国防建设对任何一个国家都很重要，特别是中国近代屈辱的历史和对外战争的胜利，让我们对军人的素质和部队的战斗力尤为关注。前文中的数据一，让我们感到学生健康素质的下降已经影响到军队的人员选拔，同时，国际上的竞争日益激烈，如果我们的孩子在身体素质上虚弱不堪，还缺乏勇往直前的拼搏精神，我们国家在国际上怎么与他国竞争，且取胜呢？

总之，学生的健康问题影响着学生个体、家庭、社会发展、国家等，我们必须采取措施增强学生体质，强大学生心理，为我们的国家和民族保持永久的希望和未来。

第三节　学生健康促进的对策

1986 年，在加拿大渥太华召开的第一届健康促进国际会议上发表的《宪章》提出了"五策略理论"：制定健康的公共政策，创造支持环境，加强社区行动，发展个人技能以及调整卫生服务方向。1989 年，世界卫生组织提出：倡导政策支持、社会认同、卫生部门服务；赋予群众卫生保健及资源的平等机会；协调各方力量形成强大的联盟与社会支持体系，共同努力创造有利的经济、文化与环境条件等 3 个基本策略。通过对以上各种策略的分析发现，它们都适用于以社会为载体的各类群体，若用于学校教育上，我们需要进行适当的调整。因此，我们根据学校的学情，决定从政策、行为、服务和环境等 4 个方面对学生实施健康促进的策略，以期提高学生的体质健康。

一、学生健康意识的政策导向

这里所说的政策，是指上级政府或单位下发的有关促进学生体质健康的文件，以及学校制定的有关学生健康的决定或制度。政府政策和学校决定会引导教师、家长和学生的价值取向，促使他们形成正向的健康意识。

（一）政府有关健康工作政策的落实

经统计，近10年我国下发了10多项有关促进学生体育锻炼的文件，比如2020年，体育总局、教育部印发的《关于深化体教融合　促进青少年健康发展的意见》，2021年中共中央办公厅、国务院办公厅印发的《关于进一步减轻义务教育阶段学生作业负担和校外培训负担的意见》等，都是在政策上从课程、师资、体育设施等多方面督促学校落实体育健康发展的工作。

我校积极落实上级有关健康工作的政策，比如按照2022年《北京市朝阳区义务教育课程实施办法（试行）》的要求，我校结合学校的师资力量，给1—2年级安排一周5节体育课，3—6年级安排一周4节体育课。我校还在2020年国务院颁布《关于全面加强和改进新时代学校体育工作的意见》之前，实施了"基本运动技能＋专项运动技能"的体育教学模式，将体育项目的选修与必修相结合，在保障学生掌握基础运动技能的基础上，培养1—2项运动技能。

（二）学校课程改革的实施

我校从2010年开始，对课程进行顶层设计，根据"为幸福人生奠基"的办学理念，构建了"幸福教育"的课程体系。我们认为，学生要获得幸福，必须具备道德、健康、人文、科学、艺术和社会实践等六大素养，并以此作为课程类别划分的基本标准。同时在重视学生基础能力和尊重学生差异性的前提下，学校将课程分为基础类课程、拓展类课程和个性类课程3个层次。其中，基础类课程面向所有学生，体现国家对学生素质发展的基本要求；拓展类课程，基于学科和社会生活的发展要求，面向不同层次的学生，开阔学生视野；个性类课程，激发学生兴趣爱好，满足学生个性特长发展的需要。学校逐步形成"三层六类"的课程结构（见图2）。

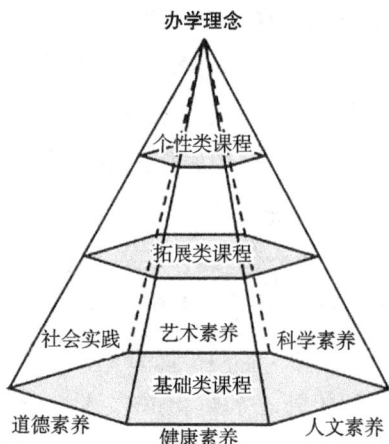

图2　"三层六类"的课程结构

　　我们以课改为契机，对学生体育健康工作进行创新与实践，对健康教育、体育课教学、课外体育活动、课余体育训练和体育竞赛等体育健康工作进行全方位的优化与创新，有效促进了学生体质健康的提高。

二、学生健康知识与技能的行为干预

　　学生的健康知识与技能包括健康知识、心理知识、体育知识、体育技能等。学校开展形式多样的体育活动，有效地促进了学生对这些健康内容的掌握。

（一）校内体育活动的安排

　　校内体育活动一般指体育课、课间操、运动会、课外体育活动和体育社团活动等。

　　体育课是学生掌握体育知识、健康知识以及体育技能的重要途径。目前，我校安排1—2年级每周5课时体育课（3节基础课、2节拓展课），3—6年级每周4课时体育课（2节基础课、2节拓展课）。拓展课程采取年级内选课走班教学组织形式，基础课程仍保持原有的教学行政班授课形式。

　　为了增强学生的耐力，我们将课间操的内容由以前的单纯做操变为做操、跑操和绳操相结合。

　　课外体育活动主要是针对当天没有体育课的班级，学生在老师的组织下练习体能，比如跳绳或各种身体素质练习。

　　社团体育活动安排在下午3：30之后的课后服务时间，学生在校参加申报的各类体育社团，时长1.5—2小时。

运动会以前偏向田径项目，且只有少部分学生参与。通过对理念的理解，我们在运动会上增加了团体项目，且让每个学生都能参与。同时，将秋季运动会改为体质项目测试赛，每个学生都要参与，以团体总分来评价班级的表现。

（二）校外体育活动的组织

校外体育活动组织分为学生自我体育锻炼和学生自愿参加学校组织的体育活动两种。学生自愿参加的学校组织的体育活动包括利用课余时间或周末、节假日开展的活动，由学校组织，学生或家长自愿报名参加，比如登山课程，一般选择周六日、节假日或寒暑假，攀登北京周边的高山或国内的五岳。

同时，我校也针对学生体质测试的项目，开发了"运动健康App"，把小学现阶段所关注的体育锻炼内容都涵盖进去，如国家体质测试的内容、学生熟练掌握一项运动技能等，然后让家长协助学生拍摄和上传运动视频，让老师监督与督促学生日常运动打卡，整合家校的力量，共同培养学生的体育锻炼习惯。

另外，我们鼓励学生在校外的自主时间里，多到户外活动，进行相应的体育锻炼，或多参加一些体育培训班、体育比赛，以此提高运动技能和身体素质。

（三）健康讲座的开展

我校举办的健康讲座，主要包括体育知识、身体健康知识和心理知识等。这种讲座的主要特点是主题性强，受众广，效率较高。在设置主题时，我校根据具体情况进行安排，比如各阶段学生的发育特点、当前重大的体育活动、学生面对的社会挑战等，都能吸引学生的注意力、引起家长的关注，有效地达到了我们开展的目的。

比如2021年5月21日，短道速滑世界冠军刘秋宏老师以"励志教育"为题，给四年级全体学生进行了冰雪知识的讲座，并以个人的运动经历、比赛的经历与感悟，引导孩子们坚持和追逐梦想，坚定信念，不断前行，受到孩子们的追捧。

2022年10月30日，我校邀请北京市青少年法律与心理咨询中心特聘专家杨敏珺老师通过线上方式，为家长和孩子们进行了"疫情下，如何实现儿童行为自律"心理专题讲座，受到了家长们的高度认可。

（四）师资建设

近些年来，我校开展体育教学的改革以及设置多种体育社团，对师资要求较多，但限于编制的限制，我们从两个方面对师资进行建设。

拓展编制内教师的专业种类。我校体育教师经过多年的培养、引进，基本上都是本科及以上学历，且多从首都体育学院和北京体育大学等专科学校毕业，专业涉及篮球、足球、排球、游泳、田径、冰雪、武术等，种类相对较多。为了满足学生的选课需求，我们鼓励老师一专多能，为此，老师们根据学生的兴趣、年龄特点等，学习了啦啦操、拳击、花式跳绳等。

引进校外体育师资。为了补充我校体育资源，丰富体育活动，我校积极引进校外体育师资。为了确保校外体育师资的授课质量，我校制订了一套校外体育服务的闭环管理机制：审核—面试—对比—监管—评价，对引进的校外资源进行有效管理，保障学校各项体育活动的质量（见图3）。

第一，审核参与招聘的校外体育服务机构的资质和自身能力，如独立承担民事责任的能力和专业水平等；

第二，校外体育服务机构介绍专项课程内容，其授课教师展示专业技能、教学水平，并考察其品质操守；

第三，在对比之后，分别与多家公司签约某项或多项专项课程教学和体育社团的合同，形成竞争态势；

第四，学校派专人对专项课、体育社团的授课人员进行监管，协调、沟通、指导体育教学和社团中出现的问题；

第五，要求各体育项目参加学期末展示活动、学校重大活动和体育比赛，将其成绩作为重要的评价依据，再兑现合同。

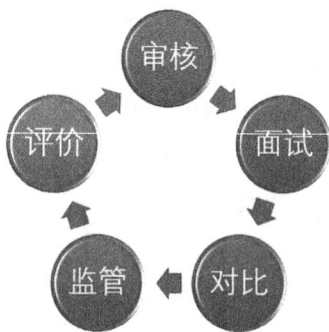

图3　"审试比管评"的闭环管理机制

三、学生健康生活方式的服务保障

学生的健康生活方式是指学生个人日常健康的生活习惯与行为方式，包括衣、食、住、行以及闲暇时间的利用等。

（一）生活管理服务

1.学生睡眠时间的管理。

睡眠是机体复原整合和巩固记忆的重要环节，对促进中小学生大脑发育、骨骼生长、视力保护、身心健康和提高学习能力与效率至关重要。现在学生的学习压力过重，不仅有学校布置的学习任务，而且有校外培养班或家长安排的学习任务，严重影响学生的睡眠时间和质量。为此，我校提高学生在校的学习效率，尽可能让学生在校内把学习作业完成，减轻学生回家的学习压力，保障学生的睡眠时间在9.5—10小时。

2.饮食管理。

为了减轻家长的负担，提高学生学习的效率，我校自办食堂，为学生提供早餐、午餐，荤素搭配，营养均衡；同时根据学生的生长发育需要，提供上午、下午的加餐，以水果、点心为主，为学生提供营养补充。另外，学校对家长、学生进行多方面、多平台饮食健康方面的培训，引导家长、学生对学生饮食、身体形态的管控。

（二）健康监测服务

1.体检。

在上级单位的统一布置下，我校全体学生都要在每学年的上学期进行常规健康体检，建立学生的健康档案，并将检测结果反馈给学生与家长，以便家长和学生针对问题进行及时的医治和调整。最为重要的是，我校医务部门会对学生的体检情况进行数据分析，并在全体教师大会上做报告，引导学校和教师关注学生健康。另外，针对学生视力下降的问题，每学期初，学校会对全体学生进行视力检查，并进行数据分析，在不同场合反馈给相关学生、老师、行政，提出用眼的注意事项，促进大家对学生视力问题的重点关注。

2.体质健康测试。

2005年，我校有幸第一批参加教育部在北京市试点全国学生体质与健康测试，历经测试标准、测试项目、测试时间的调整，最终形成在全国推广的模式。通过参与测试活动，我校逐步加深对学生健康情况的认识，逐渐将学生健康问题放在学校工作的首位，并融入我校的办学理念中。

四、学生健康行为的环境营造

我们将直接或间接影响学生健康的各种自然因素称为环境，包括物质环境、人文环境和健康文化环境。

（一）物质环境

我校所处地理环境优越，但教育用地极其紧张，只拥有一个 200 米的田径跑道、一块排球场地和两块篮球场，且分属两个校址。这对于拥有 1500 余名学生的学校来说，学生的人均体育用地极少，远低于北京市和国家标准。

为了解决运动场地紧张问题，我们不断挖掘现有条件，向人员、地下和楼顶要空间和场地，使体育活动空间在原有的基础上增加 5 个体育专业教室、4 块室外活动场地和 2 块与其他学科共用场地，极大增加了学生活动场地的面积。

（二）人文环境

我校一直将"教学质量是学校发展的生命线"作为教师的工作信条，传统印象中，教学质量多要求的是语文、数学和英语等考核学科，因此这三科在各学科中地位较高，时间、精力、评价也多倾向于它们。但现在体育学科的地位、学生健康问题逐步受到重视。

除了积极落实上级单位规定，我校也通过各种场合，向全体教师、行政人员强调，确保学生每天锻炼一小时，严禁挤占体育课和学校体育活动时间，同时在学期末的评价中，将学生的体质健康情况纳入其中，努力为学生营造良好的体育锻炼氛围。目前，班主任和其他学科老师已无挤占学生体育锻炼时间的情况，且在组织学生体育活动时，能与学生一起运动。

（三）健康文化环境

营造健康教育理念的文化氛围是校园文化建设促进学生健康的一种方式，通过设计张贴海报、主题教育、开展健康知识比赛等方法，让学生能够参与其中，身临其境，从而较好地渗透健康观念。在世界卫生日、中国学生营养日等重要节日，学校都会组织学生开展不同形式的宣传活动。比如在 2021 年，我校组织"冰雪冬奥 共创未来"主题教育活动，学校各学科积极开展活动，让每位学生都感受到冬奥的氛围，了解冬奥的相关知识。

第二章　队伍建设

第一节　体育教科研

2018 年 1 月，中共中央、国务院印发《关于全面深化新时代教师队伍建设改革的意见》，描绘了新时代教师队伍建设改革的蓝图，对教师队伍建设做出了部署。在 2019 年印发的《中国教育现代化 2035》中，建设高素质教师队伍被列为十大战略任务之一。高素质的体育教师队伍是支撑学校体育工作发展的基石，而提升体育教师教育科研的水平，则是培养高素质体育教师队伍的必由之路。

一、教科研与教学的关系

教育家苏霍姆林斯基说："如果你想让教师的劳动能够给教师带来乐趣，使天天上课不至于变成一种单调乏味的义务，那你就应引导每一位教师走上从事研究的这条幸福的道路上来。"教学与教育科研之间是相互依存、相互促进、共同发展的关系。

教学是教师的教和学生的学所组成的一种人类特有的人才培养活动。通过这种活动，教师有目的、有计划、有组织地引导学生学习和掌握文化科学知识和技能，促进学生素质提高，使他们成为社会所需要的人。

（一）教育科学研究

运用一定的科学方法，遵循一定的科学研究程序，通过对教育现象的解释、预测和控制，探索教育规律的一种认识活动；就是用教育理论研究教育现象，探索新的未知规律，以解决新问题、新情况；是有目的、有计划、持续的、系统的探索活动。常用的研究方法有：观察法、调查法、经验总结法（原因追踪法）、文献法、个案研究法、实验法等。

（二）体育教科研与体育教学的关系

体育教学与科研既相互联系、相互影响，又相互区别、相互矛盾，是相辅相成的。第一，体育教学是教科研的基础，体育教科研课题的提出源自教师在教学实际中所遇到的问题与困惑。体育教学为体育教育科研提供了丰富的素材，是体育教科研的载体和依托，是体育教科研重要的经验基础。第二，体育教科研促进教学内容的更新和教学方式的变革，有助于教学水平的提高。第三，体育教科研促进体育教师学术能力的提高。教师通过参加教科研活动，提升其学术水平，并提高教学层次，满足学生进一步的求知需求。总之，体育教科研成果解决了体育教学中的基本理论问题，为体育教学提供体育学科的学术前沿理论，体育教科研成果更新了教学知识体系，是体育教学知识创新的源泉。而体育教学为体育教科研提出了目标要求，体育教科研为体育教学内容的改革服务，补充丰富教学内容、改进教学方法，提高体育教师的素质和教学水平。

二、体育教科研的基本方式

体育教科研的基本方法包括：

（一）观察法

是为了了解事实真相，从而发现某种现象的本质和规律。

例如，在"中小学优秀体育教师课堂教学行为特征实例分析"的课题中，依据《体育教师课堂教学行为量表》，采用"课堂全息实录"方法，观看参加第七届全国中小学优秀体育教学活动的共计 54 节自定教学内容体育课（完整课）和指定教学内容体育课（片段课）的录像，对体育教师课堂教学行为进行实例分析，提取数据。

（二）调查法

同样是为了了解事实情况，分析事实情况，得出结论，证实某种问题，以便改进工作（包括改进研究方法）或形成新的研究课题。

例如，李军老师在"培养小学生健康运动习惯的实践研究"的课题中，运用调查法调查了解学生目前的体育锻炼情况，特别是学生在校外体育锻炼的现状，并分析原因。

（三）经验总结法

是根据教育实践所提供的事实，分析概括教育现象，挖掘现有经验，使之上升到理论的高度，以便更好地指导新的教育实践的一种教育科学研究的方法。

例如，于浩老师的"'双减'背景下运用'电子运动助手'对校外体育锻炼开展效果的研究"课题，就是通过总结国内市场的跑步类 App 的使用情况，提出开发电子运动助手，监控学生在校外的运动情况，促进学生养成运动习惯；同时通过数据收集与分析，了解和评价学生运动效果，从而更有效地调节学生的运动积极性。

（四）文献法

阅读分析有关文献，得出一般性结论或者发现问题，寻找新的思路。

例如，高晓明老师在"课外体育活动改革对小学生身体素质影响的研究"的课题中，对文献法是这样表述的：通过在学校图书馆和中国知网、维普网等电子检索手段查阅、收集有关学生参加课外体育活动的资料，参阅了大量的国内外有关课外体育活动方面的资料和文件，并广泛阅读了相关书籍。本研究以"课外体育活动"为关键词进行检索，在中国学术期刊网的"中国期刊全文数据库"中检索到 1996 年到 2012 年有 993 篇相关文献。重点阅读了 20 篇左右。通过阅读有关课外体育活动的文献，了解开展课外体育活动的现状，为本课题的研究提供了重要的参考依据。

（五）个案研究法

就是对单一的研究对象进行深入而具体的研究的方法。

例如，在对耐久跑教学的研究中，研究者出示的案例是：教师采用小组合作学习的形式进行教学。首先将学生按照体质状况每 6 个人分成一个小组（其中 2 名学生体质较好，耐久跑的成绩好，2 名学生耐久跑成绩中等，2 名学生耐久跑成绩差，考虑到男、女生由于性别的差异所造成的成绩上的差别，分组上采用男、女生混合编组，这样做可以使各组之间的水平基本保持平衡，确保各小组之间展开公平竞争）。其次确定小组的目标：通过 3—4 节课的练习使每一个小组成员的耐久跑成绩都有所提高。再次明确个人责任：明确小组目标后，小组中的每一个成员都要确定自己的责任，采用怎样的练习方法提高自己的技术动作水平和运动成绩，小组成员之间采用怎样的方法帮助同伴进行提高。最后通过小组自评和对小组成员的测试检验小组学习的成果。

（六）实验法

这是一种先想后做的研究方法。通过对实验对象变化、发展状况的观察，确定自变量与因变量之间的因果关系，有效地验证和完善假说。

例如，冀丽丽老师的课题"小学阶段体育学科学分制实施策略研究"，课题组每个年级各选取三个班，一个为实验班，另外两个为对照班。通过对一个学年实施体育学分制前后的效果进行对比，收集数据，进行分析，对比与评价学生采用学分制学习后的效果，最终归纳出学分制在体育学科中的优劣。

三、体育组承接的课题、项目等对指导体育教学的作用

（一）尝试课题研究，解决教育教学中的困惑与问题

2001年，合作学习是当时教学的主流，小组合作、问题式合作、讨论式合作等形式在教学中轮番运用。合作学习实施的初始阶段，确实对体育教学起到了很好的促进作用，改变了教师一言堂式的教学模式，让学生参与到课堂教学中，体现了以教师为主导、学生为主体的教学思想。但是随着合作学习被大量运用到课堂教学中，也暴露出一些问题。例如，学生们不能友好相处；合作学习成为个别学生表演的舞台；教师为了让学生能广泛参与，一有问题，不管合适与否，难易如何，都要学生合作讨论，似乎只有让学生合作讨论，才能解决问题；冗长、繁多的合作学习过程会过多分散学生的注意力，减少学生练习的时间，降低练习效果等。

为解决合作学习存在的弊端，更好地发挥合作学习的优势，李军老师进行了"学生小组积分制法"的研究。学生小组积分制法的主要观念：通过小组分数的积累，激发学生的合作精神及学习热情。如果学生想使自己的小组获得本节课的"优秀小组"称号，那么他们必须从上课初就开始积累自己本组的分数。教师会对各组集合、队列、做操、回答问题、集体游戏以及课堂纪律等环节给予一定的分数，下课前教师根据各组组长或组员计算的分数来评选"优秀小组"，课后体育委员记录下来，到了学期末，给获得"优秀小组"称号次数最多的小组颁发奖状或纪念品。

简言之，小组积分制法就是将学生课堂表现以小组为单位，赋予一定的分值，分值高的小组获得"优秀小组"的称号，学期末获得"优秀小组"次数多的小组，教师给予一定的物质奖励。李军老师在实验了一段时间后，开始在全组中推广使用。全组教师推广使用一段时间后，又对小组积分制法进行了补充、完善，形成了一种新的合作教学评价模式。小组积分制法的实施，较为有效地解决了合作学习中的一些弊端，将精神奖励转化为分数，实质性的奖励能够长久激发学生的积极性；以小组为单位，对全组体育课中的各项表现打分，能够淡化批评语言对学生的负面影响；学习目标的分数化，促进学生对动作技术的掌握，从而减少教师组织教学的时间，提升了课堂效率，学生的练习时间

也有所增加。该课题于 2008 年立项，2013 年结题。

（二）运用课题研究，有针对性地提升学生身体素质

随着小组积分制法在体育教学中起到积极作用，体育组的教师开始认识到科研带给体育教育教学的优势。从 2013 年开始，连续 5 次的全国学生体质健康调研结果显示，青少年学生的耐久力、力量等部分体能指标以及肺活量等机能指标持续下降，尤其近 10 年，下降速度进一步加剧；超重和肥胖学生的比例迅速增加，城市男生超重和肥胖检出率已达 24.6%；视力不良率也居高不下，体育课及体育活动中发生较为严重的伤害事故等现象越发突出。于浩老师结合我校学生的体质健康状况及 2012 年开始学校开展的体育课程及课外活动的改革，主持申请了朝阳区教育科学"十二五"第二批规划课题"转变课外体育活动方式对小学生身体素质影响的研究"。

该项课题研究历时两年，由课外体育活动入手，结合学生的发展、兴趣与学校实际，在课外体育活动内容安排上尽量"精选多样"。"精选"是选择一些活动价值高的内容，备足器材，重点推开，如篮球、软式排球、跳绳等；"多样"是根据学生的个人特长和兴趣爱好，提供更多的活动内容，激发学生活动的兴趣，如实心球、跳跳球、灵敏栏、敏捷梯、呼啦圈、高尔夫球、砍包、夹包等。为了更好地提高学生的兴趣，根据年龄特点来安排内容，同时根据季节的变化来安排内容，并在练习内容的选择方面进行上下肢的协调搭配。体育教师在学校的指导下制订计划、制订项目、制订内容、制订措施等。体育课外活动 30 分钟分为跑步、身体素质和运动能力的练习。跑步根据季节的不同，时间控制在 15—20 分钟不等，距离为 1600—2000 米不等，全校统一进行。其余时间，以班级为单位进行不同内容的身体素质与技能练习，同时以两天为期进行轮换，确保练习的多样性。

通过两年的研究实施，学生的成绩进步了，身体素质有所加强。2014 年和 2015 年，学生肺活量测试成绩如表 1 所示。

表 1　2014—2015 年学生肺活量测试成绩对比

年份	不及格人数	不及格率	及格人数	及格率	良好人数	良好率	优秀人数	优秀率	总人数
2014 年	4	0.29%	430	31.34%	440	32.07%	498	36.30%	1372
2015 年	2	0.15%	398	29.50%	414	30.69%	535	39.66%	1349

通过表 1，我们知道 2015 年与 2014 年相比，不及格率下降，优秀率提高，

从单一层面上验证课外体育改革所收获的效果，学生的体质有所提升。

在于浩老师研究的基础上，2016年高晓明老师申请立项了北京市教育学会课题"课外体育活动改革对小学生身体素质影响的研究"、张博彦老师2022年申请立项了朝阳区教育科学"十四五"规划课题"'双减'背景下开展课外体育活动的研究"，从不同角度研究如何提高学生身体素质，探寻提升学生身体素质的途径与方法。

有关身体素质的科研课题的持续研究不仅使学生的体质得以提升，也促进了教师的发展。依托课题研究，教师广泛开展校本研究活动，教师教学能力、专业水平、综合素质得到了极大的提升。在2016年朝阳区骨干教师评选中，凭着扎实的教学基本功、较强的教学能力和课题研究能力，我校有5名体育教师获得朝阳区优秀青年教师的称号，占全组教师的50%。其中1名教师被评为北京市学科骨干教师。

四、近年来教科研的成就

2013年前，体育组教师所承担的均为学校总课题中的子课题，如"小组积分制法"是学校"合作教学"的一项子课题；"信息技术在体育理论知识课中运用的研究"是学校"数字化校园的开发与运用"总课题中的一项子课题。自2013年起，体育教师陆续开始独立申请、主持科研课题的研究，分别有：

1. 2011年李军老师主持北京市教育学会"十二五"课题"学生小组积分制法在小学体育课中的有效性研究"；

2. 2014年于浩老师主持朝阳区教育科学"十二五"第二批规划课题"转变课外体育活动方式对小学生身体素质影响的研究"；

3. 2016年，高晓明老师主持北京市教育学会"十三五"教育科研课题"课外体育活动改革对小学生身体素质影响的研究"；

4. 2021年，高晓明、冀丽丽老师共同主持北京市教育学会"十四五"教育科研课题"小学阶段体育学科学分制实施策略研究"；

5. 2021年李军、王长柏老师共同主持北京市教育学会"十四五"教育科研课题"培养小学生健康运动习惯的实践研究"；

6. 2022年于浩老师主持北京市教育学会"十四五"教育科研课题"'双减'背景下运用'电子运动助手'对校外体育锻炼开展效果的研究"；

7. 2022年张博彦老师主持朝阳区教育科学"十四五"规划课题"'双减'背景下开展课外体育活动的研究"。

科研课题的开展不仅促进了教育教学质量的提升，也提高了教师的教育教学能力、专业水平、综合素质。自 2007 年以来，体育教师共获得国家级论文一等奖 7 项，二等奖 3 项，三等奖 8 项；北京市各类论文评比一等奖 40 余项，二等奖 56 项，三等奖 52 项；朝阳区论文评选一、二等奖 80 余项。

各项科研课题、研究论文的获奖，说明体育教师的教科研水平大幅提升。自 2007 年以来，在各种评优课、公开课、示范课、教学基本功等课堂教学评比中，共获得全国教学评比一等奖 3 节，全国三等奖 2 节；北京市一等奖 3 节，北京市二等奖 9 节，北京市三等奖 6 节；朝阳区各类教学评比一等奖 38 节，二等奖 21 节。

第二节　体育培训

一、我校体育师资的发展和现状

（一）什么是教师

师者，所以传道、授业、解惑也；教师是人类文化科学知识的继承者和传播者，是学生智力的开发者和个性的塑造者。

《中华人民共和国教师法》第一章第三条对教师的概念做了全面、科学的界定：教师是履行教育教学职责的专业人员，承担教书育人、培养社会主义事业建设者和接班人、提高民族素质的使命。第一次从法律上确认了教师的社会地位。这一界定包含两方面的内容：（1）教师职业是一种专门职业，教师是专业人员；（2）教师是教育者，教师职业是促进个体社会化的职业。

（二）体育教师

体育教师是指传授学生体育知识，在体育方面给予学生一定指导的人。体育教师的职责首先是育人；先成人，后成才；为人师表，答疑解惑，以身作则，增强学生体质，为国家和社会培养出体育型人才。

（三）体育教师的职责

作为学校体育工作的指导者、组织者、管理者和实施者，体育教师的根本职责，就是在学校中向学生传递科学文化知识和技能，增强学生体质，对学生进行思想品德教育，培养学生高尚的审美情趣。首要职责是通过体育教学向学生传授体育知识技能，帮助学生形成正确的体育观，培养体育实践能力。体育教师的基本职责包括以下几个方面：贯彻各项教育、体育工作方针、政策和法规，制订各种教育教学计划；优先做好体育教学工作；组织指导课外体育锻炼；开展课余体育训练与竞赛；从事学校体育科研；配合开展学生体质检测和健康教育工作；体育宣传与器材设施的维护；参与社会体育工作。

（四）学校体育教师发展和现状

我校成立于 1956 年，是朝阳区一所具有悠久历史的学校。经过 60 余年的发展，学校成为拥有雄安、贵阳、密云等 18 个校区 20 址办学的教育集团，在岗教师近 1000 人，在校学生 12000 多人。

1. 快速发展时期。

学校于 2001 年开始进入高速发展时期，2001 年全校共有教学班 17 个（1 个校址），体育教师 4 人，均为中青年教师，其中年龄最大的 33 岁，工作 10 年以上的体育教师 1 人，其余 3 位教师都是教龄不满 10 年的青年教师，其中还有 1 名是刚刚参加工作 1 年的新教师。

随着 2003 年北校区的投入使用，学校进入了快速发展的时期，每年以 6 个班的速度增加。教学班级增加，体育教师队伍不断注入"新鲜血液"，至 2008 年左右，全校已经拥有 42 个教学班，2 所校址，体育教师共 10 人。

2. 平稳发展时期。

2008 年后，学校逐渐进入了平稳发展阶段。由于前期学校高速发展，引进了大量的教师，教师水平参差不齐，学校加大了对教师的培养及更新换代。

体育教师队伍也随着学校发展方式的转变而进入了相对平稳时期。重点放在对体育教师的培养方面，部分不能适应学校发展的教师离开了，新的人员加入学校体育教师队伍。虽然教师不断地流动，但是体育教师队伍的中坚力量一直保持稳定不变，保证了学校体育工作的高效开展。

3. 成熟发展时期。

2018—2022 年，学校相继接收体育场路、柳芳、东坝等分校，到 2022 年底，仅幸福校就有专职体育教师 15 人，年龄结构老、中、青结合，既有工作超过 30 年的老教师，也有工作年限在 15—25 年的中年教师，更有一批工作 10 年以下的青年教师。教师队伍年龄结构合理，业务能力强，各类骨干教师 10 人，占体育教师总人数的 66.67%。近 10 年体育教师队伍保持了相对的稳定性，在校工作 15 年以上的教师达 5 人，占比 1/3。教师队伍的稳定、团结、良性循环，让体育教学水平不断提升，各项体育工作高质量有序开展，在朝阳区乃至北京市都有很高的知名度。

二、教师队伍专业培养的方式

（一）朝实教育集团通识培训

随着世界科学技术日新月异，新知识和新技术不断出现，知识更新成为现代教育必须面对的问题。"一次性教育"已不能适应时代发展需要，终身教育在全世界悄然兴起，成为大多数国家教育改革的指导思想。面对教育改革的新要求，面对教师专业发展现代化的要求，教师必须不断提高教学和科研的创新能力。

学校一直以来都将教学质量视为学校生存的根本，因此学校非常重视对教师的培训。加强教师的教育理念学习，以具有超前性、指导性的培训理念、手段、方式和内容，帮助教师树立现代教育观念，强化教师的师德修养，提升业务素质，改善、提高教师文化知识结构和教育水平、能力。加强教师队伍建设，提升教师的整体素质和学校总体水平，努力建设一支富有活力的高素质专业化教师队伍，以适应基础教育改革和全面推进素质教育的要求。学校每个月都会组织全校（朝阳实验教育集团）教师的通识培训，培训的内容包括最新的教育理念（多元智能理论、新课程标准、课程理念）；新时期教育发展的目标任务和要求；学生核心素养；教师职业道德和职业素养等。这些培训为教师明确了教育教学的方向，使他们了解了最新的教育教学理论，领悟了教育理论观点，开阔了眼界，拓宽了思路。

例如，学校于2022年9月23日在教育集团举行了"坚守初心做好教育人规范行为走好教育路——朝阳区实验小学专题培训"。在培训中，陈立华校长结合9月13日区委教育工作领导小组会暨推进朝阳教育高质量发展座谈会的精神，把座谈会精神与学校实际相结合，为全校教师做专题培训。

首先，教师发展专业，学校要打造专业化教师队伍。陈立华校长提出：做教育要抓规律。她从教育视域提出做教师的目标，一是教学生做人，二是在学术上教学生成长即学会学习。她鼓励老师们大胆尝试，勇于探索，并提出：全学科尝试进行以"问题"为导向的问题解决模式的课堂教学研究，把时间还给学生，为学校课程改革指明了目标和方向。

其次，教师修身立德，学校要强化高素质教师队伍。陈校长强调，要把师德师风作为教师队伍建设的第一要求。她通过一个个鲜活的案例，强化全体教师的师德底线意识。强调每一位教师要规范自己的行为，廉洁从教，切实提高自身的职业道德素养。

陈校长的专题发言，引导教师们把为学、为事、为人统一起来。既让教师们理解座谈会议精神，又让教师们深刻领会到推进朝阳教育高质量发展是践行"为党育人、为国育才"、落实立德树人根本任务的必然要求。

（二）组内教研与行政导学

体育组教研活动作为学校体育工作的内容之一，具有实践性、综合性、合作性和多元性的特点。它能够提升体育教师的职业素养，提高体育课堂教学质量，有助于学校体育教研制度文化形成发展。

1. 主题教研。

体育组一直以来非常重视组内教研活动的开展，每学期根据学校教学工作的重点，制订详细的组内教研工作计划，例如，2015—2016学年度第一学期教研计划是这样制订的。

一、指导思想

不断提高教学效率，深入开展教育教学研究，全面提高学生素质，使学校的体育工作迈上一个新台阶。树立健康第一的指导思想，以高标准、高质量做好学校体育工作。

二、重点工作

1. 提升青年教师的教育教学能力，使体育课程改革不断深入。

2. 对教师进行学生体质健康测试的培训。

3. 指导教师上好冬季体育课，提高教学质量。

三、每月教研时间

学校每隔两周进行一次教研，时间定在每周三上午。

四、每月具体安排

时间	主题	教学方式及安排
2015.9	如何制订单元计划	讲授单元备课的要点，重难点的确定和教学方法的选用
2015.9	学生体质健康测试培训	明确各年级体质健康测试的项目及标准，研讨提高学生体质的有效方法与途径
2015.10	教案备课反馈	从教学进度、单元计划、复备及时、反思的深度等方面反馈本组教师的教案情况，提出改进意见
2015.10	体育课程改革	集体研讨，共同备一节课，并由指定教师进行授课。课后进行集体评课
2015.11	学校竞赛组织方法的研讨	针对冬季跳绳比赛，研讨学校体育竞赛的组织形式和方法及竞赛的编排
2015.11	如何上好冬季体育课	针对冬季体育课的组织形式、内容的选择、课堂密度与运动负荷的合理安排

续表

时间	主题	教学方式及安排
2015.12	学生体质健康数据分析	针对学生体质健康测试成绩进行分析，总结成功的经验，提出改进措施和方法，确定每年级重点学生，制订有针对性的训练计划
2015.12	教案备课反馈	从教学进度、单元计划、复备及时、反思的深度等方面反馈本组教师的教案情况，提出改进意见

每学期至少有 8 次固定时间的组内教研活动安排，教研内容涵盖了一学期学校体育的重点工作。备课、教学、学生体质健康测试、体育课程的改革、体育竞赛等都是组内教研的主要内容。每隔两周的周三上午，体育组全体教师集中在一起，根据当日的教研活动主题开展研讨，每位教师都会充分发表自己的意见和建议，思维的火花相互碰撞，教研氛围热烈，每次教研活动都使教师有所收获。

2. 校长导学。

学校为提高教师的课堂教学水平，充分发挥行政领导及骨干教师的引领作用，于 2008 年起，开展了"校长导学"工作，教师每学期安排一节课，由学校领导及学科骨干教师进行听评课。体育组将"校长导学"与组内日常的教研活动相结合，制订出本组的听课评课安排，以 2021—2022 学年第一学期为例，具体安排如表 2 所示。

表2 2021—2022 学年第一学期"校长导学"安排

序号	姓名	周次	年级	内容	备注
1	李梓阳	3	六	技巧组合	若有时间、内容等需要调整，请提前一周沟通
2	于浩	4	四	跪跳起	
3	李博瀚	5	四	跳高	
4	侯杰	7	五	50 米全程跑	
5	陈旭	8	二	30 米快速跑	
6	李星燃	9	一	30 米快速跑	
7	王雪莲	10	三	单手向前推实心球	
8	赵军	11	三	单手向前抛实心球	
9	张博彦	12	四	上一步投掷沙包或垒球	
10	冀丽丽	13	六	助跑投掷垒球	

为将最好、最真实的课堂教学状态展现出来，参与"校长导学"的教师先在组内进行试讲，然后组织全组教师研讨，针对该教师在课堂中暴露出的问题，提出自己的见解。在研讨的过程中，组内的骨干教师、经验丰富的老教师

起到引领方向的作用。授课教师根据全组教师提出的意见建议，对自己的教学设计进行再次修改，以达到最佳的教学效果。在这个过程中，全组教师各抒己见，将最先进、最前沿的教育教学理念应用于教育教学中，从而提升全组教师的教育教学水平。经过反复不断的思想及教学理念的碰撞，体育组教师呈现出的课堂教学状态越发成熟稳健，教师的教学水平不断获得提升。让我们一起来看看教师们是如何评价体育组的"校长导学"课程的：

[王超] 58.116.149.*

赵老师的教学设计很具趣味性，很适合一年级刚入学的学生。虽然小篮球对于一年级学生来说还是有些大，持球时有些吃力，但是在赵老师的课上学生持球非常稳，没有掉球现象。说明赵老师对低年级学生的学习习惯要求非常到位，也很有方法，充分体现了一名体育教师的专业素养。

[闫克跃] 192.168.5.*

从本堂课可以看出赵军老师在平时的教学中肯定也是非常严谨又认真的，对孩子的要求和关注也是足够的，正是平时的严谨和规范才能逐步让孩子，尤其是一年级的孩子养成一个良好的学习习惯。好的开始非常重要，没有良好的规矩和学习习惯，什么教学都无从谈起。一堂游戏为主的课，反映出老师的收放自如，松紧有度，适当地调动、参与到孩子的活动中去，而且也时地运用儿童语言与孩子们交流，与孩子们建立这种宽松、紧张的教学氛围，我想这同样也是值得我们学习的。

[王军] 58.116.149.*

赵老师的这节《拍球比多》课，学生的练习兴趣很高，教师语言简练，过渡自然，学生始终在一种轻松愉悦的氛围中学习，游戏化的教法对于低年级的体育教学是非常适合的，不仅可以调动学生的练习热情，并能够较长时间地保持这种热情，让学生在游戏中潜移默化地把动作技术的质量提高。教法层层深入，有利于学生认识所学动作，并随着练习的深入加深对所学动作的理解，在理解动作的同时加深对所学动作的掌握。

[陈大围] 192.168.5.*

看了赵军老师的课后发表自己的一些看法。首先赵军老师的课设计得比较严谨，步骤间连接紧密。针对主教材的教法运用得当，有效地调动学生认真练习。在练习中教师引导得当，学生乐学。其次提一些不同的看法。第一，教师的儿童化语言要加强，这有助于与低年级学生进行交流。第二，在拍球比多的练习时，教法再进行一些微调就更加贴近学生的实际了。

[李博瀚] 192.168.5.*

赵老师这节课上的是《拍球比多》，内容非常丰富，教学重点突出，教学环节流畅。发现问题，能够及时反馈，与学生的互动也是非常多，同时纪律保持也非常好。我觉得对于一年的学生，能够激发学生兴趣，在评价中使用大拇指奖章也是亮点。这是一节值得我学习的体育课。

[赵雄韬] 114.246.66.*

第一感觉是这节课很有意思，在做准备活动时让学生模仿小动物，这样学生会非常愿意参与进课堂，在游戏中循序渐进，配合音乐，使学生在一定的节奏中轻松愉悦地学习到了拍球的基本技巧，在玩中学，学中玩。这种教法很适合低年级学生，受教了。

[王军] 58.116.149.*

张老师的这节课值得学习的地方有很多，首先，教师精神面貌非常好，能够起到感染学生的效果；其次，绳操的设计很新颖，突出了趣味性，整堂课学生参与性很强。最后的游戏将器材充分利用，同时还教育了学生，可谓一举两得。

[王立君] 58.132.87.*

本次课的课堂气氛活跃，学生的参与热情非常高，但整个课堂又不失体育课堂的严谨性，学生的课习习惯很好，能够做到令行禁止。本节课的练习方式很多，个人比赛、集体比赛、师生比赛、计时跳、计数跳跳等，在教师的精心安排下，使学生能够在运动强度较大的跳绳课上快乐地学习、快乐地练习而感觉不到疲倦。教师对课堂环节的处理也很到位，开火车的热身活动和学生间师生间的剪刀石头布让学生充分热身，避免在冬季出现运动损伤。

[高晓明] 192.168.4.*

张老师在本节课中体现了一个体育教师的专业素质。从口令到站姿、讲解再到示范、组织、评价无不展示了极强的专业基本功。课中练习方式多样，激发了学生的兴趣，如计数跳、计时跳、固定点跳，等等，用有梯度的设计来巩固并脚跳的技术动作。课堂以模拟消防队员灭火为主线，开展游戏，不但充分利用了场地与器材，还对学生进行了安全教育。

[李博瀚] 192.168.5.*

张老师这节课无论是教学内容，还是教学方法都是非常值得我学习的。器材准备，场地布置非常充分。同时，绳操也非常吸引我的眼球，低年级的同学模仿能力很强，通过带操，让学生一起做，抓住了学生的兴趣。个人觉得：如果能加入节奏（音乐/哨音），让学生听节奏来跳绳，更能激发学生的兴趣。

[陈大围] 192.168.5.*

看了张老师的这节课发表自己的一些感受。首先，教师准备得充分，这个准备充分一个指器材、场地准备得充分；一个指教师对于教材的认真研读，对所教学生的现有水平的了解方面准备充分。其次，教师课堂节奏的把握合理，合理地运用教法使学生的注意力一直都集中在练习中，结合不同形式的比赛使学生保持练习兴趣。最后，练习联系生活实际，在游戏中教授学生防火的知识，并培养学生认真负责的态度。

[赵军] 58.116.149.*

看了张老师的课后有以下几点感受：1.教师课前准备是非常充分的，对于学生的情况了解得非常透彻，这样有助于课上具体实施教法。2.教学过程中教师运用教法得当，制订的限制条件始终能够调动学生的练习兴趣。3.教师对于学生常规培养非常到位，有助于教学环节的逐步推进。4.教师的讲解示范非常到位，环节中的展示有助于进一步激发学生的兴趣。

从教师的评论可以看出，教师通过"校长导学"和组内教研说课评课，自身获得了很大的提高。无论是对课堂把控能力、对教材的分析能力、教学重难点的设置，还是突破教学重点的教学方法以及教学组织形式等各个方面，体育教师都获得了很大的收益，这样的教研活动，是务实的、卓有成效的，它为教师专业的发展提供了很好的平台和展示空间。

（三）专家引领

体育学科教学专家是教育理念的缔造者和引领者，他们在培训过程中能把教育论、方法论、教学前沿的新知识、新方法，甚至是哲学知识融会贯通，对教师进行理论指导，在教学实践中能够明晰教学的方法、技巧，教育视野开阔，教学思路清晰，有着丰富的经验，他们在体育教师培训中起着无可替代的作用，能够给教师醍醐灌顶的震撼。

学校每学期都会聘请市、区教研员，朝阳分院体育教研室的专家来校对教师进行课堂教学、科研能力的辅导。北京市教科院体育教研室马凌主任，市教研员樊伟老师，朝阳区教育科学研究院体育特级教师姚卫东、特级教师王晓东，朝阳区教师发展学院体育特级教师胡凌燕，北京市体育学科带头人张跃强老师等多次来到学校对体育教师进行全面的培训。

体育组每学期确定一个主题，从最基本的教育教学入手，专家给予体育教师指导。如学校聘请朝阳教师发展学院小师训的张跃强老师来校进行指导，学校与张老师制订2年的培训计划，我们从单元计划的制订入手，细致分析教材的总体目标、重点，然后确定每节课的重点和难点，根据教学的重难点安排教法的组织与措施，最后通过课堂实施检验单元计划制订的合理性。张老师逐个审核青年教师的单元计划，提出修改意见，教师们进行修改，使青年教师很快掌握了单元计划制订的方法和技巧。现场听课、课后评课，张老师给年轻教师提出中肯的改进意见，开拓了教师的思路。从专题讲座"通过制订教学目标，更加准确地把握教材的重难点""如何进行微格说课——有效设计教法，突破教学难点"，到深入课堂进行教学的指导，手把手地教授青年教师上课技巧，把握教材的知识结构与教学的重难点。

组内的老教师则主要关注青年教师的日常教学，无论是在课堂上还是在教研中，带领青年教师分析各类教材的体系，特别是体育教材中知识的前后关联。分析、研究不同年级对于同一项目目标、知识技能的不同要求等，使青年教师能够较快地捋顺各教材的联系，熟悉每一教材的重难点。经过这样系统的指导与培训，青年教师得以迅速成长，教育教学能力大幅提升。

在学校的大力培养下，加之青年教师自身的努力，青年教师在教育教学中进步很大，有教师在自己的总结中这样写道："在这一学期里虽然很累，但有所收获。学校为青年教师搭建平台，聘请分院的张老师为体育教师进行教学指导。开学伊始，张老师细心地对我进行了微格教学片段的指导，在我准备新教师的微格比赛时，老教师每天利用课余时间听我微格说课，耐心地一次一次地进行指导，我一次一次地打磨和修改，最终在新教师微格比赛中获得一等奖。

"本学期张老师利用'北京市骨干教师开放型课程'时机，带领我上了两节同课异构课程，第一个课程是 30 米跑，第二个课程是纵叉技巧，都是针对一年级学生的。经过这两次的教学练习，我不再紧张，能更加自如地在课堂中调整自己的情绪，对班级学生的观察面也广了。在学期末参加朝阳区评优课第二阶段的比赛，我最终获得一等奖。这离不开学校为青年教师搭建的成长平台；离不开学校领导的关心与鼓励；离不开老教师的悉心指导，在这里我要由衷地说一声谢谢！"

三、青年教师成长的"青蓝工程"

（一）"青蓝工程"的意义

"青，取之于蓝，而青于蓝；冰，水为之，而寒于水。木直中绳，𫐓以为轮，其曲中规。虽有槁暴，不复挺者，𫐓使之然也。故木受绳则直，金就砺则利，君子博学而日参省乎己，则知明而行无过矣。"这段话出自《荀子·劝学》。

"青蓝工程"其中的"青蓝"取义"青，取之于蓝，而青于蓝"，青年教师是学校的未来和希望，青年教师的思想、政治、业务素质的高低，将决定学校的发展前途和命运。青年教师的培养是学校工作的重点，寄托着学校对青年教师的殷切期望。

开展"青蓝工程"，目的是充分发挥老教师、骨干教师的传帮带作用，对青年教师进行一对一指导和培养，促进青年教师的成长，提升青年教师教育教学能力，提高本学科教育教学质量，培养和造就教学水平高、教学效果好的青年教师队伍。

（二）"青蓝工程"的实施

2015 年 3 月，朝实教育集团启动了"青蓝工程"（师徒结对仪式），在启动仪式上，魏淑娟校长讲解了"青蓝工程"的意义和目的，即"青出于蓝而胜于蓝"。随着陈立华校长和王存友书记的亲自揭幕，朝实教育集团"青蓝工程"正式启动了。一批又一批的骨干教师与青年教师结成了师徒。在教育教学中，师父们毫无保留地将自己的教育教学经验传授给青年教师。从最基本的如何制订教学计划到课中的每一个教学环节的实施、教学语言的组织，到做一名合格、优秀的教师，每一个师父手把手地教授着徒弟，希望他们能够迅速成长起来。师父们用他们严谨而又灵活的教学方式，游刃有余地驾驭课堂的能力，与学生亲密和谐的师生关系，时时刻刻向徒弟传递着教育教学的理念与方法。

自"青蓝工程"实施以来，体育组先后有高晓明、李博瀚，陈大禹、冀丽丽，于浩、侯杰、王长柏、李梓阳结成了师徒关系。在体育教育教学中，几对师徒互帮互学，共同成长，取得了令人瞩目的效果和成绩。其中徒弟冀丽丽、侯杰在2022年被评为朝阳区骨干教师，李博瀚被评为朝阳区优秀青年教师。青年教师的成长倾注了每一位师父的心血，下面让我们来看看师徒是怎样做的。

师父陈大禹：

1. 平等。

首先我觉得徒弟和师父是平等的，不管是备课、听课还是评课，我们都是在一条起跑线上相互促进。冀丽丽老师对教学上遇到的问题总能大胆地提出，哪怕觉得我在哪个环节处理得不好都敢于表达。作为师父我也是虚心接受，不以自我为中心。平时每一次评课、听课都是一次我们相互学习的机会。经过不断切磋，真正做到相互促进、教学相长。

2. 和谐。

师徒之间的关系，我觉得更多时候体现为朋友关系，教学方面无话不说。本学期我们经常通过教研活动或者微信、腾讯会议等方式进行相互交流。就好像我们是坐在同一个办公室，对教学上的问题进行探讨，从而形成一种学习上进的氛围。我相信在这种氛围里，师徒结对的形式不应是单一的。不管是上课、听课还是评课，都是不分场合，畅所欲言，大胆表露想法，在一个和谐的气氛中学习交流的。

3. 共进。

在师徒结对中师父要起到传、帮、带的作用，但并不是说师父就不用学习了。要给徒弟一杯水，师父就要有源源不断的水。在结对的过程中，冀丽丽老师在不断学习，我也更注重提高自身的业务素质，要比徒弟学得更多。所以在平时的工作中，我不断地学习与教育教学相关的理念和理论，来指导自己的教学，同时在充分把握教材的基础上实施教学。师徒共进才是发展的硬道理。

师徒结对也让我意识到自己的诸多不足。"学然后知不足，教然后知困"，其实我在师父这"名"与"实"之间还是存在很大的差距。在提高业务的同时，我也在努力充实自己，我觉得工作有所成效是一种幸福，是一份荣耀，我会努力去追求卓越。

徒弟冀丽丽：

作为年轻教师，在教育教学工作中教学理念还有待更新，业务水平还有待提高，教学经验有待丰富，业务知识有待拓宽。总之，与老教师相比，我们还有很大的差距，迫切需要老教师的指导和帮助。很荣幸我能成为陈大禹老师的徒弟，我的师父陈老师是在教坛上默默耕耘了多年的老教师，他积累了丰富的教学经验，拥有精湛的教学艺术，并形成了自己独特、鲜明的教学风格。经过7年的师徒结对，我成长很多。

首先是思想方面，继承和发扬师父爱岗敬业、无私奉献的精神，学习师父教书育人、严谨治学的教风。作为一名教师，要知敬畏、守底线，注重师德修养提升，真正把教书育人和自我修养提升结合起来，自觉做到以德立身、以德立学、以德施教。

其次是熟练掌握教学常规，熟悉教育教学方法。第一就是备课，师父教我要做到五备：备课程标准、备教材、备学生、备学法、备教法，关键要吃透教材和学生。第二是组织教学，根据教学内容和学生实际，灵活运用教学方法组织教学，在课堂中面对没有想到的问题要善于随机应变地采取调控措施。这样才能有秩序地开展教学活动，提高教学效率。第三是语言，一定要精讲多练，语言清晰、准确、简洁，具有启发性、逻辑性。甚至要求我提前将语言写下来，背下来，虽然会比较麻烦，但是却让我快速提升了语言组织能力。

再次要积极参加各种教研活动。每学期师父都会鼓励我上研究课，因为集体备课可以发挥教师群体优势，交流教学经验，解决教学中的重要问题，研究和改进教法，能够迅速提升教学水平。

最后要学会反思，持续发展。通过反思可以审视自己的教学行为，指导学习先进经验，寻找原因，明确改进措施。

第三节　对外指导

"一花独放不是春，万紫千红春满园"，总校体育组教师在自身得到发展的同时，充分发挥示范校教师的引领、示范作用，带动其他学校教师一同成长。

一、参加农村教师提升工程

2009 年，学校作为北京市"农村教师提升工程"的基地校，承接了指导"农村教师"提升的任务。体育组的李军、陈旭、王长柏、于浩等教师先后担任了"农提工程"的指导教师，分别对来自怀柔、昌平、密云的村校教师进行体育教育教学的指导。

在了解农村教师的需求及在教学中迫切需要解决的问题后，指导教师与学员教师共同制订研修计划，与学员教师共同备课，一起分析教材，寻找教学内容的关键点，及突破教学重难点的方法。

在指导农村教师的过程中，所有的指导教师都要上一节示范课，这对指导教师也是极大的促进，正如指导教师陈旭老师在"农提工程"总结中所说的：我深深知道，教师教学生时，如果学生的学习兴趣不高，就难以充分培养学生的探究能力，教学质量就不会提高，所以在教学中我尝试运用多种灵活的教学方法，来激发学生的学习兴趣。在这个环节中，对教材认真分析，认真设计每一节课，并及时对每节课进行反思，认真分析课堂和班级管理中出现的问题。为了给杨老师展示自己的精彩教学设计，我必须时刻以饱满的激情上好每一节课。课后我也与杨老师进行多次的沟通，分析教学的成功与失败，并记录下精彩之处，便于从理论的高度进行反思与总结。

"农村教师提升工程"不仅使学员教师得到提高，也促进了指导教师的共同提升，真正实现了教学相长。

二、启动首都体育学院实习生基地校

基于我校较强的体育教科研能力和显著的学生体育成绩，从 2021 年起，我校与首都体育学院牵手合作，其中一项就是成为首都体育学院实习生基地校。首体院每年安排若干名即将毕业的学生来校进行为期一学期的教学学习。为了让实习生在我校能够学到真本领，快速适应体育教师的工作，学校给每个实习生"一对一"地安排指导老师，而指导老师都是市、区、校骨干教师。同时也安排一些教学课时让他们负责，让他们把看到的、听到的、学到的体育知识、技能和理论应用到教学实践中，扎实地提升自己的教学技能。

目前，我校共指导首体院实习生 16 名，实习生返校，步入工作岗位的情况反馈，得到了学院、工作单位的高度认可。

三、落实教师轮岗交流

（一）对外指导

随着我教育集团的不断扩大，分校的数量越来越多，辐射的范围也越来越大，不仅河北的雄安、贵州的贵阳有我校的分校，而且我校与香港、云南、海南、四川、河南、湖南、青海等地建立了"友好校"。每年我校都会派遣不同学科的骨干教师到各校进行教学指导与交流，体育组也会根据校区的情况，选派优秀的体育教师到各校进行教学指导，如教学讲座、教学研讨、教学示范课等。其中，雄安校区在教育集团发展中，有着特殊且重要的示范作用。

自2018年起，朝阳实验本校与雄安校区定期开展教学研讨交流活动。每学期幸福校区的体育教师都要送课到雄安校区，送课教师根据雄安校区教师的需求，安排教学内容，力争将最新的教学理念与思想展现出来。在展示课后的研讨中，幸福校区的教师逐一回答雄安校区教师的疑问。无论是课程理念实施、当前教育改革的方向、课程标准的实施，还是课堂中一个微小的授课细节，幸福校区的教师都事无巨细地与当地教师进行交流，力争将朝阳区乃至北京市最先进的教学理念带给他们，提升域外城市教师的教学质量。

（二）轮岗交流

从2012年开始，我教育集团实行了集团内教师交流轮岗，很多教师交流到分校进行教学工作。在这个过程中，体育组的陈旭、陈大禹、高晓明、李军、赵军、王伟、王立君、刘远等骨干老师分别到罗马、润泽、密云、柳芳、体育场路等校区进行长时间的轮岗交流，其中李军老师还被区教委安排到北京市朝阳区第二实验小学等学校进行骨干兼职活动。

在这些年的轮岗交流中，轮岗教师充分发挥自身优势，带动所在学校体育教育教学的全面开展。

例如，陈旭老师轮岗交流到罗马校区6年。在这6年中，陈老师从教育教学入手，规范学校体育课堂教学常规，认真上好每一节体育课，让每个学生都能在体育课堂中有所收获，学生积极参与体育课的兴趣越来越浓厚。陈老师的行为带动了罗马校区的其他体育教师，所有体育教师在6年中没有出现过一次"放羊课"。每节课，体育教师都是按照教案设计，认认真真地去完成。轮岗教师的引领，加之罗马校区青年教师的努力，罗马校区的青年教师迅速成长起来。到2018年，罗马校区的青年教师在市、区各项课堂教学评比中荣获一等奖6项，二等奖20余项，陈旭老师也多次获得"优秀指导教师"奖。

除课堂教学外，其他体育工作在轮岗交流教师的带领下也取得了长足的进步。以国家学生体质健康测试和学校社团工作为例，为了提高学生的身体素质，全组教师每天坚持早上7点之前到校，组织学生开展早锻炼；精心安排早操、课间操的内容，如队列练习、广播操、各项球类活动等。体育教师在开学初进行了细致的编排，既提高了学生上操的兴趣，又保证了课间操的运动密度，达到了锻炼的目的。在2012年朝阳区学生健康测试中，罗马校区排名第65名，处于全区的中游水平。在陈旭老师的带领下，经过罗马校区全体体育教师的努力，在2017年的朝阳区学生健康测试中，罗马校区排名第10，且在2018年、2019年保持在朝阳区前30名的水平。

学生体质的提升，带动了社团活动的开展和学生运动成绩的提升。在罗马校区的几年中，陈旭老师根据罗马校区学生的实际情况，审时度势地开设软式垒球、田径、健美操、足球等体育社团活动。到2015—2016学年时，经过短短3年时间，罗马校区各运动队在参加的朝阳区各项体育赛事中取得了较好的成绩，其中软式垒球队获得朝阳区第二届中小学软式垒球比赛第三名；健美操队获得了朝阳区啦啦操比赛集体三等奖；我校的足球队在朝实教育集团球类联赛中获得了第二名，并且参加了朝阳区"金鹰杯"足球比赛。这些成绩的取得，是体育教师付出的辛勤汗水换来的，也是他们责任意识的体现，体育组教师们自2016年3月以来，每个周末几乎都是在带领学生参加比赛中度过的。特别需要指出的是，罗马校区软式垒球社团，6年中从无到有，从创建到不断发展，已经成为校区的特色体育项目，多次获得朝阳区中小学垒球比赛前三名的成绩。2018年两名垒球队员还被报送至陈经纶崇实分校垒球队。

教师的轮岗交流，带动了集团内和区内其他校区的发展，从一定程度上成为推进教育公平的重要方式。从教师自身发展来说，轮岗交流对于教师的专业发展和个人成长，对于缓解一些处于职业"高原期"教师的职业倦怠感，也是有所帮助的。

第三章　营养健康

第一节　学生营养的改善

对于我校的学生来说，不管身体形态正常、偏胖，或是偏瘦，生活中都不缺食物、不缺营养，家长早已把对学生能否吃饱的关注，转移到学生是否吃得好、吃得有营养上。2010 年，体育总局反馈全国学生体质与健康调研结果显示，30% 以上的学生身体形态不正常，我校的比例更高一些。因此，我校不仅从学生的身体锻炼上进行改革，而且对学生吃的方面进行优化，提升学生在校的用餐质量，加强学生用餐管理，让学生吃得科学、吃得营养、吃得健康。

一、探索食堂管理形式，管控学生营养的源头

多年来，我校一直自主办食堂，减轻师生的家庭负担。随着学校规模的逐渐扩大，用餐的师生也由以前的 300 多人，增加到 1600 余名，由只有中午一顿，增加到早、中、晚都有，还有 2 次课间加餐。一方面，食堂的重要性越来越凸显，它事关广大学生的健康成长，事关广大师生的切身利益，事关学校教育教学秩序的稳定。另一方面，学校办食堂的难度也越来越大。学校需要确保食堂管理人员掌握烹饪、商品、食品营养卫生等知识，还要负责餐饮服务人员招聘、食材采购、师生用餐的管理等，学校承担的压力、分散的精力越来越大，严重影响我校用于教育教学的力量。因此，学校在服务好师生用餐的前提下，不断探索食堂管理的模式。

在这种背景下，我校的食堂由自办改为托管，改变了学校既是运动员又是裁判员的身份，剥离了后勤服务的经营职能，由经营者转变为管理者，实现角色转换。如此，学校能够对承包经营者的食堂经营和服务实行全面监管，集中

精力对食堂的环境卫生、采购加工、制作出售、质量价格、服务水平等全过程跟踪监管，增强了校方的管理监督力度。食堂的食品卫生安全和规范科学运作得到强有力的组织保证，确保了食品安全等制度的有效执行。同时学校也能从后勤部门腾出师资，用于教育教学。

我校引进社会力量，采用竞聘方式，多方对比，最终选择一家服务过冬奥会，且有多年承包学校食堂经验的餐饮公司，希望利用他们的管理经验、专业人员、物流体系等，提高学校食堂的运行效率和安全管理水平。同时，在合作过程中，学校强化管理、监督的主体责任，对食品安全和饮食营养进行严格管控，为学生的营养健康提供保证。

在食品安全方面，严格遵照国家、北京市有关食品安全法律法规，切实加强学校食堂全流程标准化管理。严格原材料供应、包装储存、餐具消毒、场所环境卫生、人员健康检查等环节；完善食堂功能分区；规范生产、加工、配送流程；落实索证索票、查验记录、购销台账、留样备查等制度，切实保证学校食堂伙食的安全、卫生及质量。

在营养菜谱方面，学校根据学生的身体、年龄与心理、生理发育等特点，要求托管公司对食品菜谱进行合理安排和搭配，增加食物的花色品种，实施营养干预措施，改善营养膳食结构；要求托管公司提前一周提交下周的菜谱，标识学生餐带量食谱和营养素供给量，若不合格，则立即调整。同时，学校利用食堂等场所，推广合理膳食、宣传引导健康理念，提升学生饮食均衡的意识。

目前，我校学生每天都能吃到色、香、味俱全，有温度的饭菜，菜品每餐都不一样，也能吃到当下的时令蔬菜，以及根据学生的身体形态增减食量，学生的营养问题得到保证。

二、理论联系实际，调整学生营养的搭配

2018 年 2 月，国家卫计委发布《学生餐营养指南》，规定了 6—17 岁中小学生全天即一日三餐能量和营养素供给量、食物的种类和数量以及配餐原则等。我校依据食物中各种营养物质的含量，以及本校学生的特点，设计一天的食谱，保证学生饮食合理，营养平衡，使学生摄入的蛋白质、脂肪、碳水化合物、维生素和矿物质等几大营养素数量足够、比例合理，从而让学生以更强的体魄和精力投入学习，以一天的午餐为例（见表 1、表 2）。

表1 某周午餐带量食谱

周一	周二	周三	周四	周五
菜品（投料名称及克数）	菜品（投料名称及克数）	菜品（投料名称及克数）	菜品（投料名称及克数）	菜品（投料名称及克数）
香芋扣肉（五花肉50 芋头20）	红烧翅根（鸡翅70）	红烧肉宽粉（五花肉50 去皮鹌鹑蛋20 宽粉10）	豆瓣鱼（鲷鱼60 冬笋5 木耳5）	肉丝炒面（肉丝30 胡萝卜5 圆白菜20 面条50）
什锦肉粒（鸡丁30 毛豆粒20 香菇5 彩椒3）	培根炒西芹（培根20 西芹30 彩椒5 木耳3）	菠萝咕咾肉（里脊40 菠萝5 黄瓜3）	肉沫四宝豆腐（肉馅10 豆腐50 香菇5 青豆5）	无骨鸡柳（鸡腿肉60 面包糠10）
木耳奶白菜（木耳5 奶白菜50）	鸡蛋西红柿（鸡蛋30 西红柿40）	炒合菜（韭菜5 绿豆芽40 胡萝卜5 粉条5）	木耳油菜（木耳3 油菜50）	番茄菜花（菜花50 西红柿5）
米饭（大米40）	紫米饭（大米50 紫米5）	二米饭（大米40 小米5）	红豆（大米50 红豆5）	

表2 一周午餐平均营养量

能量及营养素（单位）	实际供给量	标准量	能量及营养素（单位）	实际供给量	标准量
能量kcal（MJ）	820	800	锌（mg）	3	3.2
蛋白质（g）	23	20	维生素A（μgRAE）	223	220
脂肪供能比（%E）	占总能量的20%—30%		维生素B1（mg）	0.4	0.44
碳水化合物供能比（%E）	占总能量的50%—65%		维生素B2（mg）	0.4	0.44
钙（mg）	344	340	维生素C（mg）	28	30
铁（mg）	5	5.6	膳食纤维（g）	8	8
注：能量供给量应达到标准值的90%—110%，蛋白质应达到标准值的80%—120%。					

我校安排的食谱的特点：通过多年的体验数据发现，低年级学生的贫血现象相对比较严重，经过近几年的大力治疗，略有好转，但仍引起学校的高度重视。究其原因，与低年级学生膳食营养不均衡、不合理、膳食量不足或某些营养素不足有关。学生三餐的食物种类不够丰富，偏食、挑食使膳食不全面等都是引发供铁不足、造成贫血的原因。因此我们在学生的营养餐中安排含铁丰富的食物，注重食物的色、香、味，激发学生用餐的欲望。

高年级学生面临的健康问题，主要在于超重、肥胖，而且随着年龄的增大，学生的自主性增强，偏食、挑食的倾向越来越明显。我们都知道，肥胖是慢性病发生的危险因素，且不少超重、肥胖的孩子现在已经出现血脂、血糖异常，高血压等病症。因此学校在营养餐中，有时选择饱腹感强但能量低的食物，比如萝卜、胡萝卜、黄瓜、莴笋等，以及含粗纤维的食物，如芹菜等，有助于排便。同时，学生处于青春期，生理方面会发生巨大变化，需注重对高蛋白质、维生素和微量元素的补充。

三、实施课间加餐措施，补充学生学习和锻炼的营养

课间加餐是指每天上下午（上午 10 点，下午 3 点左右），为了补充营养，缓解饥饿，组织学生吃些水果、点心、面包、牛奶等食物。因为，小学生生长发育快、活泼好动、新陈代谢旺盛，需要的营养多，特别是上午第一、二节，一般为语文、数学课，学生的脑力活动较为紧张，而且大脑只能利用血中葡萄糖作为能量，大脑活动要随时从血液中提取葡萄糖，学习越紧张，用脑强度越大，需要的能量越多。同时，小学生胃容量都比较小，食量不大，尤其是低年级小学生，容易饥饿，如果不及时补充食物，就会影响学习，时间长了也会影响身体健康和发育。在一些有条件的国内学校以及一些发达国家的学校，通过实践证明，课间加餐对提高学习效率、促进生长发育及保证健康有积极的作用。

学校里 1500 余名学生每天多吃两顿饭，对学校一天的工作增加了很多挑战和困难，给老师们增加了很多工作量，比如食物的安排、食物的运输、食物的卫生、学生用餐组织等。但为了给学生补充营养，满足家长迫切的希望，早在十多年前，学校便实施课间加餐措施，而且是两顿；将加餐的时间，安排在上、下午的第二节课后，并制订了学生缺什么补什么的原则；在实施过程中，学校总结了很多有益的经验。

第一，学生自愿参加课间加餐。对于学生在课间加餐的选择上，学校采取学生自愿原则，不宣传，不引导，以家长与学生的自我选择为准。在学生用餐时，安排不加餐的学生到室外活动，避免影响这些孩子的心态，产生压力。同时，也让用餐的学生有一个相对单一的环境，能安心用餐，避免打扰。目前，我校学生基本上都选择课间加餐。

第二，注意补充营养。通过对学生相关数据分析发现，目前学生膳食中蛋白质、钙、维生素 A、B2 等供给不足。学校在选择食物上，多以糕点、牛奶、面包、水果等小食品为主，食量在 100—200 克，两个品种，且容易消化吸收。据数据表明，每个学生补充一次 50 克糕点和 150 克奶，能够提供 210 千卡的热量、8 克的蛋白质、180 毫克的维生素 A、230 微克的核黄素，足以补充新陈代谢过快带来的营养缺失，且不影响午餐。

第三，培养动手能力。在物质丰厚的今天，孩子们被家长照顾得细致入

微，也很少有机会体验劳动，很难懂得食物来之不易，动手能力差，基本的生活技能欠缺。因此，我们在选择加餐或组织学生用餐时，有意识培养学生的动手能力。对于低年级，有时会安排学生吃橘子、香蕉，让学生自己剥；有时会安排学生吃独立包装的小点心，让学生自己打开，从加餐上培养低年级学生的动手能力，改变学生衣来伸手、饭来张口的坏习惯。对于高年级，安排他们为低年级学生服务，"大手拉小手"，一班对一班的对点服务，培养用餐时的服务意识。

第四，帮助学生换牙。人的一生有两副牙，乳牙是第一副。正常情况下，每个人在小学期间都会换乳牙。从牙齿松动到牙齿脱落，需要比较长的时间，而现在的孩子经常吃一些软的食物，牙齿没有得到锻炼，因此，孩子们的牙齿经常出现已经松动但迟迟不掉的情况，从而影响学生的食欲，影响营养的吸收。因此，我们会安排一些耐咀嚼的食物，如纤维素高、有一定硬度的食物，比如水果、玉米等，保持对乳牙的刺激，促使乳牙按时脱落。另外，通过咀嚼运动，也能促进牙床、颌骨和面骨的发育。

四、加强用餐管理，确保营养落实

为了让学生有一个良好的用餐环境，我校在紧张的校舍面积中，建造了能容纳400—500人同时用餐的食堂。由于学生众多，需要分3批进行用餐，而中午的用餐时间有限，为了让学生吃好，落实学校的营养预想，就必须对学生用餐秩序进行有效管理。

（一）吃饭不说话，节省用餐时间

在组织学生进行食堂用餐时，学校就对学生的用餐习惯、秩序做了明确的规定，确保学生在用餐过程中安静、整洁、有序。以午餐为例：

食堂根据学生的营养需要，安排一荤一素搭配一汤，低年级学生不用打饭打菜，学校提前5分钟备好餐。学生直接走到固定的座位，若饭量不够，学生不需要出声，举手示意即可，伸一根手指代表加饭，伸两根手指代表加菜，伸三根手指代表加汤，每个班级的班主任负责照看学生就餐，看到学生打出手势，就进行相应的服务。若学生用餐后，并把自己的餐桌收拾干净，就将两手的五指相对形成"∧"，举过头顶，班主任或值周学生检查后，就可将餐盘放入指定位置，离开食堂。如果有学生不慎出声，值班主任会及时纠正，并将情况记录下来，在相应的场合反馈给年级或班级。

通过这样有效的管理，学生用餐环境非常安静，原先计划的 30 分钟时间，基本上在 20 分钟完成，桌面、地面也非常整洁，食堂人员流动大，但有序、井然。

（二）吃饭不挑食，避免用餐浪费

"谁知盘中餐，粒粒皆辛苦"。尽管中国粮食生产连年丰收，对粮食安全还是始终要有危机意识。但处于优越环境中的孩子们，往往很难有"一粥一饭，当思来处不易；半丝半缕，恒念物力维艰"的境界，我校学生浪费粮食的情况也十分突出，为此我们从多方面来杜绝学生的浪费现象。

首先，营养师在制订学生食谱时，在满足学生营养均衡的前提下，尽量选择学生爱吃的蔬菜、水果、点心等，并设计出学生喜爱吃的菜品。其次，厨师不断提高技能，制作主食，大小均匀，掌握火候；制作菜品，配菜美观，色形好看，炒菜味美，咸淡适中，能激发学生的食欲。再次，分餐人员根据学生的体形、饮食等特点，给予学生合适的饭菜量，不接受学生挑食或偏食的要求。复次，班主任加强学生用餐管理，鼓励和要求学生吃完，并逐一检查。最后，食堂管理者或值班主任监督学生放置餐具，倒食物残渣的情况，若有剩饭现象，询问原因，记录情况，反馈给相关人员改进。通过多方位的措施，学生剩饭现象得到了极大的遏制，学生的"光盘"意识越来越浓，并能影响到家庭。

小学期间是学生养成良好饮食习惯的关键时期，也是营养均衡促进健康的重要时期，我校充分认识到它们的重要性，采取积极的干预措施，取得积极进展。

第二节　学生身体疾患的干预

青少年时期是人生发展的一个重要阶段，也是一个相对健康的时期。但目前，青少年的健康状况却不容乐观，一些慢性非传染性疾病开始于这个时期，或在这个时期埋下隐患，比如视力低下、肥胖超重、龋齿等身体疾患。我校结合学校实际情况，积极采取各类措施进行干预，有效遏制了学生健康水平的下滑趋势。

一、架构健康环境教育体系，加强学生肥胖干预措施

（一）形成超重或肥胖的原因分析

通过我校对学生肥胖原因的分析发现，主要来自遗传、生活习惯、运动不足等方面，但学生生活习惯的因素占主导。

遗传因素：研究表明，小学生是否肥胖，受遗传因素影响。如果父母双方或一方肥胖，孩子肥胖的概率将提高 50% 以上。同时孩子出生时体重过重，发生肥胖的概率是正常儿童的 2 倍多。据统计，我校肥胖学生因遗传因素而肥胖的占一定的比例。

运动不足：现在学生的学业压力较大，除了学校正常的学习任务外，家长给孩子报了很多学科类的兴趣班，以及额外的作业，无形中占用学生玩耍和运动的时间。同时学生在运动方面怕苦怕累，对于参与运动兴趣不高，因此学生体育锻炼的时间不足，体内的能量"入大于出"，从而造成超重或肥胖。有一项调查显示：青少年平均看电视每增加一小时，肥胖率就会增加约 1.5%。

生活习惯：由于社会不断向前发展，学生的衣食住行都得到极大改善。饮食方面，高脂、高糖的食品无不引诱着学生；出行方面，学生车接车送，走步的数量远远不达标；生活闲暇时，网络游戏、手机、电脑也吸引着学生目光……这些都会让学生形成"少动久坐"等不良生活习惯，增加肥胖的危险。

（二）对超重或肥胖的干预措施

对于学生的超重或肥胖问题，我校整合全校各部门的力量，从不同的角度采用干预措施，共同促进学生的健康。

1.举办健康教育活动。

卫生健康部门通过专题讲座、板报等形式向学生宣传超重和肥胖的概念、发生的原因、对健康的危害，培养学生良好的生活方式和饮食习惯。食堂管理部门通过墙报，宣传营养均衡、合理膳食、节约粮食等知识。德育部门结合特定的时间，如每年的 4 月 7 日的世界健康日，通过课堂宣讲，强调健康对于劳动创造和幸福生活的重要性。

2.改进学校体育工作。

体育部门提出"三全理念"，即全员参加、全过程监控、全体发展，在体育活动时间，每一个学生都必须参加，监控每一个学生的参与情况和运动量，整体提升学生的运动能力和体质。比如，我们会在每年 9 月份设置一次"体质

健康测试运动会"，全体学生都要参加 1 分钟跳绳和仰卧起坐比赛。比赛结束后，体育主管行政老师和体育教师要从学校、年级等不同的角度，给全体教师进行"体测数据"分析，提高全体老师的重视程度，共同督促学生的体质发展。

3. 优化教学活动时间。

各科老师不得"拖堂"或提前上课，保证学生课间能适当休息并适当走动，减少静态行为。不允许占用体育课、课外体育活动或社团体育活动时间，准时、全员地安排学生到场地活动。同时鼓励学科老师在学生完成相应学习任务的前提下，奖励学生到室外进行体育活动。

4. 关注肥胖或超重学生。

体育部门与各年级组配合，成立"小胖墩工作室"，将全校肥胖学生组织起来，利用早到校、课间操、课外体育活动等时间，进行单独、针对性训练；另外，帮助肥胖学生设定个人的行为改变计划，透过分析自己的运动，饮食习惯，设定合理的行为改变目标，提高自制力。

5. 开展家校互联活动。

班主任定期向家长反馈肥胖学生的身高、体重和 BMI 值，寻求家长的配合，以减少阻碍、形成支持性的环境。比如让家长了解肥胖症的危害及其防治措施，掌握有关学生营养的知识，调整膳食结构和食量，避免经常吃油腻的食物和过多零食；养成饮白开水习惯，控制含糖饮料的饮用等。

同时，家长要合理安排学生的作息时间，控制学生在家静坐时间，如看电视、玩电脑、做作业时间，保障睡眠时间；要保障学生每天 2 个小时以上的户外活动时间，寒暑假活动的时间可能更长一些，督促学生完成学校提倡的每日身体素质或专项运动练习。

（三）干预学生肥胖或超重的效果

通过 12 年的不断改进，学生的体质得到明显改善，学生体质健康的优秀率由 16.57% 提升到 44.08%，提升近 28 个百分点；体质健康的达标率由 94.99% 提升到 98.21%，提升近 4 个百分点；肥胖率由 25.58% 一度下降到 10.82%，下降近 15 个百分点（见图 1）。我校在控制学生肥胖方面，取得初步进展。

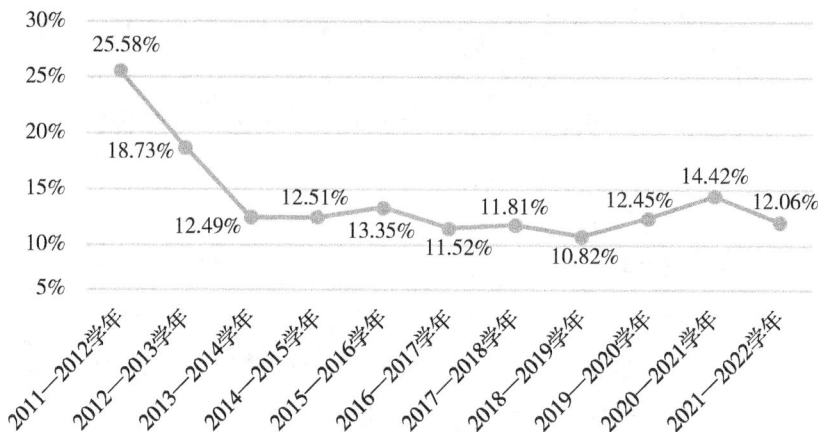

图 1 我校学生肥胖率情况

二、改善视觉环境，加强学生近视防控工作

（一）形成视力不良的原因分析

通过我校对学生视力不良原因的分析发现，主要来自遗传、用眼习惯、电子产品、健康观念、疫情因素等方面。

遗传因素：研究表明，小学生是否近视，受遗传因素影响。如果父母双方都是高度近视，遗传给孩子的概率会很高。如果一方高度近视，另一方正常，子女遗传的概率为10%—15%；如果一方高度近视，另一方是正常，只是近视基因的携带者，子女高度近视遗传的概率为50%；双方都是近视基因的携带者，但视力都正常的情况下，子女近视的发生率在25%左右。据统计，我校学生因遗传因素而近视的占一定的比例。

用眼习惯：学生学业负担重，除校内学习外，课外培训班增加额外作业，连续用眼时间增加，户外活动时间减少，过度用眼导致眼疲劳；读写姿势不正确，看书写字时离书本太近；室内照度不够，学习灯光源不达标，未使用无蓝光防频闪的护眼灯；学生用眼卫生不好，习惯用手揉眼睛等不良用眼习惯，影响眼健康。

电子产品：由于社会飞速发展，电子产品已经成为我们生活的必需品。对于电子产品，尤其是手机，很多孩子都难以抗拒它的魅力。电子产品中的蓝光对视网膜的视锥细胞是有损伤的，同时长时间盯着电子产品，没有远近调节视线，更少眨眼睛，容易视疲劳，会造成视力不良，甚至引起眼部疾病。

健康观念：很多学生出现频繁眨眼睛、眯眼睛，出现视力不良的先兆，家长没有意识到孩子视力问题。有的学生已经出现视力不良的情况，家长不给孩子配眼镜矫正视力，而是认为戴上眼镜反而视力会下降，就摘不掉眼镜了，家长错误的观念导致没有及时纠正孩子的视力，错过了防控与治疗的最佳时机。

（二）对视力不良的干预措施

1. 加强组织领导，健全防控体系。

我校早在 2010 年起就启动视力防控及干预工作。当时我校视力不良检出率低于全区平均值 3 个百分点，但近视学生还是占到了全校学生总数的一半以上。我校从组织建设入手，成立了由校长、书记任组长，分管副校长任执行组长，各部门主管协同参与实施的工作领导小组，结合我校实际制订切实可行的行动方案，建立健全目标责任制和督查机制，对工作任务进行层层分解，责任到人，形成了"一把手"亲自抓、分管领导具体抓，全校上下齐心协力、共创共建的良好工作氛围，确保创卫工作取得实效。

2. 成立爱眼工作室。

2011 年，我校以"爱眼护目，共享健康"为主题，成立了爱眼工作室，购置了护眼仪器，筛选各年级边缘视力和轻度视力不良的学生到爱眼室进行眼护理，每天保证 30 分钟仪器干预的眼放松。有专业的老师进行辅导，每个月进行视力监测，建立护眼学生视力档案，定量化分析视力变化趋势，定期开展爱眼知识宣教。假期是学生视力明显下降的时期，学校将护眼仪借给学生，在家中继续坚持治疗，家长进行监督，做到家校配合，共同防治。通过一个学期的坚持，学生视力改善情况取得了一定的效果，总有效率达到了 70% 以上。另外，爱眼工作室每学期组织两次全体学生视力筛查，对视力异常或可疑眼病的，建立重点监控机制，进一步开展眼部健康数据（包括屈光度、眼轴长度、屈光介质参数等）筛查，并有针对性地提出视力改善建议。

3. 加大硬件投入，改善行为习惯。

保持正确的书写姿势，减少近距离用眼是学生保护视力的重要条件。由于低年级，特别是一年级学生，还不能完全掌握正确书写姿势，学校为每位学生购置了坐姿矫正器，并把它安装在书桌上，通过矫正坐姿改善书写习惯，达到护眼的目的。

学校自主研发了可由学生自主调节的课桌椅。孩子根据自己的身高，选择不同标号，自主调整课桌椅的高度，使得桌椅贴合孩子的生理发育变化。

4. 小丝带大关爱，强化爱眼意识。

为了增强孩子们爱眼意识，时刻注意写字、看书的姿势，我校发起"小小丝带"护眼活动。丝带共分红、绿、黄三种颜色，长度为一尺。视力好的同学佩戴绿丝带，视力较好的同学佩戴黄丝带引起警示，视力欠佳的同学则要佩戴红丝带。丝带系到脖子上与手腕连接，一方面可以提示同学们自我调整不良坐姿，另一方面也是在暗示老师随时关注并提醒孩子正确的读写姿势，给予视力正在下降的学生以更多的关注。

5. 改善视觉环境，营造绿色空间。

教室是学生用眼时间最长而且是大量连续用眼的环境，过暗和过亮的照明、光照产生的目眩都容易导致视觉疲劳，是导致中小学生视力不良的主要原因之一。为此，学校一直在寻找一种对学生视力有保护作用的灯光照明设备。2016年参加设备展的时候，了解到一种护眼照明设备。为了验证其效果，找了两间教室进行比较：先请专业人士进行教室照明灯光检测，并提出改造方案。更换后的智能 LED 护眼教室灯和护眼黑板灯，不仅使得教室的光照度充足，均匀度优异，同时眩光最小化，无直接光线射入学生的眼睛，无频闪，无蓝光危害，为学生提供健康、舒适、绿色的教室光环境。通过一学年的实验，发现这种护眼照明设备确实很好，于是在 2017 年暑假期间，对全部教室进行了基础灯光教室照明环境改造。

6. 开展医教融合，推进家校协同。

充分利用专家资源，组建眼健康科普宣讲团，定期开展线上科普直播、线下专家进校园健康大课堂。通过科普教育提高学生家长、教育从业者的防控意识，削弱"治疗"行为的社会影响力，扭转"以治代管""重治轻防"的理念，提倡"以防为主，防控结合"，让学生、家庭真正具备主导自我健康的能力和防控的意识。

7. 建立视力档案，关注家庭用眼。

每学期对学生进行视力筛查，与专家团队协作，以屈光度为核心，并以眼轴、眼的屈光调节力等为指标，建立学生视力档案，进行数据分析。以上述数据为基础，开展眼健康大数据平台建设，进一步开展用眼知识科普、用眼健康教育、用眼行为干预。同时与家长密切沟通，关注家庭用眼习惯，家校协同，携手防控。

8. 调整课程结构，增加户外活动。

学校特别重视学生体质健康工作，从 2011 年 2 月开始，对课程结构进行调整，学生每日在户外活动时间增加到 1.5 小时以上。学生在户外活动，眼睛可以放松，沐浴阳光，增加看远看近的调节力，有效改善眼疲劳，防止近视发生。

9. 开展主题健康教育活动。

学校将爱眼宣教贯穿于课堂、日常行为习惯中，定期开展专家进校园健康大课堂、主题班会、眼保健操比赛、广播、健康自我管理日记、家庭自测视力、健康打卡等活动，提高学生护眼意识和防控能力。

（三）干预学生视力不良的效果

我校自 2010 年开展近视防控工作以来，在校学生的综合近视率逐年下降，从 2010 年的视力不良率 55.03% 到 2019 年视力不良率 43.05%，下降了约 12%。2019—2022 年这三个学年度的视力不良检出率分别为 44.34%、48.66%、53.85%，虽略有回升但前两个学年低于北京市小学生视力不良检出水平（见图 2）。

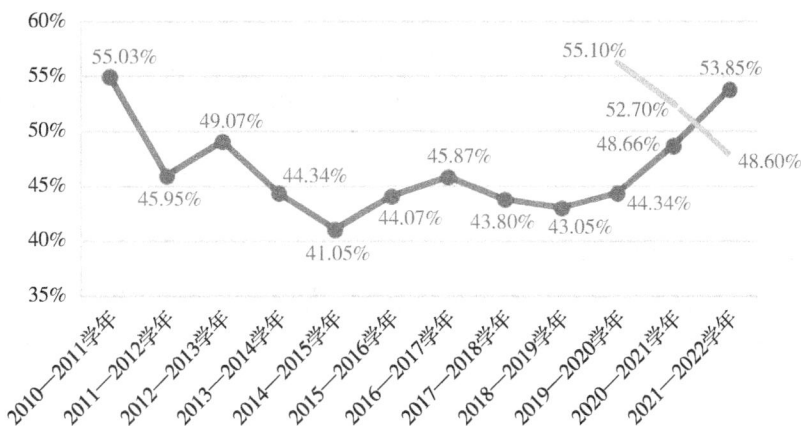

图 2　我校学生历年视力不良检出率（灰色线条为北京市小学生视力不良检出水平参考）

三、自主研发盐水漱口设备，降低学生患龋率

（一）形成龋齿的原因分析

通过我校对学生患龋齿原因的分析发现，主要来自口腔局部因素、全身性因素等，引发口腔疾患，导致龋齿发生。

口腔局部因素：口腔卫生条件不好，刷牙习惯、方法不正确，喜爱甜食，口腔卫生习惯不好等会导致龋病发生。另外口腔内唾液很少，即口干症患者，由于唾液清洗不及时也易发生龋齿。

全身性因素：全身营养不协调或维生素缺乏，就易出现牙齿发育问题，导致龋齿发生。

（二）对龋齿的干预措施

1. 盐水漱口设备的研发。

漱口是利用液体含漱从而清洁口腔的方法。通过漱口可清除食物残渣和部分松动的软垢，以及口腔内容易借助含漱力量而被清除的污物和异味。口腔内有感染，根据临床医生的处方和推荐，可以加入一定药物的漱口剂含漱，帮助减少口腔内致病微生物或抑制细菌的繁殖生长，起到一定的辅助治疗作用，漱口是保证口腔卫生非常有效的一种手段。

现有的漱口方式多是通过清水含漱或采用盐水进行含漱，然而，使用盐水漱口效果更佳，但操作起来不够方便，而且盐水浓度不可控，还无法在校园内大规模使用，因此，亟须一种盐水漱口设备，方便校园内所有师生用餐后，随时可以打开水龙头就能接到盐水进行含漱，而且盐水浓度均衡，温度适宜。

因此，我校研发了盐水漱口设备。2012年我校学生的患龋率为17.16%。2013年初，在南校区教学楼安装了漱口设备，经过一个学期的实验，效果显著，2013年的患龋率下降到14.22%。2014年全面铺开，各教学楼均安装了漱口设备，全校学生都可以到盥洗室进行漱口，培养了学生饭后漱口的习惯，促进了牙齿健康。

2. 开展爱牙护齿健康教育。

我校充分利用"9·20"爱牙日，掀起"爱护牙齿，从小做起，从现在做起"的高潮，号召学生坚持养成口腔卫生好习惯。在日常通过健康大课堂、主题班会、板报、广播等形式开展爱牙知识宣传教育，通过开展"爱牙小标兵"评选活动，提升学生保护牙齿的意识和能力。

3. 专业医疗团队进校园，开展窝沟封闭工作。

小学阶段是乳牙更换的关键期，定期进行口腔检查，开展窝沟封闭治疗非常重要。我校每年邀请专业口腔医生进校园，为7—9岁学生检查口腔，进行窝沟封闭治疗。每年北京市体检中心到校为全校学生进行口腔检查，建立口腔健康档案，及时反馈家长，跟进追踪，从而预防学生窝沟龋齿的发生，降低龋病患病率。

（三）干预学生患龋率的效果

根据9年数据跟踪显示，效果显著，我校学生的患龋率由2012年的17.16%下降至2021年的7.17%，下降了近10个百分点。

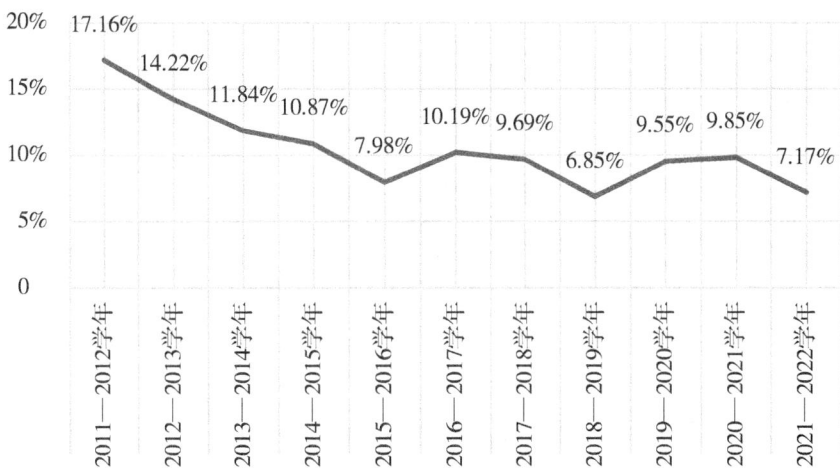

图3　我校学生患龋率情况

第三节　学生体质敏感期的培养

近年来，"敏感期"视角的青少年体质健康研究成为热点问题。"敏感期"一词最初为荷兰生物学家德·弗里在研究动物成长时使用的名称。20世纪初期，意大利人蒙台梭利在长期与儿童的相处中，发现儿童的成长对于特殊的环境刺激有一定的敏感时期，这种敏感时期与生长现象密切相关，并和一定的年龄相匹配，儿童发展就是建立在敏感期所打下的基础之上，且敏感期有暂时性。如果我们抓住孩子们生长的敏感期，采取合理科学的培养手段，势必对学生的体质健康起到事半功倍的作用。对于学生体质健康，我们一般以从身体形态、身体机能和身体素质等3个方面综合评定。

一、身体形态敏感期的培养

身体形态就是人体外部的形态和特征。身体形态一般是由长度、围度、重量及其相互关系来表现的，在小学阶段一般以身体质量指数BMI来评估身体形态的发展状况。计算公式为：BMI=体重÷身高^2（体重单位：千克；身高单位：米），也就是小学生的身体形态与体重、身高相关。物质丰富的今天，我们并不担心学生体重上的培养，反而控制学生体重，避免肥胖，把更多的注意力放在学生身高的促进上。

（一）学生身高增长的关键期

众所周知，孩子身高的增长有 3 个关键期：

第一个关键期：婴幼儿期（0—3 岁）

此阶段是孩子身高增长速度最快的时期，出生第 1 年身高可能会增长 25 厘米左右，第 2 年和第 3 年每年能长 10—12 厘米。

第二个关键期：学龄前到青春期前（4—10 岁）

此时身高增长速度比较平稳，通常每年会增长 5—8 厘米。虽然增高速度不快，但关注这一时期身高的增长速度，发现异常及时采取措施，可以为成年身高奠定基础。

第三个关键期：青春期（11—13 岁）

此时体内开始分泌激素，进入身高增长的又一个高峰期。整个青春期女孩的身高可能会增长 25 厘米左右，男孩的身高可能会增长 30 厘米左右。

同时根据世界卫生组织的一项研究表明，儿童身高增长最快的时段是每年 3—5 月。在这 3 个月里，儿童身高增长值相当于 9—11 月身高增长值的 2 倍至 2.5 倍。

以上数据表明，整个小学阶段都是孩子身高增长的关键期，同时每年的春季是学生一年中身高增长最快的时期。

（二）抓住学生长高关键期的措施

青春期结束后，学生的骨骺线闭合，身高增长会停止，所以我们要思考如何利用好长高关键期。我校采取了"睡眠 + 运动 + 营养"三管齐下的措施。

有资料显示，人体在深睡眠状态时会分泌大量长高激素，且分泌速度几乎接近白天没有进入睡眠状态的 3 倍，所以充足睡眠是促进孩子长高的一个非常关键的因素。据调查，学业压力是影响学生睡眠时间和质量的因素，要想让学生达到国家规定的睡眠时间，就必须减轻学生在家的作业量，以及提高学生的学习能力。因此，我校提出了"向课堂要质量，不让学生带作业回家"的要求，抓老师备课、抓课堂常规、抓教学质量，合理安排学生在校的作业时间，因此，我校学生基本上在校完成主要学科的练习任务，每天回家都没作业，并有时间完成其他事宜，从容入睡，保证睡眠时间和质量。据最近调查统计表明，我校学生每天平均睡眠时间为 9.5—10 小时。

我们知道，经常运动不但可以促进机体的新陈代谢，还可以加速体内的血液循环。尤其是孩子，经常进行体育运动，还可以促进体内生长激素的分泌，促使骨骼组织的发育生长，从而加快自己的身高增长。因此，学校从不同的角度鼓励与支持学生每天进行体育运动，特别是我们在全校范围内推广跳绳运动。因为据数据显示，跳绳不仅可以锻炼手脚的协调性、左右脑同步能力，提升心肺功能，而且相对其他体育项目能更有效地促进学生身高的增长。同时跳绳也是一项简单易行，对场地要求不高的国家学生体质健康测试的重点项目。因此我校开展了丰富的跳绳活动，有跳长短绳比赛、有跳绳操练习、有花样跳绳，形式多样；我们在体育课、课间操时间、课外体育活动时间和体育社团活动时间都安排跳绳项目。其中，我校每周在课间操时间安排 2 次全体学生进行绳操练习，时长 1 分 50 秒，持续跳 208 个，跳 3 遍。学生在音乐的伴随下，按节拍跳绳，并有 4 种脚步变化。我们要求学生跳绳节奏准确、动作准确，全班甚至全年级动作整齐。同时，在我校开发的"运动健康 App"中，鼓励学生每天在校外进行跳绳打卡，每周将全班运动打卡的情况向各年级主管和班主任反馈。而且，学校也将跳短绳定为学生每学期必考项目。

专家表示，在孩子处于快速生长期时，蛋白质、钙质是促进生长发育的最佳"建筑材料"。在给学生配制的营养餐中，学校有意加大蛋白质和钙质的数量。在前文的表 2 "一周午餐平均营养量"中，我们可以看出，学校给学生午餐提供的蛋白质为 23 克，比标准值多 3 克；提供的钙为 344 毫克，比标准值多 4 毫克，有利于养成孩子的健康体质和促进身高发育。

（三）学生身体形态的变化

通过多年努力，我校学生的身体发生了巨大变化。2007—2008 学年，国家学生体质健康测试中，六年级 BMI 为正常的学生占 39.1%；2021—2022 学年，六年级 BMI 为正常的学生占 70.4%，提高了 31 个百分点。

二、身体机能敏感期的培养

身体机能是指人的整体及其组成的各器官系统所表现的生命活动。其中肺活量体重指数是《国家学生体质健康标准》在 2014 年修订之前，反映学生身体机能的重要指标，但到现在仍对学生的体质有着重要的参考作用。肺活量体重指数是人体自身的肺活量与体重的比值，即用每千克体重肺活量的相对值来反映肺活量与体重的相关程度。肺活量体重指数 = 肺活量（毫升）/ 体重（千克）。指示数值越大，身体的供氧力越强，心肺功能越好；指示数值低，则人体就会出现供氧不足现象，造成头晕、头痛、胸闷、记忆力下降、失眠等不良反应，影响学生的正常学习。

据资料显示，随着年龄的增长，人体呼吸肌逐渐发育，肺活量也不断增强。男性肺活量自12—13岁起提升加快，19—20岁时趋向稳定，为3500—4500毫升；女性肺活量提升较为平稳，15岁后逐渐减慢，18—19岁趋向稳定，为2500—3500毫升。也就是说，在小学1—5年级，学生的肺活量属于平衡的提升期，而到了六年级，学生的肺活量会加快提升，因此，我们在小学阶段都采取相应的措施，持之以恒，提升学生的肺活量。

我校于2010年开始进行学校体育工作的改革，首先改变的就是在课间操时间普及长跑项目，"冬练三九、夏练三伏"，全年不断。而长跑项目是公认的、提高肺活量的有氧运动，也能磨炼刻苦耐劳的顽强意志，但特别考验学生的意志品质。我校每周组织学生慢跑3次，全程1.5—2公里，时长20分钟，以班级为单位，班主任跟随，进行管理与督促，确保每一个学生不掉队。为了缓解学生长时间跑步的疲劳感，我们要求学生跑步的步调与播放的音乐一致，全班要求整齐。这样学生听音乐，能放松心态，也能将注意力转移到其他方面，较长时间地坚持下来。同时，我校结合有游泳场馆的优势，大力开设游泳课和游泳社团，多年不间断。另外我们在校内也大力开展跳绳、球类等项目；在校外，鼓励家长带着学生开展慢跑、跳绳、爬山等活动，这些项目或活动对提升肺活量有明显效果。

经过10余年的坚持，学生不仅耐力素质得到提升，而且肺活量和肺活量体重指数大幅度增长（见表3）。

表3 我校六年级学生肺活量体重指数对比

学年	优秀		良好		及格		不及格		合计（人数）
	人数	百分率	人数	百分率	人数	百分率	人数	百分率	
2007—2008学年度	3	0.9%	10	3%	110	33.3%	207	62.7%	330
2021—2022学年度	39	21%	72	38.7%	60	32.3%	15	8.1%	186

从表3中我们可以看出，2021—2022学年度的六年级学生在肺活量体重指数上获得优秀和良好等级的比例之和接近60%，远远高于2007—2008学年度学生的3.9%。同时，2007—2008学年度的学生获得不及格等级的比例达到60%以上，2021—2022学年度的六年级学生获得不及格等级的比例只有

8.1%，远远低于2007—2008学年度。从而表明，我校坚持这么多年的长跑对学生身体机能的提升，取得了重要效果。

三、身体素质敏感期的培养

身体素质，通常指的是人体肌肉活动的基本能力，是人体各器官系统的机能在肌肉工作中的综合反映。身体素质经常潜在地表现在人们的生活、学习、体育锻炼和劳动中。身体素质一般包括速度、耐力、灵敏、力量、柔韧5项。各项身体素质都有自己发展的敏感期，在这段时期中，所对应的身体素质能力发展相对迅速。身体素质发展的敏感期大都集中在儿童少年时期（见表4），若学生在其敏感期，发展相应的身体素质，那么将对以后的运动技能学习打下坚实的基础。

表4　身体素质各项目发展敏感期

序目	项目	定义	敏感期
1	速度	人体在最短时间内快速反应及快速完成某一动作或运动的能力	男、女生7—13岁（涉及小学二、三、四、五、六年级）
2	耐力	在一定的负荷强度下机体坚持长时间运动的能力	男生在12—16岁（涉及小学六年级），女生在11—13岁（涉及小学五、六年级）
3	力量	肌肉对抗或克服阻力的能力	男生一般在12—14岁（涉及小学六年级），女孩是在10—12岁（涉及小学四、五、六年级）
4	灵敏	人体随机改变运动方向和空间位置的能力	男、女生7—12岁（涉及小学二、三、四、五、六年级）
5	柔韧	人体关节的活动幅度和韧带、肌肉等软组织的活动能力	男、女生5—10岁（涉及小学一、二、三、四年级）

随着人们对小学生的身体素质越来越重视，对身体素质研究也就更深入，拓宽了身体素质的内涵，认为小学生的身体素质也应该包括和关注平衡能力和协调能力。平衡能力是指身体对来自前庭器官、肌肉、肌腱、关节内的本体感受器以及视觉等各方面刺激的协调能力，它的发展最佳时期是在6—8岁（涉及小学一、二、三年级）。协调能力是指在进行身体运动过程中，调节与综合身体各个部分动作的能力，它的发展关键期是在6—14岁（涉及小学整个阶段）。

小学阶段基本上是各身体素质发展的关键期及平衡能力的培养期，都未达到发展的峰值。因此，学校思考，对现有的学校体育工作进行改善，重点开展一些项目，发展正处于敏感期的身体素质，促进学生体质的提升。同时，我们也知道，一个体育项目不仅促进一项身体素质的发展，而且促进多种身体素质的发展，我们必须结合学生的年龄特点、运动项目的练习规律和身体素质发展的关键期，挑选合适的体育项目，在全体学生中进行普及。于是，我校重点开展篮球、足球、游泳、体操、拳击、长跑、跳绳、攀爬等多个项目，并根据项目的特点安排在学校的体育课程、课间操、课外体育活动和体育社团活动等各个方面。

（一）篮球项目

篮球运动是一项集体性、综合性的运动，它能明显提高学生的力量素质、速度素质、耐力素质、柔韧素质和协调能力。同时，它也是大众体育项目，易开展，受欢迎程度、普及率较高。因此，我校也对篮球项目的开展投入了大量精力与时间。

课堂教学（其教学模式在第四、五章有介绍）：由于篮球是小学体育的重要教学内容，因此在常规教学中，我们在1—6年级都安排了教学课时，其平均课时占总比例的16%以上。同时，我们在1—6年级的选修课也安排了篮球项目，其选修人数能达到总人数33%以上。

课外活动：每学年度，我校都会在本学年的第二学期举行各年级篮球比赛，根据学生的年龄特点和掌握技能的情况，安排不同的比赛内容，如低年级的比赛投移动篮，高年级比赛相对正规，比赛时间一般安排在中午休息时间和下午的课外活动时间。在比赛时，学校秉承"全员参与"的理念，每队报10人，上下半场由不同的5人上场，其他同学在场外做啦啦队。由于有篮球比赛的导向和组织简单，即使学生没有比赛，老师或学生在活动时，也多选择篮球运动。

社团活动：每学期的篮球社团都是学生重点申报的对象，由于受场地的限制，加之申报人数较多，学校需要对申报人员进行选拔，最终男篮与女篮各自成立4—5个社团（一个社团15—20人）。社团活动时间一般是下午3：30以后，时长为1.5—2小时，每周活动3次。

另外，篮球社团是校篮球队的培养基地。当有各级篮球比赛时，校篮球队主要从篮球社团挑选人员，因此我们也把各篮球社团打造成校篮球队的各梯队，持续为校篮球队提供人才。校篮球队以市、区、教育集团比赛的安排为参考，每年会在寒暑假进行2期集训（7天为1期），若时间紧，也会安排在周末。

（二）足球项目

足球运动是一项对抗性强、战术多变、参与人数多的体育项目，备受世界各国人民的喜爱，故被称为"世界第一运动"。2022年举办的卡塔尔足球世界杯吸引了全世界的目光，足球运动员在场上展示出良好的身体素质和技能，令人振奋。实践表明，在小学阶段进行足球项目的学习，能提升力量素质、速度素质、耐力素质、灵敏素质、柔韧素质和协调能力。因此，足球项目也是我校除篮球项目之外，投入时间与精力最多的一个项目。

足球项目与篮球项目在学校体育工作中的安排相仿，稍有不同的是，足球的校内联赛安排在每学年度的第一学期。同时由于大环境的影响，参加足球社团的女生较少，无法成立校女子足球队。

（三）游泳项目

游泳运动是一项阻力比较大的有氧运动，它对力量素质、耐力素质、柔韧素质和协调能力等身体素质发展有着非常明显的作用。由于我校建有一个6条泳道、长25米的游泳馆，同时，游泳也是人们必备的一项生存技能，所以游泳项目也是我校重点开展的体育项目。

由于游泳场馆面积的限制和游泳的安全要求，我校在一、二年级的体育选修课中安排游泳项目，建议未学过游泳的学生优先选择，不仅提高学生的身体素质，而且达到在学校普及、"扫盲"游泳技能的目的，力争使在我校毕业的学生至少掌握一种泳姿。本着游泳场馆利用率最大化的目标，我们开设游泳社团，活动时间为周一到周五每天下午3：30—5：30，另外我校也在寒暑假、周六日组织自愿参加的学生进行游泳的普及或提高练习。

（四）体操项目

体操是一种综合性的运动项目，相关专家指出，体操练习对处于成长高峰期的少年儿童来说，是一项非常好的锻炼项目。它对改善学生身体的基本形态，培养正确的身体姿势及审美意识，提高力量、灵敏、协调、柔韧等身体素质和控制自身的平衡能力，增强在各种环境下的自我保护能力，培养勇敢顽强、吃苦耐劳等优良品质具有特殊的价值。体操也是小学体育的重要教学内容，占有很大的比例，但由于有一定的危险性，且很多老师的体操素养较弱，因此体操的实际教学课时在逐步减少。

为了强化体操的教学，我校对体育教师进行体操专业素养的培训，还将小学体操的必上内容进行体系化，每学期安排一项体操教学内容为技能考核内容（见表5），以此强化学生对体操项目的掌握。同时，我们抓住低年级小学生的柔韧、平衡等身体素质的敏感期，在一、二、三年级开设体操的选修课程和体操社团，以"快乐体操"的教材为蓝本，对低年级学生实施趣味体操教学，并在 2022 年建造相对专业的体操房，以满足教学需求。

表 5　小学体操教学内容安排

年级	第一学期	第二学期	考核项目
一年级	拍手操、垫上滚动（前后、左右）、跪撑爬行	前滚翻、爬越 60—80 厘米高的横向跳箱	
二年级	劈叉（横叉、纵叉）、攀爬肋木	连续前滚翻、爬越 80—100 厘米高的横放跳箱	标红的项目为本学期考核项目
三年级	仰卧推起成桥、站在跳箱上，向前跳下	后滚翻、跳上蹲撑起立跳下	
四年级	跪跳起、跳上跪撑起立向前跳下	肩肘倒立、单杠跳上正撑前翻下	
五年级	单挂膝悬垂摆动	分腿腾越（山羊）	
六年级	滚翻组合动作	一足蹬地翻身上	

（五）长跑项目

在传统的印象中，长跑对增加人体的呼吸系统和心血管系统的功能以及培养人们的意志品质有很好效果。其实，它也对学生的耐力、力量等身体素质有非常好的促进作用，特别是小学阶段是耐力和力量发展的平稳期和敏感期，所以我校在课间操时间增加了长跑项目。据研究表明，长跑距离太长可造成孩子负担过重，速度太快肌肉容易紧张，心肺负担大，也对关节处的骨骺发育不利，所以我们合理设计学生跑步的距离和时间，以达到最佳锻炼效果。

（六）跳绳项目

跳绳是中国民间流传的一种传统的体育运动，它不仅对儿童的肌肉、关节、韧带等生长和心血管系统、呼吸系统等发育都有很大的帮助，而且在运动的过程中对速度素质、耐力素质以及协调能力也有显著提升。而学生这些身体素质正处于发展的敏感期，我校大力开展跳绳运动，对学生的身体素质发展能起到事半功倍的作用。

（七）攀爬项目

针对小学生上肢力量和核心力量普遍薄弱的问题，我校增加攀爬项目的内容并加强普及力度。体育课中原本涉及攀爬项目的有肋木和攀岩墙，但安排的课时较少，同时由于在实施过程中有一定危险性，需要安排保护，所以每个学生的练习次数就更少，因此攀爬项目未达到预期目的。为了增加学生练习时间和降低练习的危险性，我校在操场上安装了高度适中的平面攀爬架（如图 4 所示），学生在操场活动时，很方便地接触到攀爬，并能确保一定的安全。除了体育课进行正常的攀爬内容教学，每个班每个月在课间操时间，由体育教师指导进行攀爬，并记录每个学生的攀爬成绩，前后对比，表扬进步学生，对能够攀爬全程的学生进行"张榜"公示，以此激发学生的练习热情。另外，我们根据学生的能力和实际情况，制订了每个年龄段的攀爬标准（见表6）。通过多年的努力，处于敏感期的学生的灵敏素质和协调能力得到长足发展，处于发展期的学生的力量、肌力耐力等素质也得到明显增强。

图4　平面攀爬架

表6　我校各年级平面攀爬架考核评价

年级	第一学期	第二学期
一年级	静止直臂悬垂 15 秒	云梯行进间 3 格
二年级	静止直臂悬垂 20 秒	云梯行进间 4 格
三年级	静止直臂悬垂收腿 20 次	云梯行进间 5 格
四年级	云梯行进间 6 格	反向引体向上 2 次
五年级	云梯行进间 8 格	反向引体向上 4 次
六年级	云梯行进间 10 格	侧握引体向上 4 次

第四章　心理健康

第一节　学校心理健康教育的基本工作概述

2019 年，中共中央、国务院出台《关于深化教育教学改革　全面提高义务教育质量的意见》，要求坚持"五育"并举，全面发展素质教育。培养学生身心健康发展，开展心理健康教育工作，是实施素质教育的一项重要工作。不仅能够满足个体终身发展的需要，还能满足时代对综合性人才的需要。

学校以"为幸福人生奠基"为办学理念，形成了"幸福人生从健康起航，幸福人生让道德引航，幸福人生用习惯护航，幸福人生乘能力远航"的育人体系。以"幸福教育"为核心，以全面科学育人为目标，积极开展心理健康教育工作。

一、客观分析现状，明确工作方向

在 2016—2017 学年度通过家长对学生素质发展水平的评价（见表 1），我们发现，学生在自我心理调控方面有所欠缺，分析其原因主要有以下几方面：一是学校对学生的教育和引导针对性欠缺；二是学生年龄较小，自我调控能力较低；三是与学生的家庭教育环境存在一定关系，家长与孩子的互动方式有待提升。

表1　2016—2017 学年度我校家长对学生素质发展水平评价结果

题目	选项（%）				赋值得分
	很符合	比较符合	不太符合	不符合	
孩子不会乱发脾气	42.3	53.5	2.8	1.4	84.2
当孩子感到有巨大压力或情绪低落时，有自己的方法排解	33.8	62.0	2.8	1.4	82.0
孩子能以积极乐观的心态看待生活和学习中遇到的困难	50.7	46.5	2.8	0.0	87.0
孩子愿意向他人倾诉自己的烦恼	40.8	50.7	7.0	1.4	82.7

根据以上问题，学校将培养学生"健康自我"摆在首位，主要包括个人自身、人际关系和环境适应三个方面。个人自身的健康发展主要包含觉察、调节和控制自己情绪的基本能力，了解自己的优缺点和内心需要，会进行自我规划；良好的人际关系包括有同理心，善于沟通，拥有人际交往的能力，有亲密的朋友；良好的环境适应主要包括对社会环境和自然环境的适应，表现为能够解决面对的问题和挑战，关心家庭、学校、社会和自然环境，了解和认同社会规范，有丰富的社会情感和基本的生活能力。

同时学校就心理健康工作进行了调整，采取多种途径和方法开展心理健康教育，发挥各种途径和方法的综合作用，增强心理健康教育的实效。

二、完善组织建设，提供充分保障

（一）纳入学校工作

历年来，学校德育工作目标中都将心理健康教育作为重要部分，每年制订心理健康教育专项工作方案和"5·25"心理关爱月主题活动方案，将心理健康教育工作渗透到教育教学工作和学校重大活动中去。

每学期初，德育部门都将对心理健康教育工作进行详细部署，学期中安排老师以关爱特殊学生为主题进行经验分享，收集心理咨询案例和个体转化案例，班主任就心理健康教育工作进行总结，学校给予充分时间、人力、物力等资源，为落实日常心理健康教育工作提供有力保障。

（二）完善相关制度

学校进一步完善心理健康教育工作的相关制度，邀请专业机构和专家，组织教师开展学习交流活动。学校为学生设立心理咨询室。定期对学生和家长开展心理讲座。依托心理教师和班主任、科任教师，结合家校社三位一体，以各种心理健康教育课程和活动为载体，全体教师共同参与开展心理健康教育工作。

（三）加强队伍建设

为了做好心理健康教育工作，学校加强心理健康教育队伍的建设。学校定期对教师进行心理健康的指导，通过德育例会交流工作经验和遇到的问题，进而转变教师的教学理念，改进教育教学方法，提升教师队伍心理教育理论水平，提高德育工作的实效性，为全体学生的心理健康保驾护航。

心理健康教育师资采取专兼结合的方式，心理健康教师作为专职教师，班主任和学科教师作为兼职教师，共同为学生心理发展服务。

主要职责：

1. 面向全体学生开展心理健康教育。

专兼职心理健康教育教师共同负责学校心理健康教育活动，心理健康教育活动课、团体心理辅导活动课在班会课时中安排。

2. 为有需要的学生提供心理咨询。

专职心理健康教育教师每周在心理咨询室值班不少于 5 小时，对前来咨询的学生及时进行心理辅导，帮助学生解除心理困惑或障碍。对问题严重的学生要及时送专业心理咨询机构进行治疗。在心理咨询工作中，做好记录，建立心理咨询档案，做好跟踪工作。

利用心理咨询室，指导并帮助学生解决在学习、生活和成长中出现的困惑；对于少数有严重心理障碍的学生，应及时识别并转介到其他专业心理咨询机构或医学心理诊治部门。

3. 协助学校和班主任开展家庭教育工作。

专职心理健康教育教师协助学校和班主任，为家长提供心理健康教育讲座。为加强对学生的心理健康关爱工作，准确掌握学生心理健康发展水平和特点，提高心理健康教育工作的针对性和有效性，在朝阳区教育委员会的组织下，每届五年级第一学期，学校积极开展学生心理体检工作，进行一对一访谈，帮助家长对学生进行专业的初步诊断。做到早发现、早干预。

三、全员全方位参与，探索有效机制

全体教师自觉地在各种教育教学过程中遵循心理健康教育规律，将心理健康教育与学科教学、班主任工作等有机结合，开展适合学生特点的心理健康教育活动。

（一）选课走班机制

根据课程改革的进程，满足学生自主选课和成长发展的需要，学校开展选课走班。加大体育艺术等学科的建设，开设同一学科多种课程的模式，培养学生自我管理、自我学习的品质。在走班过程中，学生进入一个新的环境，认识新老师和新同学，开展人际交往；在学科学习中探索知识，动手实践，学会合作，间接地对学生的心理健康产生积极的影响。

（二）建立特殊关爱学生档案机制

心理健康教师和班主任每学期向学校德育部门提供学生心理健康信息，如《特殊关爱学生情况备案》，班主任结合日常教育教学工作进行长期跟踪和随访，携手家长进行联动，提供育人资源，实施帮助。

（三）专业指导机制

学校各学科主管、心理健康教师等在教育教学管理中对教师进行针对性的指导，及时提出改进教育教学工作的意见或建议，以确保心理健康教育的正常运行，为学生的身心健康保驾护航。

为贯彻教育部提出的《中小学德育工作指南》，全面优化学生健康成长环境，落实立德树人根本任务，学校开展了心理健康教育专题培训，提升教师的专业知识，聘请专家答疑解惑。为全体教师开展主题为"关注儿童青少年心理健康 科学引导孩子健康成长"和"小学生常见的心理行为与应对"的心理讲座。普及儿童精神医学与精神卫生，通过生动的案例分析儿童心理问题的成因，有助于教师今后更好地包容特殊儿童行为，给予今后的教育教学工作很多启示。

（四）家校社共同育人机制

父母的溺爱、家庭教育方式不当、家庭气氛不和谐，直接影响学生的情感意志和心理健康发展。学校对"幸福教育"中"幸福人生从健康起航"的心理问题进行深度解读，紧密联系每个家庭，关注学生接受教育的最初环境，形成社会、学校和家庭三位一体的"心理关注体系"，提高家长对学校心理健康工作的认知度。每学期学校都会以各年级为单位召开家长会，除了汇报学生的学习和表现外，还要增加对家长的心理健康培训，如厌学、人际交往、意志障碍、问题行为、人格障碍等，并渗透给家长。学校本学期已经开展或即将开展的与心理健康相关的实践活动和课程，会争取得到家长的配合与支持。

（五）集团互巡专家指导机制

开展集团内部的互巡活动，邀请北京教育学院心理专家参与互巡，听评心理活动课。课堂上，教师为学生创设了自主的思考空间，设计了能促进学生思维提升的有效问题；学生参与热情高，表达上自信大方，交流中互相启发、思辨，展现了自主学习的过程。课后专家进行细致点评和指导。

第二节 学校心理健康教育课程教学

学生尚处于发展阶段，其心理健康教育要以道德健康为方向，要让他们初步理解爱、责任、理想是人生活的意义和获得幸福的原因。同时，青少年的道德健康要以心理健康为基础，也就是要让他们在保证自己安全和力所能及的情况下承担责任，在与人相处的过程中、在集体生活中逐渐产生社会情感。

在朝阳区教委的引领下，学校持续开展心理健康教育相关课程，如针对四、五年级开设"积极乐观课程""心理韧性课程"。在北京教育学院的指导下，在三年级逐步探索"学生健康自我成长课程"的实施。

学生在课程的影响下，逐渐形成真实的、可持续的健康自我发展能力。

一、线下课程

学校自2019年起参与北京教育学院"健康自我成长课程构建与实施项目"，分别在幸福校区、新源里校区、罗马嘉园校区和左家庄校区进行授课实践。相关老师多次参加培训，参与开发课程，编写教材，完成教学示范，为基地校教师讲解答疑。

此项目得到了北京教育学院季苹教授、涂元玲博士和赵雪汝博士的大力支持，多次对授课教师进行课前辅导和说课，梳理教材中的重难点。多校区的教学实践为师生带来了积极的影响。学校开设"学生健康自我成长课程"的目的，第一是帮助学生理解健康自我和形成健康自我发展的能力，通过帮助学生学会情绪觉察和情绪理解，让他们更加理解自我，形成对自我的认识；第二是让学生理解美好的情绪情感，学会人际交往；第三是丰富学生的社会情感，培养学生融情商和智商为一体的大智慧；第四是让学生在新的自我认识基础上开始自我规划，成为负责任的自我。最终学生在学习过程中获得幸福感，形成健康自我发展的能力，实现真正的健康成长。

学校在朝阳区教委和幸福村学区的引领下，定期推选部分教师进行"积极乐观课程""心理韧性课程"的师资培训，积极参与教研活动，参与授课。荣获中科院心理研究所颁发的证书。

二、线上课程

2020 年的寒假，学校充分利用"数字化校园"，开发网络课程，全学科为学生录制丰富的教育教学资源，学生可以通过网络进行居家自主学习（如图 1 所示）。

课程表	
学习时间	学习内容
9：00—9：30	思维乐园
9：40—10：10	文化空间
10：20—10：50	公益讲堂
11：00—11：30	英语世界
11：30—14：00	午休
14：00—14：30	艺术长廊
14：40—15：10	劳动能手
15：10—15：40	体育达人

图 1　我校网络课程的课程表

借此机会，学校开发了与学生身心健康有关的课程和资源，如："体育达人"板块中有身体素质练习、模仿操、室内游戏、体育知识等课程。"公益讲堂"板块中有心理健康课程，并纳入朝阳区"积极心理"课程、校本特色课程"我的情绪密码"等内容。每个微课程时长不超过 10 分钟，保证学生的注意力。

公益讲堂中的道法课程、心理课程，职业生涯教育、卫生防疫及安全防护内容，为同学们在疫情期间进行了有效的心理疏导和生活指导，提升学生的思想认识。

为缓解学生在疫情期间的不良情绪和压力，开设了"不抱怨从我做起""正确看待挫折与失败""一点点就会很幸福""与情绪共舞""走出情绪的旋涡""和情绪做朋友""换个角度看问题""我就是我""职业万花筒"心理课程，有助于学生形成积极的心理品质，克服性格上的弱点。有的孩子，平时在学校课堂里比较羞涩、不善于表达，而在疫情期间，表达方式由用语言表达转变为用文字表达，通过屏幕来和老师同学主动沟通。通过公益讲堂的引导，我们看到了孩子们的变化和进步。

对于年龄小的孩子来说，自主学习还是有一定难度的。刚开始学习，学生们都是看看视频就过了，没有任何学习痕迹。后来公益讲堂推出学习方法的介绍，在老师的建议下，同学们纷纷开始准备笔记本学习，从一开始的寥寥几行，到后来的清晰详细，甚至有的同学还绘制出思维导图，做出图文并茂的笔记；课后，同学们还会依据老师的引导，进行自主的拓展。在自律的学习与生活中，孩子们自主学习的能力慢慢得到提升，相信这会对孩子未来的学习有非常大的帮助。

为收获和谐、美好的亲子关系，设置了"家人的爱""我来做家务""做时间的主人""学会感恩""学会宽容快乐生活"道德与法治课程。假期延长让孩子和家长们有了很长的相处时间，但是相处时间越久，亲子关系也越容易出现矛盾和"危机"。公益讲堂提供了"图片管理法"，可以鼓励孩子完成每天任务；"抽签法"让家庭生活变得丰富多彩；"分区法"让宅家的生活充满仪式感……不知不觉中家长和孩子的关系就会更加亲密，能够有效地减少亲子矛盾。

许多孩子的家长都是双职工，白天需要去上班、工作，甚至有的家长还是医护工作者，需要到一线去抗疫。孩子们白天没有家长陪伴，还有的孩子一直跟随爷爷奶奶生活，这就需要他们慢慢成长，在生活上更加独立。公益讲堂通过各种家务劳动小视频，引导孩子们在家庭中开展各种劳动实践。通过各种动手实践活动，引导学生关注身边人、身边事，为家人服务，为家庭做贡献。有一些孩子，不仅可以照顾好自己、帮助家长做家务，还可以照顾好自己的弟弟妹妹，为父母减轻负担的同时，也为弟弟妹妹做了一个良好的榜样。

通过公益讲堂的多维授课，让学生从学习到生活，从身体到心理，从意识到行为都得到了全方位的提升。伴随网络班会、群展示、电话等方式关注学生的思想动态和在家表现，形成课程效果检验的闭环。

据统计，除朝阳区的 13 个校区，近 7000 名学生利用集团课程进行线上学习外，位于北京的密云校区、河北的雄安新区、贵州贵阳校区的 4000 余名学生，也都共享教育集团的线上课程资源。集团每天学生线上点击 7000 人左右，公益讲堂日点击量平均 10 万人次，最高达到了近 15 万人次。学生学习兴趣高，探究交流欲望强。

2020 年初的疫情来势汹汹，孩子们虽然在家中隔离，却也没有停下自我提升的脚步。在学校全面推进和落实"立德树人"的根本任务中，孩子们在家校的共同协作下，生活技能、学习能力、心理品质都得到了提升。"独立自主"

是他们在特殊时期的成长关键词；美好的亲子关系让爱在父母与孩子的心间流淌，满满的家国情怀让孩子们更加热爱祖国、感恩社会、敬畏生命……特殊时期孩子们有特殊的成长，相信这将是他们人生道路中难忘的一程，这个时期的收获与成长将为他们以后的人生铺垫美好色彩。

第三节　校内、外资源助力心理健康活动

教育部《中小学心理健康教育指导纲要（2012年修订）》《关于加强学生心理健康管理工作的通知》，市教委《北京市中小学心理健康教育工作纲要（修订）》中要求学校、家庭和社会共同实施心理健康教育。学校要帮助家长了解和掌握孩子成长的特点、规律，为家长提供促进孩子健康发展的具体方法。要充分利用校外教育资源开展各种有益于中小学生身心健康的文体娱乐活动和心理素质拓展活动，拓宽心理健康教育的途径。

基于此，我校充分组织校内、校外的资源，发挥学校主导作用，调动家长的积极性，开展各种有益于学生身心健康的文体娱乐活动和心理素质拓展活动，营造安全的校园环境，从而拓宽心理健康教育的途径，促进学生健康成长。

一、校内心理健康教育活动

（一）日常行为习惯规范，促进学生人格健全发展

多年来，学校一直在探索行为规范养成教育，促进学生人格健全发展。把"培养什么人、怎样培养人、为谁培养人"作为学校教育的根本性问题，融入教育教学工作中，努力构建协同育人模式。

针对当前学生人格教育存在的问题，学校基于小学生的年龄特点和认知程度，将社会主义核心价值观和小学生日常行为规范相结合，细化出爱国、担当、诚信、友爱、礼敬、善良、守纪等七个具体品质，并通过"学生行为规范60条"，分别对应到6个年级，12个学期的教育活动中。

一年级上：

➢ 我喜欢上学，喜欢我的老师、同学，见到老师、同学和来宾会摆手问好。

➢ 在楼道里走路，我像一只温柔的小猫，慢步轻声靠右行。

➢ 在操场上玩耍，我像一只欢快的小鸟，跑跑跳跳不摔跤。

➤ 我能做到不乱写乱画、不随意丢弃垃圾。

➤ 我会使用好多文明用语呢：你好、谢谢、再见、对不起、没关系、我能帮助你吗、晚安。

➤ 我会自己穿衣、洗脸、刷牙，不用妈妈帮。

一年级下：

➤ 双手交接老师、父母给的物品，并致谢。

➤ 与别人交流的时候，我会看着对方的眼睛。

➤ 小花、小草、小动物都是弱小生命，我会爱护它们。过马路看红绿灯，走人行横道。

➤ 我不在卫生间里停留嬉戏。

二年级上：

➤ 我在进出学校时会提前整理好衣服和头发。

➤ 走路和别人发生冲撞时，不管是谁的原因都要说一声"对不起"。升国旗时，我不管自己在哪里都会注目肃立。

➤ 开门时如果发现后边有人，我会把门推开些，等一下后边的人，如果有长辈让长辈先走。

➤ 我是家校小桥梁，能把自己的收获和高兴的事与老师、同学、家长分享。

二年级下：

➤ 我知道用餐的礼仪，也会爱惜粮食。

➤ 我能写完作业再去游戏。

➤ 我会在睡觉前将收拾好的小书包放在固定的地方。

➤ 老师或家长正在说话的时候，我稍微等一下，不插话。

➤ 外出和回来的时候，我都会跟老师或家长打声招呼。

三年级上：

➤ 上课是学习本领的时候，我会认真对待。

➤ 遇到不明白的问题，我会向老师、同学或家长请教。

➤ 看见别人遇到困难，我会上前问"需要我帮助吗？"我会根据场合调整说话声音的大小。

➤ 没有老师的时候，我就是小主人，管好自己就是维护班级利益。不管在什么情况下我都不说脏话，也会阻止看到的不文明行为。

三年级下：

➢ 答应别人的事情我就尽力做到。

➢ 男孩子和女孩子是有区别的，我会保护好自己。

➢ 不给自己的错误找理由，我能勇于承担，也能尽力改正。

➢ 不和爸爸妈妈顶嘴，如果有分歧，我会和气地解释。

➢ 家里来了客人，我会先打招呼，然后给他们倒杯水。

四年级上：

➢ 即使做了特别得意的事情，我也不会太炫耀。

➢ 每个人都有优点和缺点，我不嘲笑别人的短处。

➢ 看到小同学拿着重物，我接过来送他一程。

➢ 我能说出三个以上的伟人或英雄，并知道他们的故事。

➢ 我会婉转拒绝不合理的要求。

四年级下：

➢ 看到同学做得不对的地方我能善意地提醒。

➢ 我知道失败不可怕，勤奋才能获得成功。

➢ 别人取得了成绩或者满足了愿望，我会祝贺他。

➢ 我能根据天气预报，准备第二天要穿的衣物。

➢ 不经同意用别人的用户名或密码登录网络，与偷看别人信件一样，我不
会这样做。

五年级上：

➢ 我有努力目标。

➢ 发现老师或同学心里不舒服，我会尝试着安慰。

➢ 我有一项以上自己钟爱的体育运动项目。

➢ 我不在背后说别人的坏话。

➢ 我有两个以上的好朋友，并知道珍惜友谊。

五年级下：

➢ 我能原谅别人的错误，争取不犯同样的错误。

➢ 写文章时，如果引用别人的作品我会写明原作者。

➢ 和父母外出购物，我来拎购物袋。

➢ 抄写别人作业和考试中的抄袭都是不好的行为，我不会这样做。

➢ 在公共场合，我会收好自己的财物不外露。

六年级上：

➢ 我是"朝实人"，我在朝实获得了知识、形成了品质，我会以身作则为低年级的弟弟妹妹做榜样。

➢ 我能尝试分析自己做事情成功或失败的原因。

➢ 人的生命只有一次，我会珍爱生命，让生命变得有意义。

➢ 我关心时事，每天通过新闻、报纸或者网络知道最近发生的大事。

➢ 外出住宿时我会先看"消防安全图"，然后检查屋内物品。

六年级下：

➢ 我有自己的职业"偶像"。

➢ 做事情时，我能照顾别人的想法。

➢ 回忆自己的成长历程，感谢帮助过我的人。

➢ 我能明是非、讲道理，保护好自己，不交行为不良的朋友。

➢ "儒雅、恬淡、大气、睿智"，我会带着朝实的标记离开母校。

学生在每个学期重点学习、落实行为规范。通过主题班会、少先队活动等形式，促进学生行为习惯的养成、个性品质的塑造和思想道德素质的提高。通过 10 余年的实践和研究，学校逐渐形成了一种适合小学生年龄特征与发展需求的合理的行为规范，形成了易懂、易记、易实施，实践性、体验性较强的全面而有效的一种行为规范内容，并形成了与之相配套的资源成果和有效的实施途径。

在开展研究后，我校学生的行为规范再次得到突破和发展，并得到了家长的普遍认可。据我校对毕业生的追踪调查显示，学生在后续的学习生活中表现出了积极主动、开朗自信、思维活跃，具有良好的人际关系，心理发展水平较高。行为规范养成教育是落实立德树人根本任务的有效抓手，促进了学生自主发展特别是健全人格的形成。

（二）重大社会生活事件，培育学生积极的心理品质

当今社会竞争激烈，人们的心理压力大，加之个别家庭教育中存在一些问题，使孩子缺乏良好的生活环境，导致一些学生心理比较脆弱，表现在性格上，就会出现大大小小的问题，如无法集中注意力、胆小腼腆、容易焦虑等。

突如其来的新冠疫情给我们老师和孩子都上了生动而又深刻的一节社会课。心理学的实践和研究也表明，生活中重大事件的降临会加速孩子的心理成熟和能力提升。疫情期间，在家中生活和学习的孩子们在学校和老师的关爱

下，形成了积极的心理品质。

居家期间，家长有大量的时间陪伴和教导孩子，家长和老师通力合作，通过正确的引导，有助于孩子形成积极的心理品质，克服性格上的弱点。基于此，学校各年级开展了专题心理辅导课，帮助学生认识自我，接纳自我，体会到自己存在的价值，增强亲子关系"免疫力"。

例如，根据一年级学生的特点及情绪变化，开展了"居家学习，快乐多彩"的心理辅导课。开展了有针对性的生活指导，帮助学生减轻压力，舒缓心情。

二年级围绕居家学习时的心态调整问题，开展了"居家学习'心'挑战"心理辅导课，进行了学习和讨论。老师引导学生思考：面对居家学习和生活，该如何快速适应、调整心情呢？一个个居家学习"小妙招"为同学们带去了好方法。

三年级开展了"健康生活，快乐学习"的心理辅导课，分享了心理调节的好方法，展示了自己丰富多彩的课余生活，传递了积极健康的生活心态。

四年级开展了"积极防护、保护自己"的心理辅导课。老师们从科学的角度向孩子们提供了居家学习建议和心理调适的方法。使同学们感受到，即使居家学习，老师也和自己在一起，是自己坚强的后盾，从而增强自信心，克服恐惧心理。

五年级开展了"自我调节、快乐学习"的心理辅导课。老师们结合同学们居家学习可能出现的问题进行了梳理，引导同学们通过制订居家学习生活计划，将学习、劳动、体育锻炼等内容进行合理的安排，并为同学们提供很多心理调适的有效方法。鼓励同学们通过交流，引起碰撞，互相借鉴，彼此鼓励。

六年级的同学们即将毕业离开母校奔赴新的环境，他们既有对新的学校的憧憬，同时又有对共同生活学习的小伙伴和老师的留恋与不舍之情。居家学习让他们心里的不安愈加强烈。为了排解同学们心里的焦躁与不安，六年级的老师对同学们进行了积极的心理辅导。鼓励同学们通过每天坚持适当的体育锻炼，排除身体状态的不适；心情不好时可以向家人和朋友倾诉，得到他们的鼓励和支持，也可以给老师发微信或打电话，聊聊天，还可以通过看书、看电影、听音乐等方式转移注意力；或者通过书写日记，记录心情，与自己分歧的想法"辩论"等。

学校有一个学生小颖，在上学期的学习中表现不太好，学习能力较弱，对许多知识掌握不好。疫情期间，小颖的妈妈抓住机会，利用假期时间，及时和班级老师进行沟通，想通过难得的机会，帮助孩子改变学习状态不理想的现状。老师和家长经常进行沟通，从孩子的学习状态、书写情况、作业完成度、心理情况等方方面面交流，分享经验。老师一方面鼓励孩子，另一方面肯定、鼓励妈妈，疏解妈妈的焦虑情绪，在后续反馈时对孩子的问题即刻提出解决方法，并及时追踪。现在孩子已经从一开始的潦草、敷衍、抵触学习，到了能独立用20分钟完成40分钟的练习，并且正确率大大提升。孩子的妈妈也从一开始的烦闷愁苦到现在的言语轻快。老师们发现，这个不善于口头表达的孩子，文字表达时特别积极活跃，这种情况下孩子跟老师的交流增加了，也便于老师更好地了解和引导孩子。面对老师的关爱，他会回复老师、感谢老师的鼓励。孩子每天不断努力着，不仅展示自己的学习过程、学习成果、体育锻炼项目，还积极展示自己丰富多彩的课余生活。相比之前在大家面前的羞涩，这段时间以来，呈现在大家面前的是一个阳光快乐、积极进取、自信大方的小少年。看到孩子的进步，作为老师也感到欣慰和快乐。

通过心理辅导课，帮助学生舒缓了压力，放松了身心，促使学生能够在居家学习的日子，学会主动调节情绪，感知自己的状态，积极投入学习和锻炼中，提升了对自身心理健康问题的关注，能够合理地宣泄和转移情绪，从而保持积极阳光的健康心态。

（三）预防校园学生欺凌，培养学生自律自强的能力

校园欺凌行为会给被欺凌人带来身体、心理等方面的伤害。它摧残受害者的身心，又会影响受害者的学习、生活。校园欺凌造成的心灵创伤，直接导致被欺凌人的怯懦、自卑、怕同学、怕进学校。这些都对青少年的健康成长非常不利。对此，学校围绕校园欺凌主题，聘请资深媒体人朱煦、朝阳区法院庭长矫辰、法官臧百挺等专家进行系列法治讲座，旨在促使学生在具体环境中解决问题，达到减少校园欺凌事件发生的目的。

通过生动的案例和讲解，使同学们了解了校园欺凌的实质和危害，学习了如何正确处理同学之间的互动和交往，掌握了正确应对校园欺凌的方法和策略。在活动中，同学们不但提升了法律意识和观念，也学会了善待、关爱他人。我们的法治教育系列活动会持续开展下去，将法治思维根植于心，护航青少年身心健康成长。

二、校外心理健康教育资源的利用

学校通过引进校外心理健康教育资源，对教师、学生、家长进行危机干预，满足不同的心理需求，作为心理健康教育的有力补充。

（一）与特殊教育资源相结合

学校利用实践活动，指导并帮助学生解决在学习、生活和成长中出现的困惑。小学生的心理健康需要引导学生将他人利益考虑在内，协助其建立良好的同伴关系、师生关系。良好人际关系有利于学生学习礼貌、开朗、和善、尊重、合群以及友好、谦让等美德。学校通过开展融合教育主题活动，开展接纳差异教育，培养学生的自我意识，调动学生积极性，效果良好。在普通儿童与特殊儿童的交往中，接纳是关键。普通儿童要正确认识特殊儿童的不同，不歧视、不拒绝与特殊儿童的交往。

在我们教育集团内有一所普特融合教育学校——新源里分校。作为朝阳区特殊教育的品牌学校，它最大限度地满足了特殊儿童的融合教育需求。学校充分发挥其资源的特殊优势，结合"小志愿者做公益"主题活动，以"尊重与接纳"为主题开展心理健康教育活动。小志愿者们首先邀请了新源里分校的特教教师来到课堂上，向孩子们介绍了特教学生在学习生活中或有趣或感人的故事，详细且耐心地介绍了班里每一个学生的情况，使孩子们进一步了解了自闭症、脑瘫、智力障碍学生的基本学习、生活情况。活动中，特教老师分享了哲学故事，让学生陷入了思考：我们对残缺能够接纳多少？这些可爱的特教学生与我们普通的孩子有着诸多不同，但也有相同之处——他们都需要关注与鼓励，需要社会的接纳与爱！

接着，小志愿者们先后三次走进新源里分校特教三、四、五班，与特教班的小伙伴们一起开展了"你来摆我来学""同庆六一"等丰富多彩的互动交流活动，增加了志愿者对特教班学生的了解，增进了友谊。

随后，学校举行了"对画"画展开幕式。新源里分校的特教三、四、五班的小画家代表为主展作品揭幕。其中一位小画家为大家介绍了自己的画作。幸福校区六年级同学们用理财课程中义卖活动所获收益购买了画具，并赠送给小画家们。活动像阳光一样照进了一名名志愿者心中。言谈话语中能够感受到他们对小同伴们的真挚情感和对特教教师们的感激之情。小志愿者们在悄然变化着，他们更加自信、懂事、有担当，做事也考虑得更加全面、细致了，最重要的是他们真正懂得了接纳与尊重，学会了友善与包容。

（二）与校外心理培训资源相结合

学校心理健康教育需要凝聚各方社会力量，共同为学生的心理健康成长营造一个良好的环境，起到家校社协同合力的作用。

1. 指导教师开展心理健康教育。

针对学生的年龄特点和发展需要，运用团体辅导、专题讲座等方法开展专题教育。学校邀请到了首都医科大学附属北京儿童医院心理科知名专家，首都医科大学精神病学系办公室主任，学科带头人崔永华教授为集团 200 多名教师进行主题为"关注儿童青少年心理健康　科学引导孩子健康成长"的讲座。崔教授主要从儿童精神医学与精神卫生方面，包括抽动症、多动症、自闭症、精神发育迟滞、儿童青少年抑郁症、儿童青少年双相情感障碍、儿童青少年精神分裂症、儿童期情绪障碍、品行障碍、学习困难、人际沟通、网络成瘾、科学育儿、健全人格培养、情绪管理等进行深入浅出地讲解。通过生动的案例分析儿童心理问题的成因。童年心理问题对孩子的终身影响是深远的，所以青少年心理问题早发现早干预是非常重要的。要满足孩子被尊重、被认可、被接纳的心理需求。在崔教授的讲座中，老师们深深感受到平时自己的有些语言及行为不仅不会缓解孩子的心理问题，反而会让孩子更加封闭自己，不愿吐露心声或真实地表现自我。人与人之间要保持距离，要给孩子足够的空间和时间，让孩子充分释放情绪，甚至流泪。

为满足特殊学生的需求，学校邀请到全国知名心理健康教育专家史彩娥老师带领大家走进孩子的内心深处，站在孩子的角度去了解孩子、倾听孩子，教会与孩子发生冲突或在孩子遇到困难时，该怎样给予孩子科学、及时、有效的帮助，从而让孩子走出困境，健康成长。通过培训，老师们意识到要创设良好、适宜的环境条件，塑造儿童良好的个性品质，运用因材施教的方法来教育孩子，使每个孩子都能健康快乐地成长。当教育孩子有困惑时可以及时与老教师进行沟通，寻求经验和方法，危机事件无法杜绝，但是具备相关的知识和技巧是可以预防的；作为学生家长也要关注学生的情绪语言和行为，了解各个年龄阶段孩子们心理发展的特点，当发现孩子的言语情绪和行为有异常的时候，要关注和换位思考，为孩子营造一个和谐友爱的家庭氛围，和谐的亲子关系、家庭和睦才能够保障孩子身心健康。

2. 指导家长助力学生健康成长。

为全方位、多层次地推动心理健康教育，也为解决家长在孩子心理健康方面的困惑，帮助家长掌握正确的家庭教育理念和技巧，更新过时的家庭教育理念和行为，学校邀请盛心集团的心理健康咨询师团队为学生家长提供了良好的培训资源。心理培训师从孩子的表现、产生的原因，以及应对的办法，让家长了解孩子的压力，以积极心态面对孩子成长中出现的问题，提出尊重并接纳孩子的建议等。比如，北京师范大学心理学硕士、中国心理学会会员、国家二级心理咨询师涂慈爱老师的心理专题讲座"长大后我就成了你——原生家庭对一个人的成长影响有多大"；中科院心理所儿童发展与教育心理学硕士甘露老师的心理专题讲座"孩子拖拉怎么办？巧妙应对牛魔王"；另外还有像"努力不白费 成绩提升有办法""培养孩子专注和自律的学习习惯""孩子也需要目标管理""疫情下，如何实现儿童行为自律？"等。考虑到工学矛盾问题，学校把讲座特意安排在周末。家长利用周末休息的时间，就可以静下心来参加学校系列心理健康培训活动了。这样的培训内容丰富，针对性、指导性强，加之家长的静心与投入，达到了事半功倍的效果。

（三）与家长资源相结合

为构建"家校共育"的平台，促进教育多元化，深入推进家校合作，协同育人，学校多年来持续开展了"家长进课堂"活动，邀请家长结合自身的工作内容和职业特点到校参与课堂学习活动。通过家长资源、社会资源的有效开发，形成家校共建、共育的强大合力，为学生的心理健康提供支持。在家长的群体里不乏一些家长非常关注心理健康教育，甚至是儿童心理健康方面的专家。

例如，一位家长一直重视当下少年儿童的心理健康问题，希望通过潜移默化的引导来加强少年儿童的心理防线教育，培养孩子们的逆商能力，提升他们的自身抗挫力和应对事情的辨识思考能力。于是，家长走进教室给孩子们带来了《小学生心理研究所》一书。通过精心挑选的三篇漫画故事，让同学们了解平日生活和学习中可能遇到的心理问题，透过案例帮助他们分析和解决困扰。

再如，另一位家长以"预防校园欺凌"为主题，通过生活中的例子引发学生对"欺凌"的关注。例如在"你知道什么是校园欺凌吗？"等问题引领下，由浅入深地帮助学生理解校园欺凌的一些常见行为。通过本次课程，学生了解了校园欺凌的相关知识，也让学生明白：不能欺凌他人，遇到欺凌不能忍气吞声，也不能对欺凌视而不见，在保证自身安全的情况下，要对受害者施以援手。

同学的家长走进教室上课，这让孩子们感觉到特别有意思，兴趣浓厚，对家长的引导也欣然接受。

学校利用"请进来，走出去""线上＋线下"等形式强化家校互动，构建学校、家庭、社会"三位一体"心理健康教育网络，推动家长同学校一起携手重视并做好学生心理健康教育工作，全方位提升学生心理健康素养。

第五章　体育课程

第一节　理念、目标、条件

本节内容主要包括课程理念、课程目标、课程实施条件三个方面。课程理念围绕坚持"健康第一""学、练、赛"一体化、课程内容设计、教学方式改革、学习评价、个体差异等六部分进行阐述。课程目标围绕国家体育与健康课程的相关文件精神，制订符合学校课程发展的三级目标，包括：基础课程目标、拓展课程目标和个性课程目标。实施条件主要介绍了学校现有体育场地、生均面积、师资数量、班级数量、学生数量、学校体育课时安排。

一、课程理念

（一）坚持"健康第一"

体育与健康课程以习近平新时代中国特色社会主义思想为指导，全面贯彻党的教育方针，落实立德树人根本任务，坚持"健康第一"教育理念，以学生发展核心素养为引领，重视育体与育心、体育与健康教育相融合，充分体现健身育人本质特征，引导学生形成健康与安全的意识及良好的生活方式，促进学生身心健康、体魄强健、全面发展。

学校围绕"健康第一"，在校园硬件建设方面，积极改造专业教室、体育场地、场馆，满足学生基础使用的需求。在软件方面，提升师资水平，拓宽教师视野和专业能力，通过课堂教学、课外活动、社团训练、课间操等内容形式，实现健康第一的教育理念。

（二）落实"教会、勤练、常赛"

体育与健康课程依据学生的学习需求和兴趣爱好，面向全体学生，落实

"教会、勤练、常赛"要求，注重"学、练、赛"一体化教学。坚持课内外有机结合，指导学生学会基本运动技能、体能和专项运动技能，提供更多时间让学生进行充分练习，巩固和运用所学运动知识与技能，参与形式多样的展示或比赛。激发学生参与运动的兴趣，让学生体验运动的魅力，领悟体育的意义，发扬刻苦学练的精神，逐渐养成"校内锻炼1小时、校外锻炼1小时"的习惯。

学校以课程为基础，普及足球、篮球、游泳、花样跳绳、啦啦操等运动项目；开设相应项目的特色社团，让在足球、篮球、游泳、花样跳绳、啦啦操项目有所专长的学生进一步提升；利用课外活动时间开展校园竞赛，形成"学、练、赛"一体化的模式。

（三）加强课程内容整体设计

体育与健康课程根据学生运动技能形成规律和身心发展规律，整体设计课程内容，体现了保证基础、重视多样、关注融合、强调运用等理念。保证学生学习和掌握结构化的基本运动技能、体能、专项运动技能和健康技能等，为学生参与运动和养成健康的生活方式奠定基础；重视系统安排多种运动项目的学练，促进学生形成丰富的运动体验，协调发展运动能力；关注体育与健康教育内容、体能与技能、学练与比赛、体育与其他相关学科等方面的有机融合，提高学生举一反三、融会贯通的能力；强调引导学生将体育与健康知识、技能和方法运用到体育学习、体育锻炼、运动竞赛和日常生活中，增强学生的理解能力和实践能力。

（四）注重教学方式改革

体育与健康课程根据体育学习实践性和健康教育实用性的特点，强调从"以知识与技能为本"向"以学生发展为本"转变。创设丰富多彩、生动有趣的教学情境，倡导将教师的动作示范、重点讲解与学生的自主学习、合作学习、探究学习有机结合，将集体学练、小组学练与个人学练有机结合，注重将健康教育教学理论讲授、交流互动与实践应用相结合，激发学生的学习热情，帮助学生理解和掌握知识与技能，提高解决体育与健康实际问题的综合能力。

（五）重视综合性学习评价

体育与健康课程重视学习评价的激励和反馈功能，注重构建评价内容多维、评价方法多样、评价主体多元的评价体系。评价内容围绕核心素养，既关注基本运动技能、体能与专项运动技能，又关注学习态度、进步情况及体育品德；既关注健康基本知识与技能，又关注健康意识和行为养成。评价方法要重视过程性评价与终结性评价结合、定性评价与定量评价结合、相对性评价与绝对性评价结合。评价主体以体育教师为主，鼓励学生、家长等参与到评价中。同时，重视制订明确、具体、可操作的学业质量合格标准，为教师有效教学、学生积极学习及学习评价指明方向。通过综合性学习评价，促进学生达成学习目标，形成核心素养。

（六）关注学生个体差异

体育与健康课程在高度关注对所有学生进行激励与指导的基础上，针对不同身体条件、运动基础和兴趣爱好的学生因材施教；提出不同的学习目标，选择适宜的教学内容，采用多样的教学方法与学习评价方式，为学生创造公平的学习机会，促进每一位学生产生良好的学练体验，增强学习的自信心，在原有的基础上获得更好发展。

关注个体差异，确保每个学生都能在体育与健康课程学习中，得到自我成长。通过教师对个别生的干预和指导，逐渐形成正确的、健康的锻炼习惯，逐渐提升身体素质、养成良好的学习习惯，促进身心的健康发展。

二、课程目标

贯彻落实《关于全面加强和改进新时代学校体育工作的意见》《关于全面加强和改进新时代学校体育工作的行动方案》《北京市加强中小学体育　增强学生体质健康二十条措施》《中华人民共和国体育法（2022年修订）》和《义务教育体育与健康课程标准（2022年版）》等文件精神，围绕学校办学理念，全面提升学生学科能力和素养，注重个性化拔尖和创新人才培养，确定学校体育与健康课程整体目标。其中包括基础课程目标、拓展课程目标和个性课程目标。

学校围绕三级目标，积极开展体育课程改革。整体规划课程内容，旨在倡导体育精神，培养学生的运动兴趣和特长，改变学生体质下降的现状，培养有理想、有本领、有担当的朝实学子，"为祖国健康工作五十年"。

同时，学校坚持"健康第一"的指导思想，落实立德树人的育人目标，合理安排1—6年级体育课时，优化基础课程内容，统一各年级应知应会内容；完善拓展课程纲要，确保学生至少掌握一项运动技能；开展个性课程体验，提升学生综合能力。在课堂教学过程中，注重"学、练、赛"一体化教学模式，逐步培养运动能力、健康行为、体育品德三个方面的核心素养，有效促进学生个体发展，达到《国家学生体质健康标准（2014 年修订）》和《北京市义务教育体育与健康考核评价方案》的相关要求。

（一）基础课程目标

围绕《体育与健康课程教学大纲》的教材内容，结合学校体育课时数量，规划基础课程内容，确保每个年级、每个学期，掌握应知应会的体育项目。

1. 运动能力方面，掌握田径、体操、武术、球类项目的基本动作方法、动作技术；

2. 健康行为方面，学会田径、体操、武术、球类项目科学的练习手段；

3. 体育品德方面，体现出顽强的品质，积极的配合，挑战自我的勇气和坚持不懈的精神。

（二）拓展课程目标

学校结合学校场地、师资情况，制订 1—6 年级的拓展课程内容体系。确保每项内容年级之间要纵向联系，并考虑年级横向学生能力水平、项目特点，以及学生兴趣。通过 1—6 年级的学习，确保学生至少掌握 1 项运动技能。

1. 运动能力方面，要学会足球、篮球、排球、垒球、花样跳绳、游泳、啦啦操、跑酷、竞技体操项目的基本动作方法、动作技术，竞赛规则、配合战术等；

2. 健康行为方面，学会足球、篮球、排球、垒球、花样跳绳、游泳、啦啦操、跑酷、竞技体操项目科学的练习手段；

3. 体育品德方面，体现出顽强的品质，积极的配合，挑战自我的勇气和坚持不懈的精神。

（三）个性课程目标

个性课程是在基础课程和拓展课程的基础上，利用课余时间，针对不同学生人群，采取有针对性的课程。

1. 运动能力方面，要学会运用综合的身体技能，完成较为复杂或有挑战的动作，掌握娴熟的动作方法；

2. 健康行为方面，掌握综合的锻炼方式和方法，养成良好的锻炼习惯；

3. 体育品德方面，体现出顽强的品质，积极的配合，挑战自我的勇气和坚持不懈的精神。

三、课程实施条件

（一）体育场地情况

体育课程改革是课程内容和授课模式的创新和改变，体育课程实施的前提，就是要有能满足开展不同项目的场地设施。结合学校课程发展，学校先后修建游泳馆、笼式足球场、拳击教室、体操房，增加攀爬设施等。

具体信息见表 1。

表 1　体育场地设施统计

序号	场地名称	数量（个）	面积（平方米）
1	足球场	2	1260
2	篮球场	2	800
3	排球场	1	162
4	游泳馆	1	350
5	田径环形跑道	1	864
6	体操房	1	83
7	跆拳道	1	40
8	拳击教室	1	230
9	小胖墩工作室	1	48
10	攀爬场地	3	112
合计		14	3939

随着这些专业教室的修建，体育课程所需的基础场地不断完善，为课程改革提供了保障。

（二）师生情况

体育学科课程改革主要在北京市朝阳区实验小学幸福校区开展，这项改革工作结合学校 1—6 年级的实际班级数量、学生数量、教师数量、体育教师情况和体育课时数量，进行具体、有针对性的实施。

基础信息如下（截取 2022—2023 学年的数据）。

1. 班级数、师生数（见表 2）。

表 2　幸福校区师生人数统计

班级个数	学生人数	全体教师人数	体育教师人数
42	1481	136	12

2. 体育教师信息（见表 3）。

表 3　体育教师信息统计

序号	姓名	性别	年龄	入职时间	最高学历	专项	职称	骨干级别	周课时数	课间操、社团训练、组织竞赛工作量
1	陈　旭	男	54	1987.7	本科	田径	高级	区学带	16	1. 课间操每人每学期负责 3 周； 2. 社团训练每人每周负责 2—4 次，每次 1.5 小时； 3. 组织竞赛每学期每人负责 15—20 次，每次 30 分钟
2	王雪莲	女	49	1992.7	本科	田径	一级		16	
3	李　军	男	45	2000.7	本科	篮球	高级	市骨干	13	
4	王长柏	男	41	2004.7	本科	武术	一级		13	
5	于　浩	男	40	2004.7	本科	游泳	一级	区骨干	16	
6	冀丽丽	女	38	2012.7	硕士	排球	一级	区骨干	16	
7	张博彦	男	37	2009.7	本科	足球	一级	区骨干	16	
8	侯　杰	男	32	2013.7	本科	篮球	一级	区骨干	16	
9	李博瀚	男	32	2015.7	本科	田径	二级	区优青	16	
10	李星燃	男	27	2020.10	本科	足球	二级		16	
11	李梓阳	男	25	2019.8	本科	田径	二级		16	
12	武与文	男	24	2022.7	本科	冰雪	见习		16	

（三）课时安排

2012 年国家《体育与健康课程教学大纲》要求一、二年级每周 4 课时，3—6 年级每周 3 课时。学校结合现有的师资数量和各年级学科课时数量，整体安排全学科课时数，确保体育课程改革顺利实施。最终，确定一、二年级每周 5 课时（包括 3 节基础课、2 节拓展课），3—6 年级每周 4 课时（包括 2 节基础课、2 节拓展课）。通过课时数量安排，进行具体课程内容的设计与实施。

第二节　设计、回顾、开发

本节内容主要包括课程设计、课程回顾和课程开发三方面。课程设计围绕课程体系、划分学习水平、设置学习目标、课程内容的可选择性、建立多元的学习评价体系。课程回顾为 2011—2022 年课程改革具体措施和内容说明。课程开发围绕基础课程、拓展课程和个性课程三级课程内容框架的制订进行介绍。

一、课程设计

课程设计是课程实施的前期规划，通过规划目标、内容、水平、评价、管理等方面，形成课程的整体实施方案，让实施更具体、更明确，做到有据可查，有据可依，让课程实施过程中参与的所有人，都能清楚每一部分、每一个环节，这样才能保证最终的实施效果。

（一）以专项技能形成为目标，制订详细的课程方案、教学计划

学校根据现有的体育课程教授大纲内容为切入点，制订符合学校实际的实施方案、课程目标、课程内容体系、教学计划。

体育与健康课程在确立课程目标体系和课程内容的基础上，提出了具体教学内容的选择原则。学校制订具体的课程实施方案和教学计划时，从师资队伍、场地与器材、学生体育基础等方面的实际出发，选编适宜的教学内容。

通过1—6年的课程学习，至少形成一项专项技能，促进学生体育运动兴趣的提高，同时保证学生更好地达成体育与健康课程学习目标。

（二）围绕三级课程，制订学生能力水平标准和评价方式

结合学校基础课程、拓展课程、个性课程中的具体项目和内容，进行水平划分，让学生在不同年级，明确要达到的各级课程水平目标。同时，结合学校体育课程评价体系和标准，让学生对身体素质、专项技能、考勤表现、参与竞赛、选项走班的学习分数，制订出可量化、可观测的标准。

在课程评价方面，将以往教师评价为主的模式调整为，教师、学生、家长多维度的评价。引导学生进行自我评价和相互评价，重视形成性评价与终结性评价相结合，提高学生体育学习和锻炼的主动性、积极性及自我评价能力。

二、课程回顾

随着学校的发展，对学生体质健康的关注度越来越高。为了全面提升学生体质健康水平，学校召开校务会、体育学科研讨会等，制订学校体育课程改革的具体措施。要让学生提高体育运动项目的参与度，提升学生动作技能的熟练程度，逐渐形成学生的体育运动专项，提高学生的身体素质。

具体实施内容如下（见表4）。

表4 学校体育改革推进情况

年份	改革措施	具体内容
2011	体育2+1课堂模式	体育2+1课堂模式是学校最早开始的改革措施，每位教师结合自身特点和专项，每周利用一节体育课进行专项课程内容教学设计和课堂教学。这项改革措施，就是以学生专项内容发展为目标，结合教师特点进行课程实施。初步在国家基础课程的基础上，尝试拓展课程，以至少培养学生掌握一项运动技能为目标

续表

年份	改革措施	具体内容
2014	选项走班模式（年级内选项走班，学生选择）	体育选项走班模式是在原有自然班级的基础上，打破班级界限，以年级为单位，学生自主选择喜欢的运动项目进行一个学期的学习。为了实现这个目标，学校将体育课程整体安排，将3—6年级课时数由原来的每周3课时，增加为每周4课时；结合各年级学生年龄特点和教师情况，梳理拓展课程（选项走班）框架，其中包括：学习内容、考核内容、考核标准等。确保学生每学期拓展课程学习达到预期目标
2016	选项走班模式（年级内选项走班，师生双选）	这次选项走班模式是在之前的基础上，将学生选老师的单一选择，改变为师生双向选择的模式。教师根据学生填报志愿的顺序进行录取
2019	增加体育课时	为了进一步促进学生体质健康水平整体提升，学校将一、二年级体育与健康课程由每周4课时增加至每周5课时，这样保证学生每天一节体育课。体育课程时间增加，课程内容掌握的熟练度提高，最终确保学生体质健康水平的提升
2020	整理体育与健康基础课程框架体系	学校在体育课程改革的实施过程中，体育教师在基础课程和拓展课程教授过程中，每学期或每学年都会调整变化，这对于教师教授能力提出了更高的要求。为了保证学生掌握应知应会的内容，体育教师通过多次教研，将原有的课程体系进行整理。依据人教版教材，重新规划，确保基础内容"教会"，形成一套体育与健康基础课程框架体系。这样明确了体育教师每学期、每学年的教授内容，保证基础课程教学质量
2021	拓展个性课程	随着学校课程改革逐渐深入实施，现代社会对学生的能力培养和素质要求越来越高，需要更加全面的素质人才。因此，学校在原有个性课程的基础上，增加了登山、小裁判、攀爬课程，这样能更好地满足学生的个性课程需求和能力培养
2022	落实新课标，丰富拓展课程	为了落实新课标，激发学生体育与健康课程的学习兴趣，学校在1—3年级增加体操和跑酷课程。从小培养学生平衡、柔韧、灵敏、速度、力量等方面的身体素质

三、课程开发

（一）基础课程

基础课程按照人教版教材水平一、水平二、水平三中的内容进行相应年级教学。并且，严格按照集中教研形成的课程体系、各年级各学期应教应会内容进行教授和考核评价。基础课程包括：体能、健康教育、专项运动技能（田径、球类、武术、体操）等。

1. 每学期安排10+1+1个教学内容（六年级下学期为9+1+1），其中10或9为本学期应教的基础课程内容。其中一个1为体育和健康知识课，在室内开展教学；另外一个1为攀爬课，每天3个教学班，利用上下午大课间的时间开展活动。1—6年级3周大循环一次。

2. 在基础课程中每学期有4—6个重点教学内容，每个重点内容单元不少于5课次（见表5）。

3. 有些内容需要纵向规划，做好年级或学段衔接（如篮球）；有些内容只在某一年级出现，则需要做好大单元的整体规划，确保学生学会该项动作技能（如仰卧推起成桥）。

4. 每学期体育与健康知识课不少于4课时。

表 5　1—6年级基础课程框架体系

课程类别	项目		一年级第一学期	一年级第二学期	二年级第一学期	二年级第二学期	三年级第一学期	三年级第二学期	四年级第一学期	四年级第二学期	五年级第一学期	五年级第二学期	六年级第一学期	六年级第二学期
基础课程	体育与健康知识		积极愉快地上好体育课	坐立行我最美	安全地进行游戏	饮水有益健康	安全运动促健康	运动前后的饮食卫生	营养不良与肥胖	用眼卫生	迈入青春期	轻度损伤的自我处理	识别危险源，远离危险	我国运动员在奥运会取得的辉煌成绩
	身体素质	攀爬	静止直臂悬垂15秒	静止直臂悬垂20秒	云梯行进间3格	云梯行进间4格	静止屈臂悬垂收缩20次	云梯行进间5格	云梯行进间6格	反向引体向上2次	云梯行进间8格	反向引体向上4次	云梯行进间10格	侧摆引体向上4次（上挑式）*
	田径	1 短跑（速度）	50米跑*	30米迎面接力赛（含30米快速跑）*	50米跑（含30米加速跑）*	30米迎面接力赛（含30米快速跑）*	50米全程跑*	20—30米通过2—3个障碍跑（跑酷）*	50米全程跑*	20—30米通过2—3个障碍跑（跑酷）*	50米全程跑*	30米×4接力跑（下压式）*	50米全程跑（蹲踞式起跑、起跑后的加速跑、途中跑、终点跑）*	4×50米接力跑（上挑式）*
		2 长跑（耐力）	300—500米跑走交替*	300—500米跑走交替*	400—600米自然地形跑*	2分钟定时跑*	300—400米耐久跑	发展耐久跑能力*	发展耐久跑能力*	400米全程跑（含50×8）*	400米全程跑（50×8）*	1000—1200米跑走交替（含50×8）	400米全程跑（含50X8）*	领先跑（1000—1200米）
		3 投掷	上手正面持轻物掷远（含1课时各种方式抛接轻物）	上手正面持轻物掷准*	侧向持轻物掷远*	侧向持轻物掷准（含投远）	单手向前推实心球*	原地侧向投掷沙包或垒球*	上一步投掷沙包或垒球*	双手前掷实心球*	双手从头后向前抛实心球*	发展投掷能力的练习*	助跑投掷垒球*	发展投掷能力的练习

续表

课程类别	项目			一年级第一学期	一年级第二学期	二年级第一学期	二年级第二学期	三年级第一学期	三年级第二学期	四年级第一学期	四年级第二学期	五年级第一学期	五年级第二学期	六年级第一学期	六年级第二学期
基础课程	田径	4	跳跃	跳单双圈*	立定跳远*	助跑几步，一脚踏起跳，双脚落入沙坑	正面助跑屈腿跳高*	跑几步，单脚跳起用手触头顶悬挂的物体	急行跳远*	侧向助跑跳高*	发展跳跃能力的练习	发展跳跃能力的练习	跨越式跳高*	蹲踞式跳远	发展跳跃能力的练习 跨越式跳高
	跳绳	5	跳短绳	跳短绳（并脚跳）*	跳短绳（单脚交换跳）	跳短绳（并脚跳）		跳短绳		各种方法的双人跳短绳		向前摇绳编花跳跳短绳		双摇跳跳短绳	
		6	跳长绳		跳长绳（原地并脚跳）	跳长绳（正面跑入跳1~3次，跑出）*	跳长绳（侧面跑入跳1~3次，跑出）	跳长绳（侧面跑进入"8"字）*	跳长绳（两侧跑入交叉"8"字跳绳）		各种方法的集体跳长绳		穿梭跳		跳双绳*
	体操	7	基本体操	拍手操（队列练习）*											
		8	技巧	垫上滚动（前后左右）*	前滚翻*	劈叉（横叉、纵叉）*	连续前滚翻*	仰卧推起成桥*	后滚翻* 仰卧起坐	跪跳起*	肩肘倒立* 仰卧起坐	肩肘倒立	仰卧起坐	前滚翻两腿交叉转体180°一后滚翻成跪立一跪跳起*	滚翻组合动作（分男女）* 仰卧起坐

续表

课程类别	项目		一年级第一学期	一年级第二学期	二年级第一学期	二年级第二学期	三年级第一学期	三年级第二学期	四年级第一学期	四年级第二学期	五年级第一学期	五年级第二学期	六年级第一学期	六年级第二学期
基础课程	体操	9 器械体操	跪撑爬行*	爬越60—80厘米高的跳箱与横向跳箱*	攀爬肋木	爬越80—100厘米高的横放跳箱*	站在跳箱上，向前跳下*	跳上蹲撑起立跳下*	跳上跪撑起立向前跳下			分腿腾越（山羊）*		
		10								单杠跳上正撑前翻下*	单挂膝悬垂摆动*			一足蹬地翻身上
	球类	11 篮球	原地拍球与游戏	行进间拍球与游戏（直线、曲线）	各种方式抛传球	各种方式抛投篮*	原地运球	行进间运球（直线、曲线）	原地双手胸前传接球*	原地双手胸前投篮	体前变向换手运球	行进间双手胸前传接球	原地单手肩上投篮	运球或接球跑动单手投篮*
		12 足球	球性练习	踢球	脚内侧踢球*	脚背正面运球*	四部位运球	脚内侧传接球*	胸背正面射门	脚背正面运球与脚内侧传接球的衔接运用	脚背正面运球与脚背正面射门衔接的动作运用	脚背内侧传球、射门*	各种方式的停球（胸接球、脚内侧停球）与射门衔接运用	跨步变向运球衔接射门门动作衔接（前额正面顶球）
		13 排球										正面下手发球*	正面下手双手垫球*	
	武术	14 武术					武术组合动作：蹬腿冲拳类	武术组合动作：弹踢推掌类	摆掌撩掌类	少年拳一套*	蹬腿冲拳、弓步冲拳、仆步穿掌	步型拳*	少年拳二套	

备注：每学期标"*"的项目是重点必教必学项目。

（二）拓展课程

1.课程内容（见表6）。

表6 各年级拓展课程设置

年级	拓展课程					
一年级	足球	篮球		游泳		
二年级	足球	篮球	花绳	跑酷	体操	
三年级	足球	篮球	花绳		体操	
四年级	足球	篮球	花绳			排球
五年级	足球	篮球	花绳			排球	垒球
六年级	足球	篮球	花绳			排球	垒球

2.选课步骤。

为保证拓展课程（选项走班）内容设置的科学性、合理性，学校设计了规范、严谨的课程研发、"选项走班"流程（见图1）。

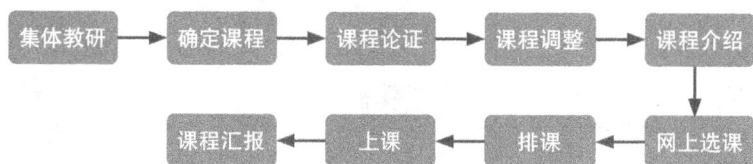

图1 体育课程研发和"选项走班"流程

第1—4步，前期调研，确定各年级的拓展课程。了解学生的需求，体育教研室讨论并确定各年级拓展课程、授课教师或购买校外体育资源；聘请体育专家开展课程论证，授课教师根据论证情况调整课程方案和内容。

第5—6步，介绍课程，学生在校园网进行自主选课。开学初，学校召开拓展课程说明会，体育教师向各年级学生介绍自己所负责的课程，如目的、意义、预期目标等。学生在充分了解每个课程内容和每位指导教师后，做出判断并在校园网上进行自主选课。在学生选课结束后，教师根据选课学生人数、学生能力，再选择符合课程要求的学生。通过双向选择的形式，既可以满足学生兴趣需求，也可以满足教师授课要求。

第7—8步，设置班额上限，分班调剂排课。学校根据学生的选择意向及人数，进行分班排课。上课前，教师向新班级明确上课地点和要求等。学校日常加强监管，保障课堂教学质量和教学管理效率。

第9步，学期末，各授课教师汇报学期教学成果。拓展课程的授课教师期末进行展示汇报，作为年终考核评价的一项重要内容。学校根据考核结果，针对课程中的问题提出建议，或更换课程，为下学期的选课做好准备。

（三）个性课程

个性课程是在基础课程和拓展课程的基础上，从学生个性发展需求出发，开设登山、小裁判、攀爬、小胖墩、小男子汉、越野滑轮。课程的实施对象有面向全体学生的，也有面向部分学生的，这样可以根据实际情况进行有针对性的指导（见表7）。课程开设的场地和时间也是多样化的。

表7　个性课程设置

开设年级	课程名称	开展时间	学期持续时长或次数
二、三年级	登山	周六日	3—4次/学期
五、六年级	小裁判	校园竞赛	2—3个月
一至六年级	攀爬	课外活动	90次（18周）
三、四年级	小胖墩	课后服务	30次（15周）
三、四年级	小男子汉	课后服务	30次（15周）
三、四年级	越野滑轮	课后服务	30次（15周）

第三节　课时、评价、案例

本节内容主要包括课时分配、课程考核内容和课程案例三个方面。课时分配具体介绍了基础课程、拓展课程和个性课程中每一课程各学期、各部分内容的课时数量。课程考核内容主要呈现三级课程的考核体系。课程案例结合个性课程实施中的"登山课程"和"攀爬课程"活动案例进行介绍。

一、课时分配

（一）基础课程（见表8）

表8　基础课程课时分配情况

年级		一	二	三	四	五	六	课时总计
课时（学年）		108	108	72	72	72	72	504
基础课程	健康教育	8	8	6	6	6	6	40
	球类　足球	8	8	8	7	5	5	41
	篮球	7	7	7	8	5	5	39
	排球					5	5	10

年级		一	二	三	四	五	六	课时总计
课时（学年）		108	108	72	72	72	72	504
基础课程	田径 跑	15	15	7	7	7	7	58
	田径 跳	15	15	7	7	7	7	58
	投	10	10	6	6	6	6	44
	体操 韵律体操	5						5
	体操 技巧	15	15	10	10	10	10	70
	器械	10	15	10	10	10	10	65
	跳绳	15	15	6	6	6	6	54
	武术			5	5	5	5	20

（二）拓展课程（见表 9）

表 9　拓展课程课时分配情况

年级	拓展课程					
一年级	足球 （36 课时）	篮球 （36 课时）	游泳 （36 课时）			
二年级	足球 （36 课时）	篮球 （36 课时）	花绳 （36 课时）	跑酷 （36 课时）	体操 （36 课时）	
三年级	足球 （36 课时）	篮球 （36 课时）	花绳 （36 课时）		体操 （36 课时）	
四年级	足球 （36 课时）	篮球 （36 课时）	花绳 （36 课时）		排球 （36 课时）	
五年级	足球 （36 课时）	篮球 （36 课时）	花绳 （36 课时）		排球 （36 课时）	垒球 （36 课时）
六年级	足球 （36 课时）	篮球 （36 课时）	花绳 （36 课时）		排球 （36 课时）	垒球 （36 课时）

（三）个性课程（见表 10）

表 10　个性课程课时分配情况

课程名称	课时数
登山	学期 30 课时
小裁判	学期 30 课时
攀爬	学期每个年级 36 课时
小胖墩	学期 30 课时
小男子汉	学期 30 课时
越野滑轮	学期 30 课时
跑酷	学期 30 课时

二、课程考核内容

（一）基础课程各年级身体素质和运动能力的考核内容（见表11）

表11　各年级基础课程考核内容

年级	第一学期	第二学期
一年级	50米跑、跳短绳、拍手操	30米跑、立定跳远、前滚翻
二年级	50米跑、跳短绳、纵叉	30米跑、侧向持轻物投远、连续前滚翻
三年级	50米跑、跳短绳、站在跳箱上向前跳下	仰卧起坐、原地侧向投掷沙包或垒球、后滚翻
四年级	50米跑、跳短绳、跪跳起	仰卧起坐、双手前掷实心球、单杠跳上正撑前翻下
五年级	50米跑、跳短绳、肩肘倒立	仰卧起坐、50米×8、分腿腾越
六年级	50米跑、跳短绳、前滚翻两腿交叉转体180°—后滚翻成跪立—跪跳起	仰卧起坐、跨越式跳高、一足蹬地翻身上

（二）拓展课程各年级运动能力的考核内容（见表12）

表12　各年级拓展课程考核内容

年级	第一学期	第二学期
一年级	无	游泳、篮球、足球
二年级	足球、篮球、花样跳绳、跑酷、少儿体操	足球、篮球、花样跳绳、跑酷、少儿体操
三年级	足球、篮球、花样跳绳、少儿体操	足球、篮球、花样跳绳、少儿体操
四年级	足球、篮球、花样跳绳、排球	足球、篮球、花样跳绳、排球
五年级	足球、篮球、花样跳绳、排球、垒球	足球、篮球、花样跳绳、排球、垒球
六年级	足球、篮球、花样跳绳、排球、垒球	足球、篮球、花样跳绳、排球、垒球

（三）个性课程考核内容

个性课程在课外进行，授课时间、地点、参与人员、活动内容、活动形式等各不相同，所以考核内容也不尽相同。

以登山课程考核评价为例：以不同海拔高度山峰的登顶次数，决定学生达到课程的等级。例如，"国际级运动健将"完成海拔2000米以上的山峰登顶2次；"运动健将"完成海拔1500米以上山峰徒步登顶3次；"一级运动员"完成海拔1200—1500米之间山峰登顶4次；"二级运动员"完成海拔800—1200米之间山峰登顶5次；"三级运动员"完成海拔300—800米之间山峰登顶6次。

三、课程案例

（一）登山课程

适用年级	1—6 年级
实验范围	2—6 年级 30 余名学生
课程基本理念	"为幸福人生奠基"是北京市朝阳区实验小学的办学理念，也是每一位教师的教育信念。我们始终以学生的发展为核心价值观。围绕着幸福人生从健康启航，开展体育学科教育教学活动和课程的实施。 体育能给孩子们带来顽强的意志品质，能够让孩子在困难面前勇于拼搏。结合实际，学校开设登山课程，培养孩子们不断勇攀高峰的勇气，建立人生不断进取的目标。 通过登山课程的参与，从小培养学生良好的锻炼习惯，形成 1—2 项终身受益的运动项目，能够陪伴学生一生的成长。
课程亮点	1. 课程以登山为主题，涵盖多学科、多领域的知识和技能，促进学生综合素质的提升； 2. 活动采用亲子参与的形式，可以有效促进家校沟通和亲子关系，促进和谐的社会关系； 3. 每次登山课程均采用小组合作的方式，并结合任务单进行有针对性的主题活动。
课程目标	通过爬山和郊游等活动，培养学生顽强的拼搏精神，锻炼健康的身体，树立远大的人生目标。人生如登山，挑战自己勇攀高峰，将人生所面对的各种困难面视为一种挑战，有勇气去战胜它。同时，此项课程采用亲子的方式，促进亲子关系，家校形成合力，培养具备更多生存能力的青少年，让每个孩子在不同阶段，都能有自己的人生目标，在人生的道路上，实现自己的价值，成为一个为家庭、为社会、为国家，有责任、有担当的年轻人！

课程内容体系	登山课程体系		
	序号	项目	备注
	1	体育运动	体能提升、团队协作、拼搏精神
	2	自然科学	了解岩石、山脉、海拔、气候、昆虫、植物等
	3	历史文化	了解活动地点的名字由来、相关知识等
	4	应急救治	了解简单的包扎和应急处理方法
	5	亲子游戏	亲子合作小游戏促进亲子关系和团队协作能力
	6	定向越野	提升快速辨别方向位置和体能的能力
	7	交通地理	规划乘车路线、识别地图、使用指北针、绘制登山路线等
	8	户外拓展	野外露营（搭帐篷、就餐等）、攀岩、攀登、绳索技能、体验桨板等
	9	环境卫生	环境保护（清理垃圾）
	……	……	……

课程实施

1. 实施时间：2021 年 9 月 1 日—2021 年 12 月 30 日。
2. 地点安排：

日期	地点	隶属山脉	海拔	省市	隶属区县
2021/9/11	西山	太行山脉	473	北京	海淀
2021/10/6	西山	太行山脉	473	北京	海淀
2021/12/4	香山	太行山脉	575	北京	海淀

3. 参与年级范围：二（4）、二（5）、二（6）、五（1）、六。
4. 牵头体育教师：王长柏、李军。
5. 职责与分工：
（1）整体设计：王长柏、李军。
（2）特邀嘉宾：李金洋（毕业生）、刘冬硕（毕业生）。
（3）协助教师：

课程实施	①班级：崔彦、邢慧君、赵明月、董芳、郝桐。 ②组内：于浩、冀丽丽、赵军、王雪莲、李梓阳、李星燃、陈旭、张博彦、侯杰、李博瀚、高晓明、陈大禹。 ③其他学科：刘畅、李雪、韩杰等。 （4）协助学生：王铄齐、李文天。 （5）每次活动实施前均要制订相应计划，家长签订安全承诺书、上交保险证明等相关材料：王长柏。 6. 效果及评价： （1）效果： ①学生体能得到提升，健全人格、促进亲子关系； ②促进学校体育工作特色开展； ③促进学生综合能力的提升。 （2）评价： ①《朝实登山队等级评定》； ②小组合作能力评价。 7. 活动宣传： （1）利用公众号进行宣传； （2）家长会； （3）学校交流分享课程效果。 8. 课程任务单： 样表： 任务1：背包重量和路程记录。 日期：　年　月　日　　第　组　记录单　组长： （表格） 姓名 / 初始背包重量（单位：千克） / 登顶背包重量（单位：千克） / 上山公里数（单位：千米） / 上山用时（单位：分钟） ... 合计 任务2：绘制一张路线图。 要求：在记录纸上，根据途经的位置名称，画出小组行走的路线。 第×组　徒步登山路线图 日期：×年×月×日 地点：香山公园
课程评价	（1）运动能力评价针对《朝实登山队等级标准》进行评定； （2）结合小组任务完成效果进行自评和教师、家长评价。

（二）攀爬课程

1. 课程目标。

（1）运动能力：学生在攀爬过程中展示出的手腕抓握能力、手臂拉力、核心力量、协调性、平衡性等身体素质。采用静止悬垂、提膝收腹、行进攀爬、引体向上作为考核与练习。

（2）健康行为：增进学生身心健康，培养学生体育锻炼意识，拉伸舒展身体，缓解疲劳，树立安全意识。

（3）体育品德：培养学生积极进取、勇敢顽强、不怕困难、坚持到底、诚信自律、公平竞争、自尊自信、文明礼貌的精神及正确的胜负观。

2. 课程内容。

（1）理论知识：跑、跳、投是人类日常生活中的基本运动能力。从日常生活中的使用频率来看，上肢相对于下肢的运动负荷较低。学生上肢力量不足，上肢力量对于下肢力量与核心力量相对较弱。在小学时段，除投掷、篮球、排球、跳绳等体育课程的学习，专门设置单杠、双杠、爬梯、攀爬架等器材，培养学生静止悬垂、提膝收腹、攀爬、引体向上等能力。在小学段提高学生的上肢力量，为中学体质健康测试奠定基础。

（2）动作技能：学生从静止悬垂开始，知道手指抓握杠的方式，脚离地面，身体自然下垂，保持身体平衡，落地时屈膝缓冲等，逐渐到悬垂提膝收腹，同时，增加核心与下肢力量的参与，最终形成行进攀爬，提高学生向前的攀爬能力，以及手臂向前攀爬时，短时间单手的抓握能力，掌握向前爬越的方式，控制身体的平衡等。

3. 实施过程。

（1）参与人员：全体师生。

（2）人员分工：

①学生作为练习者和测试者；

②班主任、副班主任和体育教师作为组织者，共同完成保护与帮助、成绩记录等组织工作。

（3）开设时间：

①学生早进校（7：40—8：00）；

②课间操（10：05—10：35）；

③下午课外活动（14：45—15：15）。

（4）开展形式：

①早进校学生背着书包直接进行悬垂或提膝收腹动作，按照各年级的合格标准练习一次，结束后直接返回班级；

②每周每班体育课时间使用一次攀爬架练习；

③课间操时间每天轮流一个班级进行练习；

④课间和午间活动，每班每周至少组织一次练习，时间不少于10分钟；

⑤每周五中午12：00—13：00，学生可找任课班级体育教师进行测试，取同年龄段行进距离前三名，并将班级、姓名贴到所达到的距离位置；

⑥能不间断攀爬全程者，方能开启并体验上层攀爬网和滑梯，同时将照片展示于攀爬冠军墙上；

⑦运动会加入攀爬内容。

（5）过程记录：每学期学生测量两次，新学期开始测量一次，期末前测量一次。通过练习查看学生一个学期的练习效果。

4. 课程评价。

（1）评价方式：量化评价。

（2）评价内容：

①静止悬垂以时间为单位进行测量；

②悬垂提膝收腹以提膝数量为单位进行测量；

③攀爬以距离为单位进行测量。

（3）评价标准：根据各年级学生实际情况制订评价标准，以学生为主体，难易程度把控循序渐进。通过实施评价标准，使学生能够达到锻炼的效果。通过课上和课下的练习，使学生体会到成功的喜悦，促进学生提升攀爬能力和兴趣。

5.数据与分析。

本学期全校学生分别进行了悬垂、行进攀爬测试，其中，以二年级为例进行具体数据说明。

（1）测试数据。

①二年级30秒悬垂各班测试结果如下表所示：

二年级30秒悬垂测试成绩						
班级	班级人数	达标人数	班级达标率	年级总人数	年级达标人数	年级达标率
二（4）	35	17	49%			
二（5）	32	22	69%			
二（6）	33	18	55%	207	123	59%
二（7）	33	20	61%			
二（8）	37	22	59%			
二（9）	37	24	65%			
学生30秒悬垂达标人数最少的班级有17人，达标最多的班级有24人，年级达标率超过50%。						

②二年级行进攀爬各班测试结果如下表所示：

班级	应测人数	实测人数	0米	1米	2米	3米	4米	5米	6米	7米	8米	9米	10米	11米	12米	13米	14米	15米
二（4）	36	33	20	8	2	0	2	1	0	0	0	0	0	0	0	0	0	0
二（5）	32	31	8	6	1	11	2	0	0	0	0	0	0	0	1	0	0	2
二（6）	35	33	13	5	3	2	0	2	0	0	0	4	1	0	1	0	0	2
二（7）	33	33	10	9	5	2	0	2	0	0	0	1	0	0	0	0	0	2
二（8）	37	34	12	4	8	2	3	0	0	0	0	0	0	0	0	0	0	4
二（9）	37	36	14	7	5	4	1	1	0	0	1	1	0	0	0	0	0	1
合计	210	200	77	39	25	24	10	4	0	1	0	5	2	0	2	0	0	11

二年级共有11名学生完成15米的攀爬；完成11米以上共有13名学生；完成6米以上共有21名学生；完成1米以上共有123名学生。不足1米有77名学生，占比38.5%。大部分学生能够向前攀爬，极少学生无法向前攀爬一次，便落地。完成1米以上的学生占比61.5%。完成1米以上的学生大多数集中在1—3米，占比44%。完成4米以上，包含4米的学生占比17.5%。其中完成15米全程的学生占比5.5%。

（2）分析说明。

①自主数数练习与计时测试之间存在差距。

我校攀爬架安装在教学楼旁，学生在进校时养成自主练习的好习惯。二年级学生在一年级时，已经开始接触悬垂动作，并开始练习，教师在一旁指导。学生开始练习时，会将书包和水壶放在一旁，采取悬垂自主数30个数的练习方式。当学生普遍达到标准后，逐渐过渡到负重一个书包的重量，并保持悬垂自主数30个数，再到后来悬垂提膝收腹动作的练习。逐渐让学生适应器材、掌握动作要领，提高上肢力量。

通过30秒悬垂测试数据可以看出，计时30秒与自主数30个数，是存在差别的。通过这个测试，可以让学生更加准确地知道30秒的具体时长，也比较清楚地知道自身悬垂是否达到30秒的标准，有一个正确的判断。

续表

②原地悬垂达到一定标准后，再过渡到行进攀爬，有助于学生下一阶段目标达成。

通过以上数据能够看出，静止悬垂不足30秒和攀爬不足1米的大部分学生存在重叠的现象。说明这部分学生一定要先加强30秒悬垂的练习，能够达标30秒悬垂的标准，再去练习行进攀爬，这样会相对容易一些。

一定要先打好基础练习，再继续尝试更加有难度的练习。完成1—3米的学生，掌握攀爬技巧，增加攀爬技术的练习，一步一个脚印，争取早日突破自己，进入4米距离。其余学生首先维持现有的攀爬距离，再逐渐增加攀爬的距离。悬垂30秒学生的目标达标率在85%，1米以上的攀爬达标率为75%。

6. 思考与设想。

（1）项目调整与增加。

①各年级练习项目和标准调整。

一年级30秒悬垂＋抱柱子练习（动作描述：利用攀爬支架的立柱，学生双臂抱住立柱，双脚离地，提高上下肢用力能力）；

二年级30秒悬垂＋1米以上攀爬；

三、四年级45秒悬垂＋悬垂提膝收腹＋2米以上攀爬；

五、六年级60秒悬垂＋悬垂提膝收腹＋3米以上攀爬＋引体向上练习。

六年级增加引体向上练习，主要为中考引体向上做准备。学生通过攀爬练习，可了解自身上肢力量、攀爬和引体向上的能力情况，从而选择符合自身能力特点的考核项目进行练习。同时，悬垂、攀爬、引体向上对于上肢力量有一定的提高，对挥臂、拨球等动作也有一定的帮助。

②项目大闯关，将跑、跳、投、爬等动作融入。

攀爬云梯、跨越障碍、加速跑、平衡练习、投掷练习等，记录通关的时间。测试项目按水平划分为一、二、三级，相同的学段看学生是否有所突破。

（2）整体协调早进校，设定各年级攀爬练习时间。

主楼：星期一、星期四（二年级）　北楼：星期一、星期四（一年级）

星期二、星期五（五年级）　　　　　星期二、星期五（三年级）

星期三（六年级）　　　　　　　　　星期三（四年级）

早进校锻炼攀爬练习，如果全校学生参与，则会受到器材的限制，所以，每天一个年级进行练习。低年级每周两次，高年级每周一次，低年级打好基础，奠定高年级的能力（以南北校区年级进行攀爬的实际情况分配。五、六年级可以每周早进校攀爬一次，其余年级攀爬两次）。

（3）定期测试悬垂，确保悬垂过关。

每学期学生从教师制订的悬垂开始挑战练习，悬垂合格后再练习后面的内容，悬垂是攀爬的基础保障。每学期测试悬垂两次，未达标基础秒数的学生，继续练习悬垂。教师集体测试中未达标的学生，可在每周五中午找体育教师进行补测，对达标的学生进行记录。

（4）增加反馈和激励的方式。

①定期更新学生攀爬数据。

每月更新攀爬达到一定米数的学生名单，每月更新进步明显的学生名单，每月最后一周课间操、课外活动、午间活动等时间，让达标与进步明显的学生进行展示。

②每学期或每学年组织一次年级攀爬项目的比赛。

＊攀爬接力赛（相同人数，比距离）。

＊悬垂接力赛（相同人数，每人坚持10秒的倍数，同时开始悬垂，10秒下一人，20秒下一人，30秒下一人，相同的人数比坚持的时长，如果中途有人未成功，则结束比赛，后面不进行比赛）。

＊悬垂传物（相同人数，比赛传物的稳定性、传物的速度）。

每班比赛学生最多可报2项，提倡全员参与。能力有限的学生可参与悬垂接力赛、悬垂传物。这样既考验教师与学生的选择，又体现难易程度的不同。实力与运气并存，增加比赛的趣味性。

第四节　效果、思考

　　本节内容主要将课程实施的效果和未来课程开展的思考进行介绍。课程实施效果从学生体质健康变化、形成特色社团、科研成果三个方面进行说明。课程思考则围绕锻炼场地、学生管理、校内资源、数据分析四个方面进行叙述。

一、实施效果

（一）全校学生体质健康水平得到提升

全校学生体质健康从 2012 年到 2021 年，及格率从 37.81% 下降到 7.64%；优秀率从 16.42% 提升到 72.29%，全校学生体质健康水平整体提升（见表 13）。

表 13　2012 年到 2021 年每学年学生体质健康统计情况（单位：人，%）

项目	2012—2013	2013—2014	2014—2015	2015—2016	2016—2017	2017—2018	2018—2019	2019—2020	2020—2021	2021—2022
样本个数	1510	1586	1672	1737	1891	1907	2178	1405	1535	1689
不及格	90	76	29	9	12	20	39	11	6	7
不及格率	5.96	4.79	1.73	0.52	0.63	1.05	1.79	0.78	0.39	0.41
及格	571	225	425	307	502	388	459	207	157	129
及格率	37.81	14.19	25.42	17.67	26.55	20.35	21.07	14.73	10.23	7.64
良好	601	813	623	642	686	653	720	365	303	332
良好率	39.80	51.26	37.26	36.96	36.28	34.24	33.06	25.98	19.74	19.66
优秀	248	472	595	779	691	846	960	822	1069	1221
优秀率	16.42	29.76	35.59	44.85	36.54	44.36	44.08	58.51	69.64	72.29
达标率	94.04	95.21	98.27	99.48	99.37	98.95	98.21	99.22	99.61	99.59

备注：1. 此数据为校长同一法人校区所有学生成绩；2. 统计数据不包括免体学生；3. 数据包括附加分的成绩。

（二）形成体育特色项目社团

学校课程改革经过 10 余年的实施，课程普及，推动了全校学生对运动项目的深入了解，结合体育社团提升学生专项技能，再通过校园竞赛、市区级比赛给学生搭建展示的平台，最终形成特色项目社团。学校被评为全国青少年校园足球、篮球、冰雪运动特色学校，全国啦啦操星际俱乐部。

（三）推动教师课堂教学水平，形成理论经验和科研成果

在课程改革探索实践的过程中，体育教师通过课堂教学、科学研究等形式不断推进改革之路。58.3% 的老师获得区级优秀青年老师及以上荣誉称号。

二、思考建议

（一）锻炼场地不足

目前学校人均锻炼面积不足 2.8 平方米，选项走班授课时，同一时间段操场上上课班级达到 6—7 个，严重影响学习效果。结合目前情况，体育学科将

向学校申请，争取一、二节开始排课，解决授课班级集中、场地器材严重不足的问题。

（二）学生管理难度大

选项走班打破了班级界限，有的课堂都是男生，有的课堂调皮的孩子比较集中。因为授课教师不是从一年级一直教授这些孩子，有些情况不了解，所以，在管理过程中需要耗费很多精力，有时也影响到授课进度和效果。

（三）校内资源匮乏

体育教师工作量非常大，工作负担繁重，急需补充体育师资力量。另外，急需各级教育行政部门统筹整合社会资源，解决学校实际困难。

（四）数据收集和分析能力不足

课程改革的目的是提升学生身体素质和运动技能，通过这样的教学模式实施，现有的体育师资只能满足课时教学工作，对数据收集和分析方面存在困难，从而会对进一步深入课程改革造成阻碍。

第六章　体育教学

第一节　体育课程实施与教学过程

在学校顶层设计的指引下，采用全面、系统的视角，审视学校实际情况和体育与健康课程涉及的各个方面、各个层次与要素之间的关系，进行统筹协调，最终学校构建并完善了体育课程体系，进一步丰富了课程内容，形成"基础课程＋拓展课程＋个性课程"三个课程类别。关键是构建好的课程内容体系必须经过课程实施这一环节才具有现实意义，才能使开发出来的课程真正贯彻落实到教学实践中，才能发挥体育课程的育人价值，才能为体育课程评价提供反馈信息。

一、体育课程实施概述

（一）体育课程实施的概念

课程实施作为一个重要概念，比较具有代表性的观点认为，课程实施是将课程方案、课程计划付诸实践，实现课程教学目标的过程，是达到预期课程目标的基本途径。

从本质上说，体育课程实施则是根据体育与健康课程标准所确定的课程性质、目标、内容框架，参照所选用教材的体系结构、内容材料、呈现方式等，结合体育教师自身的教学素养、经验、风格，从学生学习水平、兴趣、习惯以及教学的设备、资源、环境等条件出发，有目的、有计划、有组织地实践，从而显现体育课程本质、体现体育课程价值、实现体育课程目标的综合过程。

（二）体育课程实施的意义

1.体育课程实施是体育课程改革的重要环节。

通常认为课程改革要经历三个阶段，即计划阶段、实施阶段和制度化阶段。体育课程实施是体育课程改革的第二阶段，是最重要的环节。一方面可以了解制订的课程架构是否真正得到了落实，另一方面在课程实施过程中反映出来的问题，又可以为改进课程方案提供真实可靠的依据。

2.体育课程实施是体育课程价值生成的实践性环节。

体育课程的价值与意义的生成关键在于课程实施。经过课程实施这一关键环节，学生的健康水平、身体素质及体育文化素养才能得到真正的提高，体育课程的目标才能得以实现。

3.体育课程实施是教师运作和学生真正体验的课程。

经过前期的调查、研究、设计、论证，最终学校构建了完整的课程体系。这个课程体系无论多么科学、先进、完善，最终只有当体育教师在体育教学实践中实施这些课程，学生体验这些课程，才能真正实现新课程的理念与目标。在教师、学生、内容、手段四个教学过程主要因素中，教师和学生是教学中最重要的因素。教师在教学中是组织者、教育者、引导者、传播者、合作者、促进者，而学生是学习的主体，教师要面向全体学生，认真执行、运作课程，才能让学生在体验中促进身心发展。

4.体育课程实施是体育教师专业发展的过程。

学校认为，课程改革其实对教师来说也是一种倒逼，给教师提供了难得的机遇，同时也给教师的专业化发展提出了严峻的考验。课程改革必然使教师队伍的素质发生重大的变化，不仅仅在教学思想、教学方式方面，重新学习和实践探索的动力、压力以及教育教学策略的改进，能更好地体现教师的人生价值和创造价值。而且体育教师对课程理念的理解与实施直接影响着学生对体育健康知识和技能的学习，对教学方案的制订和教学计划的设计与执行也决定了课程的实施与教学的效果，因此体育教师的专业发展能促进体育课程的有效实施。

（三）体育课程实施路径

1.体育课堂教学。

课堂教学是课程实施的主要途径，是按教学计划进行的有目的、有组织的教育过程，是学生获取知识、技能和提高品德素养的主要途径。因此，如何用最少的时间使学生获得最大的进步与发展，使课堂教学效率最大化是学校特别重视的问题，可以通过优化必修课课程内容，掌握应知应会知识；精选选修课内容，提高选修课质量等方式。

2. 课外体育活动。

课外体育活动与体育课堂教学两者相辅相成。课外体育活动是体育课程实施途径的必要补充，也是实现体育课程目标不可或缺的重要途径，必须采取有效措施保证课外体育活动时间的落实。《中华人民共和国体育法》规定："保障学生在校期间每天参加不少于一小时体育锻炼。"《学校体育工作条例》要求中小学校要保证学生每天有一小时体育活动的时间。我校在课外体育活动的时间有课间操30分钟，当天无体育课的班级，有30分钟的大课间活动时间，切实保证了体育活动一小时。

二、体育教学过程

体育教学过程是体育课程实施的重要途径，是实现体育教学目标的核心环节，是体育教师在特定的时间和空间，为达成教学目标，有组织、有计划地培养学生体育与健康核心素养的教育过程。因此在制订课程实施计划时，针对基础性课程则根据教育教学指导思想和理念以及教学目标制订教学大纲、教学进度表、单元计划、课时计划、学业评价标准；拓展型课程制订课程纲要、教学内容、实施条件、学业评价；个性课程制订活动内容、活动形式、评价方案。个性课程主要是在周末实施，这里不作陈述，可参考第四章体育课程建设相关内容。下面重点介绍基础课程教学和拓展课程教学。

（一）基础课程教学

1. 基础课形式的界定。

基础课程也就是必修课，以原有的自然班授课进行，固定教师、固定学生、固定上课时间、固定上课地点。一、二年级每周3课时，3—6年级每周2课时。

2. 教育教学指导思想与理念。

学校在体育教育教学方面始终坚持"健康第一"的指导思想。紧紧围绕我校"为幸福人生奠基"这一核心理念，以素质教育为基础，以课程改革为主线，三类课程相结合，多种教学模式并存。结合我校的实际，因地制宜、实事求是、积极稳妥地实施《义务教育体育与健康课程标准（2022年版）》，加强课程内容整体设计，探索并构建具有我校特色的、适应时代要求的体育与健康课程，保证学生在小学六年期间学习和掌握结构化的体育健康知识、基本运动技能、专项运动技能，系统安排多种运动项目的学练，促进学生形成丰富的运动体验；促进学生养成终身自觉锻炼的良好习惯；提高学生的健康水平，促进学生在身体、心理和社会适应能力等方面健康、和谐地发展，为社会主义培养合格的建设者和接班人。

3. 教学目标。

所有的教学活动都是围绕教学目标展开的，教学目标的设计与实施直接关系学校体育教学效果。学校重新架构了基础课程内容之后，对教学目标的确定如下。

积极参与多种体育活动项目的学练，感受运动乐趣。掌握各年级重点教学运动项目的基本知识与技能。理解体育锻炼对身体的重要性，能积极参与校内外体育活动。了解个人卫生保健、营养膳食、青春期生长发育、运动伤病、安全避险等健康知识和方法，并能在实际生活中运用。建立良好的人际关系，养成积极乐观的生活态度。在体育活动中表现出不怕困难、努力学练的意志品质，具有团队精神和集体意识，正确处理竞争和合作的关系，表现出良好的体育道德和体育精神。

4. 教学进度表。

教学进度是教师制订课时计划的直接依据，每学期开学前，所有教师必须制订好教学进度。根据学校基础课程的调整，每个年级每学期安排10+1+1个教学内容（六年级下学期为9+1+1），有4—6个为重点教学内容，且单元课次不少于5课次。其中体操项目是学校体育教学的重要组成部分，由于教师、领导认知问题及家长自身意识观念等原因，体操项目的教学在有的小学逐渐淡化。但是我校却把体操放在体育课程中的重要位置，因其发展学生的柔韧、反应、灵敏和协调能力以及在练习过程中产生强烈的心理体验，承受较强的心理负荷，需要学生具备一定的勇敢、果断和相互合作与信任的心理品质。为此在进行教学安排时，每个年级每个学期都要安排1—2项体操项目，并且增加了攀爬课程。

5. 单元计划。

单元教学计划，是把一项教学内容的教学目标、教学重难点、教法措施按照课次相互衔接、科学系统地进行编排的计划。以往的单元计划多采用一个单元一个教学内容的方式，这样有利于集中时间，使学生能够全面地学习掌握运动技能。2022 年修订的新课程标准则让教师进行大单元、大主题的教学设计与推进。体育大单元教学对于我校来说并不是一个全新的理念和概念，它早已出现在体育课程教学研究和实践当中。对于拓展课程来说，更像是一个项目的大单元教学，如果按不同项目来区分，可有"篮球单元""足球单元""游泳单元""啦啦操单元"等，学会一个项目需要十几甚至几十个学时，并且要达到学懂、学会、学好、勤练、常赛的目的，所以更适合大单元教学。我校在实施大单元教学前就有一定的基础，所以在实施时进入状态较快。对于基础课程来说，在同一年级的部分教学项目根据教学目标、学生掌握运动技能规律、教学场地器材等因素，也可整合为大单元教学设计。表1、表2即为李军老师以三年级上学期跑跳组合动作的实践与运用为主题，设计的18课时的大单元教学方案。

表 1　三年级上学期跑跳组合动作大单元内容结构与课时分配

内容分类	基本知识和基本技能	技战术运用			体能	展示与比赛	规则与裁判方法
内容要点	50 米快速跑	急行跳远	跑跳组合练习1(助跑起跳触高物)	跑跳组合练习2(连续跨跳一定距离的标志物)	跑跳组合练习3(20~30米通过2~3个障碍物)	奔跑、跳跃项目的体能练习方法	跑跳组合的展示与比赛	田径运动发展及基本规则
课时	5	4	1	1	3	2	1	1

表 2　三年级上学期跑跳组合动作大单元学习计划

课次	学习主题	学习目标	基本部分		
			学习活动	练习活动	比赛活动
1	田径运动发展及基本规则	了解田径运动发展及基本规则，体会田径的魅力	1.学习田径基本知识（田径的发展、规则和主要赛事）；2.观看田径比赛的精彩集锦	学生讲述与田径的趣事、感受和理解	点评学生的分享，对发言学生进行表扬
2	50 米快速跑：站立式起跑	基本掌握并运用站立式起跑的动作，在快速反应起动中有所提高。发展感知、判断和快速反应能力，提高身体的协调性和灵活性	1.学习站立式起跑的动作方法；2.学习各种突发信号的发令方式	1.引导学生展示自己擅长的起跑动作；2.听从教师的起跑口令，模仿站立式起跑的动作；3.两人一组，一人发令，另一人练习站立式起跑动作；4.听从教师发出不同信号（哨声、掌声、跺脚声等），学生进行站立式起跑练习	1.以组为单位，采用站立式起跑姿势，比比谁先跑过5米；2.以组为单位，听教师发出不同信号，或看教师手势，比比谁先跑过5米

课次	学习主题	学习目标	基本部分		
			学习活动	练习活动	比赛活动
3	50米快速跑：加速跑	基本掌握起跑后加速跑的动作。发展下肢力量及身体协调能力，提高快速跑的能力	1.学习起跑后加速跑的动作方法；2.学习起跑后加速跑的练习方法	1.站立式起跑接起跑后的加速跑20米；2.两人一组，相距2米进行20米追逐跑练习；3.两人一组，相距1米进行20米让距跑练习；4.以组为单位，进行"黄河、长江"的游戏	1.两人一组，进行追逐跑，比比在20米内谁能追上对方；2.在做"黄河、长江"游戏时，比比谁在10米内抓住对方
4	50米快速跑：途中跑	基本掌握途中跑的动作方式，养成正确跑的姿势。提高学生奔跑的能力，发展灵敏、速度等身体素质	1.学习途中跑的动作方法；2.学习途中跑的练习方法	1.原地摆臂练习；2.以组为单位，30米中速跑；3.以组为单位，30米全速跑；4.两人一组，相距2米进行30米让距跑练习	1.4—6人一组，比比在30米内，谁最先跑完；2.两人一组，进行让距跑，比比在30米内，后面学生能不能超过前面的学生
5	发展奔跑项目所需体能的练习：原地高抬腿	初步学会原地高抬腿跑的专项练习手段，改进蹬伸的动作，养成正确跑的姿势。发展跑的能力，以及速度、协调等身体素质	1.学习原地高抬腿跑的动作方法；2.学习原地高抬腿的练习方法	1.原地高抬腿踏步；2.两人一组，原地高抬腿走，膝触同伴手掌；3.原地高抬腿跑；4.原地高抬腿跑接20米加速跑	1.两人一组，原地高抬腿，膝触同伴手掌，比比谁在10秒中触同伴手掌的次数多；2.4—6人一组，原地高抬腿，听信号起跑，比比谁先跑完20米
6	50米快速跑：全程跑	基本掌握冲刺跑的动作方法，初步体会50米全程跑的4个环节。发展速度素质、下肢力量及身体协调能力，提高快速跑的能力	1.学习冲刺跑的动作方法；2.体会50米全程跑的4个环节	1.模仿冲刺压肩的动作；2.4人一组，跑完10米后，进行肩触彩旗绳的练习；3.分组进行50米快速跑；4.分4—6个组，进行50米快速跑的晋级游戏	1.4人一组，10米冲刺跑，比比谁先触碰彩旗绳2.50米快速跑，4—6人一组，比比谁最快
7	50米快速跑：考核	巩固快速跑的各种动作方法，继续体会50米全程跑的4个环节，了解跑步的成绩。发展速度素质、下肢力量及身体协调能力，提高快速跑的能力	学习50米快速跑的考核标准	1.分组进行30米跑练习；2.宣布考核标准和要求；3.4人一组，进行50米快速跑测试（测试2次）	

课次	学习主题	学习目标	基本部分		
			学习活动	练习活动	比赛活动
8	急行跳远：助跑几步单脚起跳	基本掌握助跑几步单脚起跳的动作方法，且起跳有力。发展弹跳能力，增强身体协调性	1. 学习助跑与起跳结合的动作方法；2. 学习助跑与起跳结合的练习方法	1. 做上一步单脚起跳，双脚落地的练习；2. 做走几步单脚起跳，双脚落地的练习；3. 做助跑几步单脚起跳，双脚落地的练习；4. 做助跑几步单脚起跳，跳过30—40厘米高度小垫子练习	1. 以组为单位，比比哪个组做"上一步单脚起跳，双脚落地"动作正确的人数最多；2. 以组为单位，比比哪个组做"助跑几步单脚起跳，跳过30—40厘米高度小垫子"动作正确的人数最多
9	急行跳远：助跑起跳过一定高度、远度的皮筋绳	基本掌握助跑起跳，空中并腿的动作方法，跳过一定高度、远度的皮筋绳。发展身体的协调性，提高弹跳能力	1. 学习助跑起跳，空中并腿的动作方法；2. 学习助跑起跳，空中并腿的练习方法	1. 复习助跑几步单脚起跳、双脚落地的动作；2. 做助跑几步单脚起跳，跳过30—40厘米的皮筋绳；3. 根据能力分组，做助跑几步单脚起跳，跳过不同高度的皮筋绳；4. 根据能力分组，做助跑几步单脚起跳，跳过不同远度的皮筋绳	1. 以组为单位，比比哪个组跳过30—40厘米的皮筋绳人数最多；2. 以组为单位，给不同远度的皮筋绳设置分数，比比哪组得分最高
10	急行跳远：助跑起跳双腿屈膝缓冲着地	基本掌握助跑起跳双腿屈膝缓冲着地的落地动作。发展连贯、灵敏、协调等素质和腿部力量	1. 学习双腿屈膝缓冲着地的落地动作；2. 学习双腿屈膝缓冲着地的练习方法	1. 复习上一步单脚起跳，双脚落地的动作；2. 做上一步单脚起跳，双脚落在小垫子上，双手摸垫的练习；3. 做急行跳远，跳过30—40厘米的皮筋绳，双脚落在大垫子上，双手摸垫的练习；4. 根据能力分组做急行跳远，跳过不同高度的皮筋绳，双脚落在大垫子上的练习	1. 以组为单位，比比哪个组上一步单脚起跳，双脚落在小垫子上，双手摸垫的人数最多；2. 以组为单位，给不同远度的皮筋绳设置分数，比比哪组得分最高
11	发展跳跃项目所需体能的练习：单脚跳	基本掌握单脚跳的动作技术和练习方法。发展腿部力量和上下肢的协调能力	1. 学习单脚跳的动作方法；2. 学习单脚跳的练习方法	1. 原地左、右脚连续单脚跳；2. 左、右脚向前单脚跳10米返回换脚；3. 单脚跳连续向前跳不同远度的呼啦圈；4. 进行4—6人一组的"开火车"游戏	1. 以组为单位，进行左、右脚向前单脚跳5米返回换脚的接力比赛；2. 组织4—6人一组的"开火车"比赛

续表

课次	学习主题	学习目标	基本部分		
			学习活动	练习活动	比赛活动
12	急行跳远：动作完整连贯	体验急行跳远助跑、起跳、腾空和落实的4个环节。发展连贯、灵敏、协调等素质，以及腿部力量	1.体会急行跳远的4个环节；2.学习急行跳远的合格标准	1.复习上一步单脚起跳，双脚落地的动作；2.复习急行跳远的动作；3.设置踏跳区，进行急行跳远的练习；4.设置合格线，进行急行跳远的练习	以组为单位，比比哪组跳过合格线的人数最多
13	跑跳组合练习：助跑起跳触高	基本掌握单脚起跳触高，起跳腿充分蹬伸的动作方法。发展腿部力量，以及身体的灵活、协调、柔韧等素质	1.学习单脚起跳触高的动作方法；2.学习单脚起跳触高的练习方法	1.做原地单脚起跳，异侧手向上模仿触高的动作；2.做走几步，单脚起跳模仿触高的练习；3.做助跑几步，单脚起跳模仿触高的练习；4.根据能力分组，做助跑几步，单脚起跳触不同高度标志物的练习	以组为单位，对不同高度的标志物赋分，比比哪组得分最高
14	跑跳组合练习：连续跨跳一定距离的标志物	基本掌握单脚向前上方蹬地的动作。发展腿部力量，以及身体的灵活性和协调性	1.学习单脚向前上方蹬地的动作；2.学习连续跨跳的练习方法	1.做连续跑几步跨跳一定距离标志物的练习；2.做两腿依次连续跨跳短距离标志物的练习；3.做连续跨跳长短距离不一标志物的练习；4.学生自己设计标志物距离，做连续跨跳标志物的练习	1.以组为单位，进行两腿依次连续跨跳短距离标志物的比赛；2.以组为单位，学生自己设计标志物距离，做连续跨跳标志物的比赛
15	跑跳组合练习：20—30米通过2—3个障碍物（钻、跨）	基本掌握钻、跨等通过障碍的动作方法，并能合理地运用。发展上下肢力量，提高身体的灵活性	1.学习钻、跨的动作方法；2.学习判断使用钻、跨动作的知识	1.利用钻的动作，通过立着、平放地面的呼啦圈；2.利用跨的动作，通过不同长度的垫子；3.利用钻、跨的动作，通过各种障碍物；4.利用钻、跨的动作，通过学生自主布置的障碍物	1.以组为单位，分别进行钻、跨障碍物的比赛；2.以组为单位，进行利用钻、跨方法通过障碍物的比赛

课次	学习主题	学习目标	基本部分		
			学习活动	练习活动	比赛活动
16	跑跳组合练习：20—30米通过2—3个障碍物（绕、跳）	基本掌握绕、跳等通过障碍的动作方法，并能合理地运用。发展下肢力量，提高身体的灵活性	1.学习绕、跳的动作方法；2.学习判断使用绕、跳动作的知识	1.利用绕的动作，通过立着的小垫子；2.利用跳的动作，通过不同高度的垫子或小栏架；3.利用绕、跳的动作，通过各种障碍物；4.利用绕、跳的动作，通过学生自主布置障碍物	1.以组为单位，分别进行绕、跳障碍物的比赛；2.以组为单位，进行利用绕、跳方法通过障碍物的比赛
17	跑跳组合练习：20—30米通过2—3个障碍物（翻、爬）	基本掌握翻、爬等通过障碍的动作方法，并能合理地运用。发展上下肢的协调性，提高身体的灵活性	1.学习翻、爬的动作方法；2.学习判断使用翻、爬动作的知识	1.利用翻的动作，通过不同高度的跳箱；2.利用爬的动作，通过不同长度的垫子；3.利用翻、爬的动作，通过各种障碍物；4.利用翻、爬的动作，通过学生自主布置的障碍物	1.以组为单位，分别进行翻、爬障碍物的比赛；2.以组为单位，利用翻、爬技术通过障碍物的比赛
18	跑跳组合的展示与比赛：利用各种方法通过障碍物	积极运用跨、跳、钻、绕、翻、爬等方法，安全、快速通过各类障碍物，发展身体协调性，以及速度、灵敏等素质	巩固判断使用各种动作方法的知识	复习合理利用跨、跳、钻、绕、翻、爬等动作，通过不同的障碍物	以组为单位，进行利用各项动作通过障碍物的比赛

6. 课时计划。

课时计划是实施体育课堂教学的重要依据，也是保证规范落实体育教学内容的关键。学校在每月的25号检查课时计划并进行反馈，教师必须持案上课，提前两周备好课。学校在撰写并实施课时计划方面也对教师提出了严格的要求。

课时计划撰写时一定要注意内容的完整性，包括教学信息、教学内容、教学目标、教学重难点、教学过程、场地器材、安全措施、运动负荷预计和课后小结。

教学目标是预设的教师和学生共同完成的任务，应具体明确、难度适宜、可观察和评价、可操作性强。在表述教学目标时要呈现出认知、技能和情感三个层面，随着新课标的实施，逐渐要体现运动技能、健康行为和体育品德三个体育核心素养维度，集中反映体育与健康学科的独特品质和关键能力。

教学重难点与教学目标相呼应，重点从技术结果层面思考，难点从学生不易掌握的要点、动作掌握程度方面思考。

教学过程是重中之重，分为开始、准备、基本和结束四个部分，时间比例一般为开始部分 3 分钟，准备部分 6—7 分钟，基本部分 27—28 分钟，结束部分 3 分钟。基本部分的教法措施必须针对教学重难点有 2—3 个，要实施"学、练、赛、评"一体化教学模式，每个教法还必须有相应的要求。

课堂上一定要合理设计场地与器材，在什么场地上课，用多大的场地，什么器材，多少器材，这些问题必须提前规划好，并且于课前 10 分钟布置场地器材。学校同时上课的班级众多，我们需要加强小场地教学，充分利用学校的场地资源，比如楼顶足球场、体操房、室内专业教室等。

运动负荷由群体运动密度、个体运动密度和运动强度衡量。群体运动密度是指一节体育实践课所有学生总体运动时间占课堂总时间的比例；个体运动密度是指单个学生在一节体育实践课中的运动时间占课堂总时间的比例；运动强度是指动作用力的大小和身体的紧张程度，常用心率表示。按照新课标的要求，在教学中，每节课的群体运动密度应不低于 75%，个体运动密度应不低于50%，运动强度（班级所有学生平均心率）应在 140—160 次 / 分。改变"不出汗"的体育课。

写课后小结是体育教学常规的一项基本要求，是对教学过程的自我反思、自我诊断、自我提高的过程，因此老教师经常会提示年轻教师重视课后小结。将成功的课堂经验记录下来，作为今后的教学参考，将安排不当或处理不当的教学内容、练习手段及时记录，进行反思并找出改进措施。

7. 学业评价。

详见第三节学分制评价。

（二）拓展课程教学

1. 拓展课形式的界定。

拓展课程也就是选修课，采取年级内选课走班教学组织形式，即年级内打破班级界限，几个平行班安排在同一课时授课，以学生所选择的体育学习内容组织基本教学班。1—6 年级每周 2 课时，2 节课连排，每节课 80 分钟。

2. 教学班的编排。

根据学校的师资、场地、器材、传统项目、学生的兴趣爱好和普及程度，我们设置了篮球、足球、排球、游泳、啦啦操、花样跳绳、传统游戏、体操、垒球、跑酷 10 个项目作为选项，学生根据自己原有的运动基础和兴趣爱好进行志愿填报。学校建立了"双向选择"机制，即学生先行了解学校开设的选项学习的内容及各项内容开课教师的基本情况，自主选择上课内容和教师，一共有4个志愿，分别是第一志愿、第二志愿、第三志愿、第四志愿。教师根据学生选课的情况也对学生进行选择。如果学生第一志愿没被选上，顺延至第二志愿，以此类推。最后根据各项所报的人数做适当调整，编成教学班。

3. 教学目标。

依据《关于全面加强和改进新时代学校体育工作的意见》《义务教育体育与健康课程标准（2022年版）》《学校体育工作条例》的精神，以学生的需求为导向，拓展课程的目标与基础课程的教学目标有了较大的差异。确立的拓展课程的目标是：通过学习，提高学生的体能与运动技能水平，加深对所选课程知识与技能的理解；爱好运动，积极参与各种体育运动，在运动中体验运动的乐趣和成功的感觉，基本形成终身体育的意识和习惯；能熟练掌握1—2项或更多的运动爱好和技能，并能运用该项目进行科学体育锻炼，能够运用其中某一项运动项目参加校内外体育展示和竞赛；培养良好的体育道德行为和合作精神，正确处理竞争与合作的关系；积极应对体育活动中遇到的困难，表现出吃苦耐劳、敢于拼搏、勇于争先的精神。

4. 教学内容。

拓展课程教学实行运动项目化，项目负责人全面负责本体育运动项目的管理，制订本项目的建设方案、课程标准、授课计划和教案，编写课程校本教材，创新教学方法；做好专职、兼职教师任课和课程教学安排；做好集中教学与业余辅导有机衔接，统一纳入体育课程教学计划，有目的、有组织地实施。

拓展课程的教学内容均是以国家、地方教育部门的文件为指导，以学校办学理念和教育目标为出发点，以体育与健康课程大纲为依据，以促进学生发展为前提，以学生的兴趣为动力，充分发挥教师、设施和场地的优势。各个课程在课程纲要中从本课程内容各学段、主题、模块的结构关系、学生学习顺序等方面详细阐释课程内容之间的逻辑关系。以下为部分课程的教学内容。

表3 篮球课程内容

年级	主要内容
一年级	简单的篮球知识、球性练习、游戏
二年级	掌握简单的球性练习为主，加强学生球类游戏的合理设计，提高学生对球的感觉
三年级	初步理解运、传、投的作用，掌握运球、传球等基本动作

续表

年级	主要内容
四年级	技术上相应加大球性练习的难度和强度，并能够较为熟练地完成多种形式的基本动作
五年级	主要以行进间动作、串联练习为主；组合动作和基础配合主要以动作串联练习为主
六年级	学习篮球配合为主，并熟悉和掌握基本的篮球战术和规则，加强各种行进间的基本动作和组合动作

表4　足球课程内容

年级	主要内容
一年级	脚内外侧运球、脚弓传球
二年级	脚内外侧运球、脚弓传球
三年级	脚内侧传接球、射门、比赛
四年级	跑动中传接球、定点射门、比赛
五年级	脚内侧踢球、停空中球、比赛
六年级	脚背内外侧运球，传、接球射门、比赛

表5　垒球课程内容

年级	主要内容
一年级	接球、传球、跑垒、打击
二年级	正面传球、跪传球、比赛
三年级	远距离传球、打击、比赛
四年级	跑动中接传球、打击、比赛
五年级	打击、跑动接传球、比赛
六年级	打击、接传球、比赛

5. 教学进度。

拓展课程每学期安排16周，教学进度表由教研组长组织任课教师制订。同年级同类型班级的教学进度要统一，教学计划尽量详尽，教学进度必须按照计划执行。每学期开学初以教研组为单位，将教学进度表上交教学部门。表6为游泳课程一年级第一学期的教学进度。

表6　一年级第一学期游泳课程教学进度情况

周次	内容
1	1.游泳课的安全注意事项；2.对场馆器材的熟悉及上课流程
2	1.呼吸；2.熟悉水性
3	1.呼吸；2.把边行进

周次	内容
4	1. 韵律呼吸；2. 水中转身及站立
5	1. 韵律呼吸；2. 踩水
6	呼吸及水性考核
7	1. 漂浮；2. 蛙泳腿模仿
8	1. 漂浮；2. 蛙泳腿——收翻蹬夹（半陆半水）
9	1. 滑行；2. 蛙泳腿——收翻蹬夹（换气）
10	1. 滑行；2. 蛙泳腿——收翻蹬夹停（换气）
11	1. 蛙泳腿——收翻蹬夹停（动作节奏、幅度）；2. 蛙泳腿竞赛
12	1. 蛙泳腿——收翻蹬夹停（连续行进距离）；2. 蛙泳腿竞赛
13	1. 蛙泳腿——收翻蹬夹停（脱板）；2. 蛙泳腿竞赛
14	蛙泳腿及能力考核
15	1. 蛙泳手及配合模仿练习；2. 蛙泳腿竞赛
16	1. 蛙泳手——划抱伸（半陆半水配合呼吸）；2. 蛙泳腿竞赛

6. 实施条件。

（1）师资队伍建设。

幸福校区体育组现有教师 12 人，其中高级教师 2 人，一级教师 6 人，二级教师 3 人，新教师 1 人。在现有教师队伍中，专业涉及田径、篮球、足球、排球、武术、游泳、健美操、冰雪等项目。从特色教学的角度，学校派出中青年教师积极参加专业的短期培训，以满足学生的兴趣和教学需求，如足球教师取得 C 级教练员资格，篮球教师取得 C 级教练员资格，健美操教师取得舞蹈啦啦操二级教练员资格及一级裁判员资格。

拓展课程任课教师要发挥"三员"角色，即做好"教练员"，课堂中高效集中教学，做到精讲多练，教会学生掌握基本知识和专业运动技能技术；做好"陪练员"，充分利用课余时间，指导学生积极参加体育活动和训练，以练促教，培养学生养成"坚持每天锻炼一小时"的意识和习惯；做好"裁判员"，实施项目化教学比赛，通过"学中赛、赛中学"，做到以赛促教。

（2）运动场地建设与器材配备。

我校现有室外场地已达到一定规模，200 米标准塑胶跑道，足球场 2 块，篮球场完整场地 2 块、小场地 12 块，排球场 1 块，羽毛球场 2 块。室内场地包括游泳馆（6 条 25 米泳道）、体操房、体质测试室、健身房、跆拳道教室、小胖墩教室、拳击教室、形体教室等。各类健身器械、器材数量充足。现有的运动场地和器材能够满足拓展课程教学的需求。

建立和完善教学与管理规章制度。

第一，进一步完善体育教研组管理责任制。定期研讨教学内容和组织教法，完善课程负责人领导下的集体备课制度，鼓励教师改革教学内容和教学方法手段，严格教学过程管理，提高课程教学质量。

第二，建立健全安全制度。选修课班级由不同班级学生组成，增加了管理难度。为规范学校体育教学活动，预防和消除教育教学过程中存在的安全隐患，学校针对学生的年龄、认知能力和法律行为能力的不同，制订了选修课教学管理条例（见表7）。

表7 体育选修课教学管理条例

课前	1. 体育教师有固定集合点名位置； 2. 任课教师提前 10 分钟到位； 3. 到位的学生由体育教师负责点名记录考勤，并进行签认； 4. 学生到授课地点，有序组织安排学生放好个人物品（水壶、衣服、跳绳等）； 5. 上课地点如有变化要提前通知相应学生
课中	1. 教师按照体育课时计划和课堂要求进行授课，不得随意更改授课内容； 2. 课堂关注重点： （1）特殊学生 （2）病假学生 （3）随时关注学生的身体变化 3. 课中安全预案：出现情况，教师观察能否处理，不能处理报告校医。逐级上报组长、主任协商解决。情况严重，直接拨打急救电话送医院处理
课间	1. 教师课间讲清纪律要求和休息位置，组织学生有序上厕所； 2. 休息结束教师要再次清点学生人数，确保学生安全； 3. 休息时间如果学生没有教师监督和指导，不得随意使用器材或进行各种练习活动

第三，建立和完善教学评价体系。为保证培养目标质量和对教学过程进行质量检测，根据拓展课程教学目标，建立一套完整的学分制教学效果评价体系（详见第三节学分制评价）。

第二节 线上体育教学新模式

新冠疫情期间，学校探索开展"网课学习"模式，教师们纷纷当起主播，通过"空中课堂"与学生进行实时交互。体育学科高度重视，积极部署，组织集团教师迅速行动起来。经过多次召开线上会议进行研讨，结合师生实际情况，征集建议，最终确定体育学科网络教学实施方案，一共录制342节课，保障了正常的体育教学秩序。

一、教学内容选择

教学内容分为两部分：一部分是室内身体素质练习课程，以便于在室内开展的体育活动为主要练习。考虑到小学生年龄特点，要控制练习密度和动作难度；考虑到学生练习的兴趣，因此多采用亲子、游戏化的形式进行练习。另一部分是体育教材课程，结合各年级的教材，学生分学段、分项目地学习教材中应知应会的内容。

（一）室内身体素质练习课程

包括以下几方面：

第一，准备活动：以模仿操、绳操为主，让学生在进入主教材学习前，将各关节进行活动；

第二，基本部分：设计以柔韧、速度、力量、耐力、灵敏五方面素质为主的动作，开展课程学习；

第三，体育健康知识：以冬奥知识为主，促进学生奥林匹克教育和一些体育健康常识学习。

（二）体育教材课程

包含水平一教学内容、水平二教学内容、水平三教学内容，如表8、表9、表10所示。

表8　水平一教学内容

序号	类别	项目	具体内容
1	田径	各种方式的走与游戏	各种方式的走
		各种方式的跑与游戏	各种方式的跑
		原地高抬腿	跑的能力练习
		走和跑	30厘米窄道跑
			400—600米自然跑
		30米	30米跑
		单、双脚连续跳	单、双脚交换跳练习
		立定跳远	跳的能力练习
		跑几步，一脚起跳，双脚落入沙坑	助跑、踏跳、腾空、落地
		正面助跑屈腿跳高	上几步练习踏跳、完整动作
		持轻物掷准（掷远）	抛接轻物
			持轻物掷准
			持轻物掷远

续表

序号	类别	项目	具体内容
2	基本体操	模仿动物爬行	同侧、异侧爬行
		跳短绳	单双脚交换
			并脚跳
		跳长绳	正面跑入跳1—3次，跑出
			斜面跑入跳1—3次，跑出
3	技巧	前滚翻	前、后滚动
			左、右滚动
			前滚翻
			连续前滚翻
		爬越	爬越60—80厘米高的物体
		小篮球	原地投篮、原地拍运球
		小足球	脚背踢球
5	韵律	徒手操	自编操组合
		啦啦操	自编花球啦啦操
6	身体素质	力量素质	腰腹
		灵敏素质	全身
		柔韧素质	全身
7	基础知识	做早操的好处	
		正确的坐、立、行姿势	
		体育课的常规要求	
8	传统体育	武术	基本手型、手法、步型

表9　水平二教学内容

序号	类别	项目	具体内容
1	田径	50米	50米快速跑
		障碍跑	跑、跳、钻过障碍
		蹲踞式跳远	助跑、起跳、腾空、落地
		跨越式跳高	跳的能力练习、助跑、起跳、腾空、落地
		投掷沙包	上一步投掷沙包
			原地侧向投掷沙包
			投掷的能力练习与游戏
			原地投掷沙包
		实心球	双手从头后向前抛实心球
			原地单手向前推实心球

续表

序号	类别	项目	具体内容
2	基本体操	跳绳	跳短绳
			"8"字跳长绳
		单杠	跳上成正撑—前翻下
3	技巧	侧手翻	完整学习
		跪跳起	完整学习
		后滚翻	完整学习
4	支跳	跳上成蹲撑，起立，向前跳下	助跑、起跳、腾空、落地、完整
5	球类	小篮球	运球：原地
			行进间运球
			原地双手胸前传接球
		小足球	球性练习
			脚背正面运球
			脚内侧传接球
6	身体素质	力量素质	腰腹
		力量素质	上下肢
		灵敏素质	全身
		耐力素质	核心力量
		柔韧素质	全身
7	传统体育	武术	基本动作、组合动作

表 10 水平三教学内容

序号	类别	项目	具体内容
1	田径	50 米	跑的能力、蹲踞式起跑、加速跑
		接力跑	下压、上挑
		跨越式跳高	跳的能力练习、助跑、起跳、腾空、落地
		助跑投掷	投的能力练习、投掷步、完整
		实心球	单手、双手向前（后）
2	基本体操	跳绳	双摇、跳双绳
		单杠	一足蹬地翻身上、单挂膝摆动上
3	技巧	肩肘倒立	完整学习
4	支跳	山羊分腿腾越	助跑、起跳、腾空、落地、完整
5	球类	小篮球	移动、行进间直线运球、行进间曲线运球、行进间接球、三步上篮、篮球游戏、持球突破
		小足球	球性练习、脚背内侧传球与射门、脚背正面射门、头球、游戏
		小排球	移动、垫球、正面发球、上手、侧面发球
6	传统体育	武术	少年拳（第一套）、步型拳

续表

序号	类别	项目	具体内容
7	韵律	花球	10 个组合动作
8	身体素质	力量素质	腰腹
		耐力素质	核心力量
		力量素质	上下肢
		灵敏素质	全身
		柔韧素质	全身

二、教学内容设计

线上教学不同于线下教学，是以"互联网＋教育"的形式通过网络平台进行体育网络授课，组织学生在线观看、学习和练习。授课教师需要提前对教学内容进行设计，负责人审核通过后开始录制视频。如表 11 的啦啦操教学设计，课程在 10 分钟以内，有明确的教学目标，能够非常直观形象地展示教学内容，演示技术动作，凸显教学重难点，给学生带来视觉、听觉和体验性的愉悦感。

表 11　啦啦操教学设计

教学主题	水平三 啦啦操：校园花球啦啦操示范套路　第二课次					
学科	体育		年级	五、六	时长	10 分钟
背景分析	啦啦操是一个时尚、健康、快乐的现代大众健身项目，对于培养少年儿童正确的身体姿态、塑造良好的体形，以及培养集体主义精神都有着积极的作用。本课教学内容是全国第二套校园啦啦操示范套路（花球）第二个组合动作。重点是基本手位前 X、T 和步伐弹动。难点是动作到位，协调连贯。					
教学目标	1. 知道前 X、T 基本手位以及弹动的动作方法； 2. 能够跟随音乐节拍连贯做出第二个组合的动作，并且做动作时注意每一个动作到位，协调连贯；发展灵敏、协调等身体素质； 3. 激发学生对啦啦操的学习兴趣					
教学方法与策略	教师主要通过示范和讲解法进行本节课的教学。将动作上下肢分解练习，提高学生动作协调性、连贯性和节奏感					
开始部分	自我介绍（30 秒）语言：同学们，大家好！今天我们来学习花球啦啦操校园示范套路第二个组合，首先跟老师随音乐进行热身					
准备部分	准备活动（2 分钟）语言：每节四个八拍，一拍一动。两脚分开与肩同宽，手臂侧平举准备。第一节：左臂伸展；第二节：右臂伸展；第三节：双臂伸展；第四节：甩小臂；第五节：双臂上举下落；第六节：划小臂					

续表

	活动内容	活动意图	时间分配
基本部分	活动1：复习第一个组合动作	巩固提高	30秒
	活动2：示范讲解基本手位前X、T动作	学习啦啦操基本手位	1分钟
	活动3：结合下肢组合动作	上下肢动作结合	2分钟
	活动4：跟音乐练习第二个组合动作	熟悉音乐，能够连贯完成	1分钟
	活动5：跟音乐练习第一个组合和第二个组合串联动作	能够跟随音乐节奏完成组合动作	1分钟
结束部分	1. 放松拉伸，每个动作两个八拍；2. 课后身体素质小作业：跳绳每组100个，跳3组，组间休息1分钟		

三、课程录制及要求

微课的应用对于体育教师提出了更高的要求，不但要具备一定的信息技术应用能力，而且要具备完善的体育教学知识结构和扎实的体育运动基础。想要制作一节画面清晰、内容恰切的微课，教师要付出很多努力，要根据居家适合使用的器材和学生实际的体育学习需求，思考微课的主题、内容和应用效果，然后录制、编辑。这一过程对于教师的信息应用技术和专业知识有着非常高的要求，因此，制作一节微课是一次自我提升的过程，对自身的专业水平的发展与提升产生积极的促进作用。

（一）录制内容分配

室内身体素质练习课程共录制42节课，根据课程三个方面内容，确定录制人员，主要以学校体育骨干教师为主。

表12　室内身体素质练习课程录制教师

室内身体素质练习课	授课教师
室内身体素质练习课1	王长柏
室内身体素质练习课2	王长柏
室内身体素质练习课3	居春妹
室内身体素质练习课4	李梓阳
室内身体素质练习课5	刘　建
室内身体素质练习课6	赵迎峰
室内身体素质练习课7	刘　建
室内身体素质练习课8	居春妹
室内身体素质练习课9	赵楠骅、冀丽丽

续表

室内身体素质练习课	授课教师
室内身体素质练习课 10	赵迎峰、冀丽丽
室内身体素质练习课 11	王长柏、冀丽丽
室内身体素质练习课 12	于 浩、冀丽丽
室内身体素质练习课 13	赵楠骅
室内身体素质练习课 14	赵迎峰、冀丽丽
室内身体素质练习课 15	杨 超、冀丽丽
室内身体素质练习课 16	于 浩、冀丽丽
室内身体素质练习课 17	刘 建、冀丽丽
室内身体素质练习课 18	居春妹、冀丽丽
室内身体素质练习课 19	赵楠骅、冀丽丽
室内身体素质练习课 20	张博彦、冀丽丽
室内身体素质练习课 21	冀丽丽
室内身体素质练习课 22	张博彦、冀丽丽
室内身体素质练习课 23	崔晓双、冀丽丽
室内身体素质练习课 24	李梓阳、冀丽丽
室内身体素质练习课 25	孟 阳
室内身体素质练习课 26	于 浩
室内身体素质练习课 27	李梓阳
室内身体素质练习课 28	冀丽丽
室内身体素质练习课 29	张博彦
室内身体素质练习课 30	赵楠骅
室内身体素质练习课 31	赵迎峰
室内身体素质练习课 32	刘 建
室内身体素质练习课 33	杨 超
室内身体素质练习课 34	孟 阳
室内身体素质练习课 35	居春妹
室内身体素质练习课 36	崔晓双
室内身体素质练习课 37	李梓阳
室内身体素质练习课 38	赵迎峰
室内身体素质练习课 39	胡佳俊
室内身体素质练习课 40	张博彦
室内身体素质练习课 41	崔晓双
室内身体素质练习课 42	孟 阳

体育教材课程根据水平一、水平二、水平三的学段教材内容，进行人员分组，充分发挥集团各校区体育教师的作用。

表13　集团各校区录课数量及参与人员数量

水平	课程数量	参与校区教师数量
水平一	100节	左家庄校区（4人）、福源校区（4人）、博远校区（3人）、老君堂校区（2人）、西直河校区（4人）、三里屯校区（4人）
水平二	100节	润泽校区（8人）、罗马校区（2人）、博约校区（3人）、南校区（4人）、新源里校区（2人）
水平三	100节	幸福校区（14人）

（二）资源拍摄与制作

1.现场观摩，了解视频资源的录制过程。

组织各校区体育教师对体育教材课程视频的样片进行现场观摩，以便各校区体育教师统一录制课程资源的标准。并且对录制和制作的流程现场学习，便于后期老师们工作的开展。

2.明确时间节点，确保工作顺利完成。

从2020年7月3日开始，到7月31日止，各校区完成负责课程的录制、制作、校园网上传工作。

3.统一视频拍摄和制作的标准与要求。

（1）时长9—12分钟（开始和准备部分2—3分钟，基本部分6—7分钟，结束部分1—2分钟）；

（2）同一内容教学场景、教师着装保持一致，授课及辅助教师着装尽量鲜艳；

（3）视频画面：拍摄画面干净整洁，录制视频均为横板；教师示范讲解全过程，身体各部位均要在画面中，避免出镜头；录制过程使用的手机避免有电话和消息干扰，可调成飞行模式；

（4）场地器材：场地布置、使用的器材，以及标志物拍摄要清晰；

（5）教师声音：声音清晰，插入的音乐不要盖过教师示范讲解的声音；

（6）PPT格式模版统一，PPT不用插画外音，各部分视频保证画面的连贯性；

（7）同一单元内容中的准备部分和结束部分视频可以重复使用，但画面环境和场景与每节课的主教材录制环境保持一致；

（8）视频和 PPT 制作要求 16:9（1280×720），视频和 PPT 要保证全屏；

（9）每节课视频结束部分，都要布置课后体能作业，教师可以从以下内容（表 14）中选取。

表 14　体能作业

序号	内容	完成数量
1	跳绳　并脚跳	100 个一组，完成 4 组，每组间歇 1 分钟
2	开合跳	20 个一组，完成 3 组，每组间歇 1 分钟
3	仰卧起坐	20 个一组，完成 3 组，每组间歇 1 分钟
4	深蹲起	15 个一组，完成 3 组，每组间歇 1 分钟
5	平板支撑	每组保持 1 分钟，完成 3 组，每组间歇 2 分钟

4. 技术指导，确保各校区课程资源录制有序开展。

幸福校区在课程资源录制方面有较丰富的经验，因此，在其他校区遇到一些问题时，可以通过分组指导的方式，提高各校区录制课程资源的质量。

表 15　课程负责校区及指导教师

负责校区	课程初步审核及技术支持教师
南校、三里屯	高晓明
罗马、西直河、新源里	陈大禹
润泽	于　浩　张博彦
福源	赵　军
博约	冀丽丽
老君堂	侯　杰
博远	李博瀚
左家庄	李梓阳　孙　悦

第三节　教学评价

体育学科在我校课程改革实施过程中创建了有自己特色的课程体系，相对应地也必须有一套与之相适应的课程评价体系。因此，在以往进行学科评价的基础上结合课改进度，从基础课程、拓展课程、个性化课程等维度，立足学生知识技能、思维能力及个性化发展的需求，构建了更加科学的体育学科评价体系。在这种情况下，学分制管理应运而生。

一、学分制评价体系的研究

（一）学分制的内涵

学分是用来计算学生学习量的一种单位，用学分来衡量学生学习的量便是学分制，又称学分累计制。学分制采用多样的教育规格和较灵活的过程管理方式，在教学过程中允许学生自主选修课程，以所选取课程的总学分作为期末考核或毕业的标准。

在当今世界各国，学分制没有统一的标准模式。通过查阅文献，发现学分制主要在大学阶段实施，有关小学学分制的研究很少，且还是在探索阶段。各国高校实施学分制模式无论是学分的计算方法、学制的规定、必修课和选修课的比例乃至成绩的记载方法都不尽相同，呈现多样化的发展特点。

（二）实施学分制的目的与意义

改变传统的教学模式，提升课堂学习效果，科学制订学分制评价体系。通过对学生全面素质的评价，明确每个年级每个年龄段学生体育项目学习的数量以及技能掌握的情况，同时对于参与体育活动、体育竞赛、社团活动等做了明确的评价标准，有助于学生积极主动参与体育活动，校内校外锻炼相结合，树立"终身体育"意识。

（三）学分制评价的原则

1.选择性原则。

结合学校课程改革的实施，学分制评价坚持以学生的发展为本，在拓展类课程上允许学生根据自己的意愿选择感兴趣的科目，以发展学生的个性特长，促进学生的全面发展。

2.激励性原则。

学分制评价实行"基础＋拓展"的策略，即基础性课程项目评价加拓展类课程项目评价，在这基础上另外增加"附加分"，让全体学生在各自的基础上充分发展。同时，奖励积极参加体育竞赛的学生，促进学生积极参与体育活动。

3.开放性原则。

学分制评价的评价内容、评价方式、评价标准对全体学生是公开的，体育教师会向学生详细地介绍和说明，并采用问卷的方式，调查学生对学分制评价的了解程度。

二、学分制评价的实施

为更加全面、客观地对学生的学习效果进行评价，体育组多次对学分制评价实施方案进行研讨，研究评价内容、各项目权重、评价标准、评价方式以及方案的可实施性和可操作性，最终确定了学分制评价体系。新的评价体系多角度、多方位、多标准地对学生的学习效果进行评价，与新的课程体系更加匹配。

（一）基础课程（必修课）评价方法

1.评价内容及各项的权重确定。

从表16中可以看出，学生整个学期成绩包括两大部分，分别是基础课程的成绩和拓展课程的成绩。其中基础课程（必修课）的评价内容涵盖了身体素质与运动能力、技能与技巧、基础知识、出勤与表现，分数权重是身体素质与运动能力 ×40% ＋ 技能与技巧 ×30% ＋ 基础知识 ×20% ＋ 出勤与表现 ×10%。

表 16　六年级 × 班体育与健康期末考核评价

学号	项目姓名	身体素质与运动能力（40分）					技能与技巧（30分）		基础知识（20分）	出勤与表现				拓展课程			学期成绩	等级
		50米跑		1分钟跳绳		小计	技巧组合	小计		缺课时数	出勤得分（5分）	表现得分（5分）	小计	技能（10分）	竞赛（10分）	小计		
		成绩	分数	成绩	分数													
1	××	8.5	85	242	100	37	100	30	20	0	5	4	9	9.5	10	19.5	116	优秀
2	××	10.1	64	173	100	32.8	60	18	19	0	5	4	9	6	5	11	89.8	良好
3	××	11.3	20	178	100	24	80	24	16	0	5	3	8	7	10	17	89	良好
4	××	7.9	100	233	100	40	100	30	20	0	5	5	10	10	10	20	120	优秀
5	××	8.0	100	229	100	40	95	28.5	20	0	5	5	10	10	10	20	119	优秀
6	××	9.6	70	202	100	34	95	28.5	20	0	5	5	10	8	10	18	111	优秀
7	××	11.4	20	156	95	23	60	18	14	0	5	4	9	6	5	11	74	合格
8	××	8.8	78	205	100	35.6	95	28.5	20	0	5	5	10	9	10	19	113	优秀
9	××	9.5	70	181	100	34	95	28.5	20	0	5	5	10	8.5	10	18.5	111	优秀
10	××	10.2	64	167	100	32.8	80	24	20	0	5	4	9	7	5	12	97.8	优秀
11	××	9.8	68	178	100	33.6	60	18	20	0	5	4	9	7	10	17	97.6	优秀
12	××	8.1	100	158	100	40	90	27	20	0	5	5	10	9.5	10	19.5	117	优秀
13	××	8.9	76	190	100	35.2	100	30	16	0	5	5	10	9	10	19	110	优秀
14	××	9.8	68	138	80	29.6	100	30	20	0	5	3	8	9	5	14	102	优秀
15	××	10.0	66	228	100	33.2	80	24	20	0	5	5	10	8	10	18	105	优秀
16	××	8.8	78	198	100	35.6	100	30	20	0	5	5	10	8.5	10	18.5	114	优秀
17	××	8.1	100	147	90	38	100	30	14	0	5	5	10	8	5	13	105	优秀

2. 评价方式。

必修课的学分制评价方式：一是教师根据量化标准进行评价，主要针对身体素质和专项技能的评价，依据《国家学生体质健康标准》和《义务教育体育与健康课程标准（2022 年版）》进行评定。二是师生互评，主要针对出勤和课堂表现的情况给出相应的分数。

（二）拓展课程（选修课）评价方法

针对多门选修课程，首先各项目组根据每个年级的教学内容分别制订了评价标准和考核细则，具体到量化每个项目、每个教学内容的具体指标（见表17）。

表 17　足球选修课程考核内容及标准

年级	考试内容	标准
一年级	10 米曲线运球 5 个障碍	优 <35 秒　良 <40 秒　合格 <45 秒
	5 米脚弓射门	优 ≥ 3 个　良 = 2 个　合格 = 1 个
二年级	10 米曲线运球 5 个障碍	优 <30 秒　良 <35 秒　合格 <40 秒
	5 米脚弓射门	优 > 3　良 = 2—3 个　合格 = 2
三年级	相距 5 米，30 秒脚内侧传、接球（传、接算一次）	优 ≥ 15 次　良 ≥ 10 次　合格 ≥ 5 次
	曲线运球射门，足球场半场，三个障碍物，射门（进球为止）	优 ≤ 15 秒　良 < 15 秒 ≤ 20 秒 合格 < 20 秒 < 30 秒
四年级	1 分钟跑动传接球	优 > 25 个　良 > 15 个　合格 > 10 个
	定点射门	优 > 4 个　良 = 3 个　合格 = 2 个
五年级	15—20 米长传球	优 > 2 个　良 = 2 个　合格 = 1 个
	停空中球	优 ≥ 3 次　良 = 2 次　合格 = 1 次
六年级	15 米曲线变向运球（绕 5 个障碍物）	优 < 25 秒　良 < 26—30 秒 合格 < 31—35 秒
	10 米曲线变向运球射门（绕 3 个障碍物）	优 > 4 个　良 = 3 个　合格 = 2 个

1. 评价内容及各项的权重确定。

拓展课程（选修课）在学生期末成绩中占20分（见表18），分别为专项综合评价10分，竞赛10分。专项综合评价包括：知识 ×20% + 技能与体能 ×60% + 行为和能力 ×20%。竞技比赛的赋分原则为：校级体育比赛赋5分，区级及以上体育比赛赋10分；竞赛总成绩不超过10分，如学生参加多项竞赛，则以最高级别的竞赛为准。

表18 体育与健康拓展课程（选修课程）期末评价

项目 姓名	专项综合评价（10分）			小计	竞赛（10分）	
	知识 （2分）	技能与体能 （6分）	行为和能力 （2分）		竞赛项目	成绩
××	2	5	2	9	校足球联赛 校运动会	10
××	1.4	4	1.6	7	校跳绳比赛	5
××	2	5.5	1	8.5	区围棋比赛	10
××	2	5.5	2	9.5	校足球联赛 校运动会	10
××	1.5	5	1.5	8	区篮球赛 校运动会	10

2.评价方式。

一是教师根据量化标准对专项技能进行评价。其评价工具为"量化表"，细化每个年级的专项技能考核内容和量化标准以及综合性评价（见表17）。二是学生自评，主要针对参与竞技比赛的情况。包括校内比赛，比如学校运动会、健康体质测试赛、跳绳比赛、球类联赛等，也包括在校外参加的各类体育比赛。

（三）个性课程评价方法（见第五章第三节）

三、实施学分制评价的优势

新的学分制评价涵盖了基础课程和拓展课程的全部内容，充分落实新课标"重视综合性学习评价"的理念。评价内容多维，评价方法多样，评价主体多元，既关注健康基本知识和技能，又关注健康意识和行为养成，并且注重过程性评价与终结性评价结合、定性评价与定量评价结合、相对性评价与绝对性评价结合。

另外学分制评价有创新的地方在于学生的期末考核总分增加至120分，在基础课程100分的基础上增加了拓展课程的20分，其中有10分的竞赛分值作为附加分，是赋予积极参加校内外体育比赛的学生的奖励。在评价等级的标准（优秀为90分及以上，良好为80分及以上，及格为60分及以上）不变的情况下，有利于学生提升期末综合评价等级。附加分的实行对实现体育课程目标具有激励作用，落实新课程标准中的"教会、勤练、常赛"要求，坚持课内外有机结合，鼓励学生巩固和运用所学体育知识和技能，积极参与校内外体育展示和比赛。整个的评价内容也由单一的对运动技术的评价，转向对身体素质、运动技术、认知水平、情感态度价值观的评价。

为了使学生了解评价中附加分项，针对六年级 186 名学生进行了关于体育学科期末考查评价实施附加分的问卷调查，共 183 名学生参与，答卷率达 98.4%。86.9% 的学生认为期末考核增加附加分可以使平时积极参加体育竞赛得到认可，66.1% 的学生认为可以提高体育课期末成绩，69.9% 的学生认为可以提升综合评价等级。实行附加分，有 86% 的学生表示会充分发挥学习的主动性，养成良好的学习习惯，80.1% 的学生认为调动了学习的积极性，激发出自身潜能，80.1% 的学生觉得能够不断充实自我，完成自我成长，也有 14.5% 的学生表示不适应新制度，会造成心理压力。70.96% 的学生对期末学期质量评价增加附加分非常满意，认为对提高自身成绩帮助很大。由此可见，附加分的实施得到了学生们的普遍认可，并且极大地促进学生积极参与校内外各项体育比赛活动。

四、考核办法和要求

（一）考核时间

由体育教研组组织各体育运动项目按照教学计划实施。

（二）考核成绩

采取百分制形式评定后，由各体育运动项目组织任课教师录入成绩。同时，做好体育课程项目考核记录备案。

（三）课程缓考

学生须本人提交申请，由医院出具相关证明（因伤、病缓考学生），经所任课老师批准后，统一提交给体育教研组审核后方可缓考，并报教学部门备案。

（四）课程补考

体育课程考核成绩不及格者，须由所选修项目组进行补考，并报体育教研组备案。

第四节　体育行为习惯培养

体育学科课程的实施之所以能够顺利进行得益于学生良好体育行为习惯的培养。培养学生良好的行为习惯，对提高课堂教学效果，培养学生终身体育能力，促进学生身心健康发展有着重要的意义。小学阶段是人的成长的起步阶段，也是人的基础素质形成的开始阶段，特别是一年级学生，处在一个重要的转折和适应时期，因此学校非常重视培养学生尤其是一年级学生良好的课堂行为习惯。

一、学生养成良好体育行为习惯的意义

习惯是长时期逐渐养成的，一时不容易改变的行为倾向或社会风尚。学生要养成的良好习惯涉及方方面面，只有在良好的行为习惯的保证下，学生才能学会遵守规则、学会学习生活、学会与人交流合作。《义务教育体育与健康课程标准（2022年版）》对学生提出要求，要更好地适应社会生活和学习的需要，而良好的行为习惯是学生形成健全人格的基础，习惯的养成对于儿童的一生至关重要。因此，学校教育和体育教育在学生日常行为习惯的养成中扮演着非常重要的角色。

体育是一项将身体活动和大脑思考相结合的学科，学生既有身体活动，又有心理活动和认识活动，这种身心统一的实践过程，是体育教育区别于其他学科的最大优势。同时体育教学多在户外特定环境下进行，学生们接触自然，适应不同环境、气候、场地的变化，以及通过运动带来的身体负荷和本体感受，达到增强体质、提高健康水平的目的，同时也是培养意志品质、认识自我的过程。

养成良好的体育行为习惯不仅有利于学生身心发展，使学生有一种阳光、向上的外在表现，更能将这种习惯渗透到日常学习生活中，使学生能够以一种阳光健康的状态迎接每一天。为此，我校充分利用朝阳区体育学科学习习惯来约束学生（见表19），从而提高体育学习的效率。

表 19　小学体育学科学习习惯评价

项目	要素	水平描述
健康运动	仪容仪表	穿合身运动服、运动鞋上体育课；不戴帽子、围巾、手套等参与体育活动（特殊课型除外）；不随身携带与课堂无关、危险的用品，并能监督提示其他同学等
	热身放松	在进行运动前，能跟随教师或体育委员认真做好准备活动；基本活动后能跟随教师做相应的放松活动，调整身心
遵规守纪	出勤	上课铃响后，准时到位，站队快、静、齐；见习生提前向教师请假，见习生不能超过10%
	比赛	按照比赛或游戏的规则与要求进行练习，运动中不开玩笑、不嬉戏打闹，服从指挥
自主练习	倾听、观察	倾听教师讲解，观察教师或他人示范，提出或回答与之相关的问题
	练习	按照技能形成的规律，自觉、尽力地完成每一次练习任务

项目	要素	水平描述
合作互助	合作	为完成练习任务，能够主动与他人共同参与、合作练习，并有主动谦让和胜不骄、败不馁的表现
	互助	练习中，为组员或他人提供保护和帮助；乐于接受他人的帮助
养护、安全	运动卫生	运动中身体出现不适或伤病马上通知老师；活动后不用脏手乱涂乱摸
	场地、器材	按教师指定的场地位置进行活动；无教师指导，不随便动用操场上的器械和器材；取放器材时，不哄抢、不乱扔

二、一年级学生体育行为习惯的重要性

在小学六年的学习生涯中，对一年级学生进行体育行为习惯的培养尤为重要。一年级学生正处于埃里克森所提出的人格发展八阶段理论中第三阶段（学前期3—6、7岁）的后期与第四阶段（学龄期6、7—12岁）初期的交界处，两种阶段间良好的转化尤其重要。第三阶段儿童能进行各种具体的运动神经活动，感官和肌肉活动更加精确，语言表达变得灵活，想象力变得丰富，更易于对世界产生好奇，这些使儿童萌发出各种思想、行为和幻想，并且更善于模仿。他们开始逐渐把活动范围拓展到家庭之外，出于自我利益和好奇心的驱动，探索他们能成为什么人，但与之相矛盾的是，在这一阶段的主动探索中他们受到了各种各样的限制，所以儿童要探索哪些是被允许的，哪些是不允许的。这时家长的反应至关重要，如果儿童在探索中提出各种各样天真幼稚的问题得到了大人耐心且正向的解答，那么儿童在产生愉快情绪后会更加积极主动地探索周边环境，发挥出一种内在的潜力；相反如果大人对儿童天真的自我探索采取否定、嘲笑或漠视，就会使儿童产生一种内疚感和挫败感，从而不利于主动性的进一步发展，甚至止步不前。通常，主动性胜过内疚性的儿童更富有正视价值目标的勇气和进取心，也正因为这种勇气，打破了儿童对失败和挫折的恐惧。所以，学生以什么样的状态进入第四阶段（学龄期）会对其今后发展产生长远的影响。

第四阶段学生正式进入学龄期，这一阶段学校是学生掌握生活必备知识和技能以及适应社会最关键的地方。对他们产生影响最大的已经从父母转变为学校的老师、同学及同伴，这个时期的核心任务就是接受教育、学习，同时建立勤奋感，克服自卑感，培养求学做事、待人接物的基本能力。埃里克森认为，儿童在这一阶段所学的最重要课程是"体验以稳定的注意和孜孜不倦的勤奋来完成工作的乐趣"。如果他们能顺利地完成学习课程，他们就会获得勤奋感，

这使他们在今后的独立生活和承担工作任务中充满信心。反之，就会产生自卑，会形成对成为一个有用的社会成员的丧失感。在此阶段的教育培养上，主要任务就是帮助学生形成良好的学习习惯，使学生感受学习的乐趣，培养学生的专注力，让学生能定下来学习，获得知识，由此也获得同伴和教师的认可，相互促进，良好的行为习惯是打开这一切的钥匙。

三、一年级体育行为习惯培养

（一）充分使用体育课堂主阵地

一年级学生刚刚从幼儿园步入小学，对各种事物充满新鲜感，部分学生还会有一定抵触情绪，对新老师有一种距离感。在体育的认知上对规范的体育课堂概念模糊不清，大多将体育课堂理解为一个"玩"字，没有正确的课堂行为意识，注意力集中时间不长，大多也不会掩饰自己的情绪，控制自己的肢体，但对教师的依赖性很强，希望得到教师的认可和表扬。所以教师需要充分把握一年级学生的心理特征，将正向的、可强化的特征放大并灵活运用；将负面的、不利于学生行为习惯养成的部分加以遏制。

1.严格要求，尊重课堂。

没有规矩，不成方圆，一旦制订要求就一定要严格执行，教师首先要让学生意识到体育课堂并不是儿戏，遵守课堂常规是上好体育课的第一步。主要要求有：课前穿好运动服或校服、运动鞋，检查衣服裤兜，不携带与体育课堂无关的物品，禁止穿皮鞋、凉鞋等不方便活动的鞋子；集合快、静、齐，不推不挤，互相礼让；教师说话时保持安静，有问题先举手；一切行动听指挥，未经教师允许不乱动器材；友善待人讲文明。每节课检查学生落实课堂常规要求情况，及时对学生的表现做出评价，不断强化学生规则意识，帮助其树立良好的课堂行为习惯。

2.语言艺术，直观感受。

对于一年级新生来说，他们对小学的学习环境、学习内容等都存在极大的不适应，但对新事物又充满着好奇，尤其在户外的体育课堂中不知该如何做。教师要设身处地地站在学生的角度，从学生的实际情况出发，凝练语言艺术，多创设情境教学，将学生带入他们喜欢的情境；同时练习内容安排循序渐进，步步走稳走实，例如在课堂上利用直观的标志物或标志点帮助学生找到自己的位置；集体练习时先进行一组的练习，明确提出要求，强化学生对动作的认识，再过渡到多组同时进行等。

3. 安全教育，责任意识。

《义务教育体育与健康课程标准（2022年版）》提出体育教学要坚持"健康第一"教育理念，引导学生形成健康与安全的意识及良好的生活方式。由于体育课堂是在室外进行且学生以身体活动为主，这就对体育课堂的安全性提出了严格的要求。首先，做好安全保障工作，学期开始前请学生家长详细填写身体状况调查表，充分了解学生们的身体状况，对于有病史或因自身特殊原因无法进行运动的学生进行深层次了解，合理安排这类学生的体育教学内容，防止在课堂中出现病症或事故；定期组织检查维护器材，并在课前反复检查场地和器材的安全性，如有安全隐患及时排除。其次，不仅限于体育课堂，在日常活动中对学生充分地渗透安全教育，对学生提出"爱自己、爱同学"，让学生在重视自身安全的同时，也树立将他人的安全放在心上的责任意识。最后，充分发挥体育课堂自护自救教育的功能，利用教学内容和各式器材对学生进行安全自护的模拟课堂，利用情境的创设和游戏教学，发挥学生自身能动性，进行自救自护的实践。其实在体育课中，体育教师们无时无刻不在对学生在自我保护方面进行渗透教育，一年级学生年龄尚小，无法快速全面地意识到安全与责任意识的重要性，所以教师要把握每一个课堂中出现的教育契机，这样才能潜移默化地将自我保护与责任意识烙印在学生心中。

4. 兴趣培养，游戏教学。

兴趣是最好的老师，学校体育课程是培养学生终身体育锻炼的基础，一年级的体育课是学生终身体育的入门阶段，故把握好此阶段，激发学生的运动兴趣，学生才能在今后更加自主、积极地进行体育锻炼并且乐在其中。爱玩是孩子的天性，在一年级的体育教学中，将教材的内容生动化，将体育游戏渗透到教材中，在满足学生爱玩需求的同时，突破了学生注意力无法长时间集中、容易练习疲劳的限制，也完成了相应的教学内容。除此之外，体育游戏不仅能发展基本体育技能，还能促进智力、发展思维，竞赛类游戏还具有一定的竞争性，学生能够在竞争的环境下发展心智，磨炼自我；团队类游戏中学生能够与同伴相互配合，有利于团队意识的萌发……培养一名学生良好体育习惯的道路是漫长的，而游戏教学可以在学校体育的启蒙阶段为学生奠定快乐、幸福的基调，对培养学生终身体育兴趣也具有巨大的推动作用。

5. 言传身教，行为示范。

在学生求学的道路上，教师作为最重要的引路角色，其一言一行无时无刻不在刺激着学生的感官，并成为他们效仿的对象，这一点在体育教学上更是体现得格外突出。对于一年级学生来说，体育教师的言行举止影响他们认识体育的第一印象，所以体育教师要将体育最阳光、最有正能量的一面展示给学生，激发学生对体育的热情。体育教师的言传身教要渗透到每一个教学步骤中，言传主要指教师口头的表述，在体育教学过程中，教师的"教"要充分落实到学生的"学"和"练"上，更多的时间应该交给学生，因为学生自主的身体练习是教师无法代行的，这也决定了体育教师的语言应该以精讲多练为核心；身教则是通过教师的体态、神情、示范动作等更直观的方式，给予学生感官上的直接冲击，教师专业、潇洒的示范动作以及自信阳光的教学神态，会在刚入学的一年级学生心中埋下一颗积极的种子，学生会把这种崇拜化作学习体育的动力，更加主动地参与到练习中，逐渐爱上体育。

6. 及时评价、表扬激励。

"以人为本"的教育观要求在体育教学中应以学生为主体，也意味着体育课堂须营造一种和谐的师生关系。根据埃里克森的人格发展阶段理论，第四阶段学龄期的学生渴望教师的肯定与鼓励，从而养成一种"勤奋感"，帮助他们更快地适应校园生活，持续且稳定地进步。在一年级的体育课堂中，教师对学生的评价不仅能够鼓励学生、沟通师生间的感情，还能帮助学生正确认识自我，帮助他们朝着更加积极、健康的方向发展。在对学生的评价中，应遵循以表扬为主的评价体系，采用多样的评价方法，不吝啬表扬，但要具有合理性、公平性，除口头表扬评价外，教师还可以采用集体激励、小标兵、设置多种奖项等方式激励学生。教师要葆有一颗仁爱之心，对于后进生，要多关注细节，善于挖掘他们身上的闪光点，也许一点不经意的关怀与鼓励，就能拨动学生的心弦，进入他们的内心，一点点爱的能量汇集到一起，就可能端正他们的生活学习态度，甚至改变他们的人生。如果说培养学生良好体育行为习惯是"随风潜入夜，润物细无声"的过程，那么教师的评价与鼓励就像滋润万物的春雨，激励学生自信、健康地成长。

（二）充分把握体育课间操时间

在学校体育中，课间操是课外体育活动重要的组成部分，也是充分展现校园体育文化的平台，既能帮助学生从文化课的紧绷、疲劳状态中恢复过来，又可以通过这种大集体同时进行锻炼的体育活动方式来激发一所学校学生的精神风貌，而良好的体育行为习惯在这种精神风貌的展示中就显得尤其重要。

一年级学生刚刚入学，考虑到学生无法快速融入学校传统体育课间操的项目中，且暂时不能满足课间操的要求与规范，故一年级学生会在其他时间段单独进行体育课间操，配合体育课堂的教学进行有针对性的体育行为习惯培养。一年级的课间操行为习惯培养主要包含两个核心原则：（1）强化环境对教育的作用，提升学生自我约束能力。环境对教育的影响是巨大的，课间操的氛围对学生在潜移默化中强化规则意识以及自我约束能力有着巨大影响。在体育教师的引导以及各班班主任协助配合下，逐渐地，学生们会开始端正课间操态度，同时将这种积极的态度转化为一种自我约束，主动地去压制自身的不良习惯，同时在动作规范和反应能力上有所提高。而这种自我约束一旦成为大多数学生共同的课间操行为模式后，另外一部分学生也会通过暗示、模仿、从众等心理，对自己的行为进行内化与调整，达到个体与集体初步的协同，这也是学生课间操行为规范意识的觉醒。好习惯的养成不在一朝一夕，在之后的课间操活动中，教师也会继续落实与强调相关行为习惯与要求，逐渐帮助学生们完成从被动约束到自觉遵守的转化。（2）巧用鼓励机制，善用游戏带动学生。如果说在体育课堂中教师对学生的表扬是对个人意志的提升，那么课间操中体育教师更多是对班级整体状况提出表扬，这不仅能激发班级中每名同学课间操练习的内驱力，对班集体建设方面有一定积极影响，同时教师的表扬对其他班学生也有着刺激作用，所以适时地表扬与赞美对于良好的课间操氛围有着推动与强化的功能。另外体育教师在体育课间操中依然要充分遵循学生心理发展特点，过多的规则、规范的限制会使一年级学生产生疲惫与抗拒的心态，注意力也不宜长时间集中。适时开展简单、多样的小游戏，让学生充分释放天性，能够在有效消除学生前一阶段练习所产生怠惰情绪的同时，对学生下一阶段练习的积极性和主动性进行恢复和补充。

在一年级具备了基本的体育行为规范后，可以参与到全校的体育课间操中进行正常多样的课间操活动。

（三）合理安排课后体育活动时间

一年级学生的体育行为习惯培养不仅仅体现在学校的体育课堂和体育课间操中，随着近年来"双减"政策的落地，对于课后"多出来的时间"，体育锻炼成为主流选择之一。一年级在保证每日体育课时的基础上，在课后服务时间为学生提供了丰富多彩的体育社团活动，其中游泳、啦啦操、女篮、冰球等项目都是一年级学生可选的课程，拓宽了学生参与体育锻炼的平台。

在校领导们与体育组教师们的通力合作开发下，学校线上学习平台开发了运动健康助手板块，其目的是通过运动助手功能，让学生自主选择运动项目进行课后自主练习，采取视频、照片、语音的形式参与体育运动，逐渐养成坚持锻炼的好习惯。这种独特的课后锻炼模式也成为学校体育特色文化的重要组成部分之一，其独特的积分统计系统、运动评级机制和奖章鼓励机制充分给予学生锻炼打卡的动力。体育教师与各班班主任协调配合，针对一年级学生打卡情况，及时地进行数据上的反馈，根据各班不同班级特色设置诸如"打卡小能手""运动小标兵"等奖状与称号，每月运动助手打卡积分前列的同学也会在升旗仪式上登台亮相领奖，收获坚持结出的果实……一年级体育习惯的养成任重而道远，我们希望通过这种方式引导学生慢慢将体育锻炼的行为内化于心，让运动成为生命中的日常，用健康的身体、强健的体魄为学生今后的幸福人生奠基。

四、一年级体育行为习惯展示活动

通过课堂教学和课间操两种途径，对一年级新生进行为期一个月的体育行为习惯培养，之后会举行一年级体育行为习惯汇报展示活动，这也是历届一年级学生必须经历的考验。对于一年级新生来说，经过开学以来的训练，他们已经形成了良好体育行为习惯的雏形，同时能够运用正确的行为习惯规范自己的学习生活。汇报时我们会邀请学生家长观看展示活动，共同见证学生的成长与蜕变。展示的内容有基本队列和拍手操两部分，基本队列包含站姿、集合、解散、稍息、立正、向右看齐、向前看齐、蹲下、起立、两面转法、原地踏步走、立定。拍手操选用一年级教材内容并进行适当调整。通过汇报展示活动，学生学会了用纪律来约束自己，用修养来规范自己，同时培养了他们集体荣誉感、团结协作及锐意进取的精神。家长也充分认识到习惯养成的重要性，从而自然而然地配合学校从行动上落实好一切教育措施。

一年级体育习惯展示绝不是学生行为习惯培养的终点，而是一个新的起点，我们由衷地希望，学生能够将良好的体育行为习惯内化于心、外化于行，让终身体育伴随孩子的一生，让体育之花在生命中的每个角落绽放！

第七章　课外体育

第一节　早锻炼

随着新课程改革的稳步推进以及素质教育的全面施行，对学生身体素质的培养和锻炼引起了广泛的关注。通过早锻炼活动的开展，不但能有效提高学生身体素质水平，还能培养学生的进取心，帮助学生战胜懒惰、畏难的心理。我校师生全面地认识早锻炼对强身健体、培养情操、弘扬民族精神、启迪智慧的重要作用，认识早锻炼工作对全面贯彻党的教育方针、提升青少年全面素质和展示民族精神风貌的重要意义。我校根据实际情况，体育组牵头，各负责部门共同行动，推动和完善学生早锻炼活动，共同完成校园体育文化构建的重要工作。

一、早锻炼开展的起源

我校具有招收寄宿制学生的资格，第一批住宿生源于 2002 年入学的一年级新生。学校关注住宿生的身心健康，学生在 6：00 起床后，于 6：30 左右陆续到操场进行早间活动，一天美好的学习生活从清晨开始。早间活动内容以走走队，跑跑步为主，目的让学生逐渐振奋精神，培养团队意识，有序地开始一天的学习生活。

早间活动逐渐引起体育教师的注意，并主动跟随学生进行活动，同时自觉参与到住宿学生的管理和组织工作中，起到辅助作用。一开始人员不多，学生和教师也属于自娱自乐。随着住宿年级的逐渐增加，住宿生人数随之增多，从人员数量和活动程度方面已经形成了一定规模，随之影响着更多教师和走读学生。陆续有更多的教师参与到早间活动中，一部分走读生也陆续在入校后自发地进行早间活动，并把早间活动延伸到 7：30 左右。教师们达成共识，把这个时间段的活动称为早锻炼，形成了早间活动最早的雏形。

二、开展早锻炼的作用

一年之计在于春，一天之计在于晨。早晨空气清新，参加早锻炼有利于增强抵抗力，有助于加强血管、呼吸、神经、肌肉等组织的适应能力；也有助于提高调节体温的能力，提高小学生适应环境的能力。据调查，经常参加锻炼的儿童上呼吸道感染等疾病的发病率明显降低，也印证了那句古语：生命在于运动。

我校的早锻炼不仅有以上作用，同时也更好地营造了体育活动氛围，为培养学生终身体育的意识起到了推动作用。

三、早锻炼的规范与发展

早锻炼的益处毋庸置疑，如何更有效发挥早锻炼给师生带来的健康促进作用，就需要有相应的规范和制度进行管理与保护。如此，不仅能让早锻炼体现出自身优势，而且明确相应的管理责任，维护锻炼空间和时间，能够避免出现安全等问题，让早锻炼形成可持续的良性发展。

（一）建立制度

有了制度的保障，才能让早锻炼更加持久、有效。体育组教师主动承担工作，在体育组教师的牵头下，于2003年9月制定了《朝阳区实验小学学生早锻炼实施办法（试行）》。主要内容如下：

1. 学生早锻炼由体育组组织实施，其他各部门协助配合，体育教师负责每天组织练习和管理工作，其他部门督促管理。

2. 学生自愿参与早锻炼，教师可以加强教育引导，提高学生参与早锻炼的主动性。

3. 早锻炼时间为：周一至周五早7：00—7：30。

4. 以班级为单位，由任课体育教师组织活动，并记录考勤。

5. 未尽事宜，由体育组进行解释。

《朝阳区实验小学学生早锻炼实施办法》对学生进行早锻炼提供了保障，使早锻炼由原来的学生个人自发行为转变成学校集体行为，这其中蕴含了学校领导、体育教师对学生体育锻炼的重视，也在当时形成了对学生课外体育锻炼时间的补充。

2004年8月29日，全国高校体育工作座谈会上提出了学生"每天锻炼一小时、健康工作五十年、幸福生活一辈子"的健身要求。2007 年 4 月 23 日，中共中央政治局会议上专门强调，广大青少年身心健康、体魄强健、意志坚强、充满活力，是一个民族旺盛生命力的体现，是社会文明进步的标志。这说明青少年的健康是建设祖国、振兴民族、家庭幸福的需要。这两条指导意见充分说明了要加强青少年体育锻炼。因此，在现在看来，当年我校开设的早锻炼是一项特别超前的举措。

（二）健全机制

早锻炼开展之初，还存在着相关制度不完善、人本意识不强的问题。学校意识到，在制度建立的同时，还要通过健全机制来促进师生的参与，加强学练环境的营造以及相关氛围的营造。充分地调动学生的自觉性、自主性和积极性，让学生全身心地投入早锻炼中去，使早锻炼收到良好的效果。

1. 带动机制。

要提高学生早锻炼积极性，使学生从思想上认可并参与早锻炼，就需要有带动。俗话说，言传身教。体育教师积极参与到早锻炼中，一方面形成带头引领作用，另一方面进行监控和调整，同时对体育教师的事业心培养也有一定作用。体育教师为早锻炼的开展不遗余力，在早锻炼过程中起到了先遣队和主力军的作用，并在之后形成了体育教师每天 7 点就站到操场上带领学生们进行活动的惯例，一坚持就是十几年，真正体现了体育教师的担当与奉献。

2. 倡议机制。

为了让更多学生和家长知道、参与到早锻炼的活动中，营造更好的早锻炼氛围，体育组拟出参与早锻炼倡议，原文如下。

倡议书

敬爱的家长您好：

首先预祝您在 2004 年下半年身体健康，事事顺心！为了孩子的身体健康，促进孩子养成终身体育的意识，学校计划开展学生早锻炼活动。早锻炼时间为 7：00—7：30，希望您能配合学校共同提高孩子的身体素质。如果由于家距离学校较远等原因，不能参与，我们会尽量利用其他时间多加强孩子的锻炼。如果孩子在家吃过早饭后到校，我们会在早锻炼中安排一些静力性练习。总之，我们是从孩子的身体与健康角度出发，现需对孩子能否参与早锻炼进行一个初步的了解，在此感谢您对我们工作的支持，也祝您工作顺利！

朝阳区实验小学体育组

2004.9.21

回　执

同学能（否）参加早锻炼。

如能参加，是否有特殊因素（如在家吃早饭），请注明：

如不能参加，请注明原因：

家长签字：

日　　期：

从早锻炼倡议书中也能感受到教师的细致和真正以学生身心健康为出发点开展早锻炼，不是一味地一刀切，而是根据实际情况，安排学生早锻炼的时间长度和内容。对于心态积极却因为实际困难不能参与早锻炼的学生，教师也要尽可能维护孩子的积极性和进取心，通过采取不同时间和形式进行锻炼，培养孩子的健康身心，同时也促进孩子的集体荣誉感。体育教师和班主任进行工作上的沟通，力争让越来越多的孩子都参与到早锻炼中，成为全校师生共同的活动，形成真正有实效性的倡导。

3. 协同机制。

早锻炼工作虽由体育组牵头，但也是需要多方面合力的。首先是校领导的重视，领导带头进行早锻炼，能够起到推动作用。在体育教师进行组织管理的同时，需要班主任进行引导和监督，各年级每天至少有一名教师参与到早锻炼中。德育部门等利用板报等宣传方式大力宣传早锻炼活动的目的、意义及锻炼身体的重要性、必要性，对学生每天早锻炼情况进行及时报道，同时进行"优秀班级""优秀个人"评比活动，并将各班级学生参加早锻炼活动情况作为"优秀班级""优秀个人"评比的一项重要内容，从而调动广大学生的积极性，提高早锻炼的出勤率。

短短半小时的锻炼时间，教师们贡献智慧，齐心协力，为孩子们搭建活动的广阔空间，就算在寒冬，清晨的操场也依旧洋溢着孩子们富有激情的声音。

4. 服务机制。

早锻炼的组织与管理只靠教师是不够的，还需要在学生内部形成动力，形成不断燃烧的火苗。体育骨干、学生干部等在早锻炼活动中是一股重要的核心力量。

虽然早锻炼内容、形式的多样，给管理工作增加了难度，但是这些体育骨干和学生干部也有了发挥自身主动性和特长的平台。这些学生不仅具备良好的身体素质和运动技能，更主要是有着对运动的无限热爱和兴趣。有了这些同学，就好比星星之火，带动更多学生热爱体育锻炼。

在早锻炼活动中，这些同学不仅不断增加自信心和荣誉感，也提升了组织能力和领导能力。通过不断培养、更换小干部，使得更多的学生都能体验，形成持续性的服务意识。

（三）规范内容

内容设置是早锻炼的基础和核心。对于小学生来说，丰富多彩的活动内容更受他们喜爱。那么，如何在早锻炼中形成有效的锻炼，并能吸引学生持续参与呢？给学生一个球，让他们去玩吧，竞争和合作会给予学生们动力。以这个思路为出发点，同时考虑学生年龄特点、个体差异、天气和场地、器材的运用、安全保障等多方面因素，按时间由远至近归纳总结出以下四点。

1.集体跑步与个人跑步相结合。

最初的早锻炼主要是以走、跑为主，集体跑步与个人跑步相结合。以培养学生锻炼习惯、团队意识和集体荣誉感为出发点，主要采用集体跑步方式进行锻炼。这一方式能促进学生安全意识的建立，同时也是组织教学中"收与放"之中的"收"。在这一保障的前提下，才能有"放"：对于参与早锻炼时间长、次数多的学生，在适当的条件下，根据自身体能状况调整为个人跑。个人跑过程中，学生就会三个一群、两个一伙自发地进行比赛，促进了学生竞争意识，激发了学生的拼搏精神，是对学生特别有益的德育教育。同时，通过跑还培养了学生速度、灵敏度、自我调整的能力。

2.个人跳绳与多人跳绳相结合。

跳绳是有助于调动全身肌肉参与，发展协调性、灵敏性的一种锻炼方式。简单、易开展，同时是一年四季都适合开展的体育项目。学生从一年级入学，就需要学习最简单的并脚单摇跳绳。一分钟跳绳项目作为全国学生体质测试项目中最重要的项目之一，是了解学生体质的重要指标之一，1—6 年级每学年第一学期都要进行测试。

我校在早锻炼时进行跳绳练习，是对学生跳绳能力的巩固与持续发展，是培养学生形成运动意识的有效方法。个人可以进行单摇并脚跳绳、单摇交换跳、双摇跳绳，也可以进行编花跳绳，脚步变化跳绳等。随着学生跳绳水平的逐渐提高，作为对花样跳绳选修课学习内容的巩固、对跳绳内容的丰富，逐渐拓展双人一带一跳绳、双人花式跳绳、多人跳长绳等形式，有助于培养学生合作意识和团队意识，树立良好的精神风貌。

早锻炼开展跳绳活动，不单单是对学生身体素质的长期、持续性的巩固和提升，也给予了学生从小锻炼的方法，更是为选修课和跳绳社团活动奠定基础。学生在练习的过程中会融入与之相关的不同层面和形式的比赛项目，成为活动持续的动力。

3. 小型游戏与球类活动相结合。

对于经常参加早锻炼的同学，跑步和跳绳已经不能满足他们的需求和兴趣，同时中高年级的学生希望有更丰富的活动可以参与，由此逐渐根据学生的年龄特点和水平丰富了活动内容。1—3年级安排小型体育游戏，对于人数和规则没有特别严格的要求，简单易操作，可以自行结伴活动，例如徒手类游戏：老鹰捉小鸡、木头人、跳房子；包类游戏：砍包、夹包等。4—6年级多以竞争类和团队协作类的活动为主，如篮球、足球、排球等，学生能够建立更强的规则意识，培养安全能力。

这些小型游戏和运动项目丰富了早锻炼的内容，提升了学生对早锻炼参与的兴趣，并进一步提升了早锻炼的品质与内涵，为学生的体质健康奠定了坚实的基础。

4. 专项活动与社团练习相结合。

随着时间的推移，学生们逐渐找到早锻炼中自己喜爱的项目和具有优势的项目。最初早锻炼主要作用是引导和激励，现在已经远高于这个层次，这也给学生和老师带来了充分的拓展空间，老师可以根据孩子的特点和能力安排活动。此外，根据课程和社团活动，逐渐衍生出了早锻炼时间段的专项社团训练，让体育特长生有更充分的锻炼时间。

早锻炼增加了学生活动的时间，通过持续的活动，学生的身体素质必然会有所改善，从而建立更强的自信心。在此基础上组织一些健身性、娱乐性、群众性的竞赛活动，也对社团活动起到了有力的支持和补充，拓展了早锻炼的功能。学生在训练和比赛中培养了体育兴趣、锻炼了体育能力、养成了锻炼习惯、交流了情感、增进了友谊、身心得到了锻炼、品质得到了磨炼。早锻炼也逐渐形成一种氛围，一种文化。

四、早锻炼的形式转换

形式是为内容服务的，为了让学生保持活动兴趣，根据学校工作侧重点、季节、学生情况、场地设置，结合内容拓展不同形式，归纳为以下四个方面。

（一）集体练习与分散练习转换

小学阶段强调组织教学，也就是先有组织、再有教学，为了便于统一管理，建立统一正确的方法和习惯，有组织的练习一般形成集体性练习。学生通过持续一段时间的组织活动，对于方法流程都比较清楚，对技能的掌握也比较熟练，同时学生也因个体情况，逐渐形成了差异，此时可以将集体练习形式转变为分散练习，可同质结合也可以异质结合，促进了学生之间的交流和互助。持续一段时间后，可以开展相应的竞赛，促进运动技能的运用，形成能力的提升。学生的练习形式在集体练习和分散练习之间不停转变，从而达到持续活动的目的。

（二）夏季练习与冬季练习转换

北京的夏季和冬季气候变化还是非常明显的。夏季气候炎热，多以小范围移动和无氧练习为主要练习形式，来提升学生的灵敏、协调、力量。冬天气候寒冷，多以大范围移动和有氧练习为主，主要提升学生的耐力、体能，同时培养学生"冬练三九、夏练三伏"的意志品质。

（三）安静环境与配乐环境转换

通常情况下活动是在安静的环境下开展的，有利于学生活动的组织以及学生注意力的集中。在特定的环境下，可以通过有声配合开展早锻炼活动，比如播放节奏鲜明、富有朝气的轻快乐曲，来进行跑步和健身操的练习。音乐对学生形成听觉刺激，同学们的锻炼激情被充分地激发出来。对于啦啦操、武术等专项活动，音乐的作用尤为重要。

（四）练习与竞赛形式转换

在新课程标准下，以素质教育为指导，强调学、练、赛环节，构建新的早锻炼模式，不仅进行学习和练习，同时也要通过竞赛让学生学会技能、培养能力，增强体质，树立终身体育思想，使早锻炼成为学校亮丽的风景线。

五、早锻炼的未来趋势

学校早锻炼是贯彻落实素质教育和教育部提出的"每天锻炼一小时"的阳光体育工程要求的重要途径。我校的早锻炼至今开展了18年之久，已经成为校园文化中尤为重要的一点。

综上所述，小学生经常参加早锻炼，对他们身体的生长发育、对各个器官系统的生理机能的提高、对身体素质和基本运动能力的发展以及对提高适应外界环境的能力和心理健康水平等方面，都具有积极的作用。在理念指导、机制保障、内容创新、形式拓展的基础上，我校的早锻炼活动还会继续为学生的身心健康和体质健康服务，贯彻落实健康第一的指导思想，发挥特有的实效功能。

第二节 课间操

课间操作为学校体育教学的补充和延伸，是学校体育工作的环节之一。是学生紧张学习之中每天必须参与的一项积极性体育活动，同时也是校园体育文化建设的重要内容和综合反映。而课间操的管理质量，直接反映出一个学校的管理水平和师生的精神面貌。课间操既是锻炼身体的过程，也是一个教育过程，内含很多德育成分，既需要抓思想政治教育，也需要抓校风学风的建设。对学生课间操进行全面的科学化管理，需要体育教师、班主任和全校师生的积极配合。

教育家陶西平曾经有这么一段交流："一位校长问我，假如只给你半小时参观一所学校，你又想对这所学校的情况有一个基本的了解，你该用这半小时做些什么？我想了想对他说，我不会把时间用来听学校的汇报，仅有的一点时间也不可能进课堂去听一节课。所以，我会用来做四件事：第一，检查一下这所学校的窗户玻璃；第二，看一下学生的厕所；第三，去看学生做课间操；第四，听全校学生合唱一首歌。因为我想，只要学校不是事先花了很多时间进行准备的话，做了这四件事以后，大概可以对这所学校的办学水平有一个初步但不失为准确的判断。"

从陶西平的话语中可以判断课间操对一个学校的重要性。一所学校的课间操，是这所学校每天都要进行的全校性集体活动，做操的情况可以充分反映这所学校的精神面貌。一是从学生做操的情况，可以看出学校安排的一日生活和学习能不能使学生保持良好的体力、精力。二是学生能不能在运动中展现健美的体态、协调的身姿。三是学生集体精神面貌是不是朝气蓬勃，奋发向上。可见，课间操在学校体育教学中占有重要地位。那么，我们从实际角度出发，来客观地分析一下课间操。

一、课间操具有的优势以及在发展中凸显的问题

（一）课间操具有的优势

"课间操"一词是在 1936 年首次出现在我国官方文件中。它是规定学生在课间休息必须参加的体育活动，以广播体操为主要形式与内容，对学生的身体健康有积极影响。

课间操能够全面锻炼学生身体的各个部位，特别是对小肌群和关节、韧带的锻炼，以发展协调、柔韧等素质，培养身体正确姿态。课间操在体育教学中一般都是集体进行的，做操队形整齐，可以对学生进行遵守纪律和集体主义的教育。制订必要的规章制度往往对创设一种心理环境能起到促进作用，它有助于学校全体成员由被动到自觉、由少数到多数，主动积极地参与课间身体锻炼实践，形成稳固的课间操锻炼习惯。

（二）课间操发展中凸显的问题

1. 教师自身对学生体质健康的责任意识不足。

对于学生来说，升学压力大、睡眠不足正成为影响他们身心健康的重要因素；生活水平的普遍改善，热量、脂肪等摄入过多及食物结构的不尽合理，加之沉重的课业压力使得学生余暇锻炼时间减少，导致肺活量测试呈现下降趋势；超重及肥胖学生明显增多，已成为全社会学生重要的健康问题。

而在社会和学校中，很多人的观念没有及时转变和更新，依然认为这单单是体育教师所要解决的问题，忽视了这是社会问题，需要社会、家长、全体教师、学生一起来解决，无形中导致课间操中出现的隐匿问题。

很多教师对学生身体健康关注的不足和缺失无形中导致教师忽视了在课间操中应发挥的作用，导致对学生在课间操活动的带动和监控不足。当然，此问题是近 20 年前出现的意识观念问题，现如今已经有很大的改观。我校的每一位教师如今都很关注学生体质健康状况。

2. 学生锻炼积极性不足。

全国中小学生广播体操分别在 1998 年、2002 年、2008 年推出了三套。第一套没有名字，第二套分别是《雏鹰起飞》《初升的太阳》，第三套分别是《七彩阳光》《希望风帆》。

广播体操是一种徒手操，不用器械，只要有场地就可以开展，通常跟随广播进行锻炼，也可以用口令指挥节奏。

随着社会的飞速发展,多元化的事物不断吸引着学生们的好奇心和求知欲。相对而言,课间操的内容基本上是一成不变的,就算是引入自编韵律绳操、武术操等内容,依旧离不开做操,而且国家规定的两套广播操是必做内容。我校学生整体素质较高,见多识广,随着教育改革的发展,更习惯追寻新生事物,长此以往进行广播操练习,会导致学生对做操失去兴趣,以至于广播体操实际锻炼效果不明显。

3. 运动负荷不足。

第二套与第三套全国中小学生广播体操的创编都以发展学生身体素质、提升学生的健康为目的,每一套广播体操的动作中都包含了主动发力肌群、协助锻炼肌群和被拉伸肌群,动作具有全面锻炼身体素质的效果。

经调查研究,全国中小学生广播体操的目标心率平均每分钟在130—150次之间,属于中等偏上的运动负荷。但在实际操作层面中,学生在练习时兴趣度不高,致使学生运动效果有差异,从而影响整体运动负荷,达不到应有的运动效果。因此,这也成为之后进行课间操改革的推动因素之一。

二、基于体质健康带来的课间操变化

基于课间操中发现的问题,我校体育组一直以来通过加大评价力度、转变练习形式、增加比赛等方式紧抓课间操质量,达到了一定的促进效果。与此同时也在不断思考着如何促进学生运动的主动性而推进课间操效果。经研究认为,必须要主动出击,进行创新和增加挑战,从而提高学生的运动效果,真正落实课间操的意义。

因此,我校以课间操对学生体质的有效促进为研究方向,进行改革尝试。变化之一就是将广播操改为器械操。器械操进行绳操练习。为了把跳绳利用得更充分,以及配合跳绳练习,选择了韵律绳操为改革项目。

对于绳操的开展,体育教师首先要进行内容设计,设计的过程中不断改进,设计得太难学生容易产生挫败感,练习不积极;设计得太简单,学生会觉得没有挑战性,激发不了学习兴趣。因此,在韵律绳操的教学过程中,运用从简到繁、从无音乐到有音乐、从无绳到有绳的循序渐进的教学方法,让学生充分体验到韵律绳操这项运动带来的乐趣,感受到挑战性。

为推动学生积极参加体育锻炼,提高学生韵律绳操质量,切实增强学生体质,促进和谐校园建设,我校举办"绳彩飞扬"绳操比赛,来带动学生韵律绳操的水平提高。以赛代练是长期运用的形式,备赛期间各班班主任高度重视,督促学生练习，最终各班均高质量高标准地完成了比赛，取得了优异的成绩。这也形成了相互促进和良性循环，迄今，我校的韵律绳操已经进行到第三版，始终保持良好的练习效果。

跑步是最简单的锻炼方式，易于操作，同时是有效改善学生有氧耐力的基础练习。跑步作为队列练习的一项，也是体育课中经常练习和强化的。在课间操中进行跑步练习，也能成为体育课的队列练习的延伸，并展现班级凝聚力。对于学生身体素质的促进是很好的运动项目，同时在一年四季都适合开展。根据当时多年体质测试分析可以看出，学生普遍跑动能力偏弱。长跑也能较好地避免学生在练习中出工不出力的情况。因此，尝试将长跑作为课间操改革的内容之一。

长跑内容也有枯燥的一面，但相对于广播操而言，更契合当时的改革情况，同时能够锻炼学生的意志品质，培养严肃认真的态度。但对于小学生来说，也要体现出活跃的一面，各班级在跑步时创造性地设计口号，配合在跑步之中，提升班级活动氛围。为了更好地烘托运动氛围，在跑步的同时播放激情澎湃的音乐，提升运动持久性。

这样在课间操活动过程中，既有传统性，又有多元性，既保证运动量，又兼顾运动负荷，严肃和活泼兼顾，有氧运动和无氧运动综合，形成了课间操的有效过渡与改革。

三、课间操变化后的呈现效果

课间操是学校体育工作的重要组成部分，同时也是反映全校学生精神面貌的窗口。体育教师在这项工作中起到组织和传授、纠正动作的任务，同时要严格控制练习节奏，保证在6分钟内完成准备活动，按时进行跑步，并对跑步强度进行监控，学生的有氧耐力水平有了明显改善。

第三节 课外体育活动

根据现阶段教育形式，学生大部分时间都在学校，所以学校体育工作的有效开展对学生的健康状况至关重要。课外体育活动是学校体育教育的重要组成部分，又是学校体育工作的重要内容，对促进青少年学生健康成长具有十分重要的意义。课外体育活动的开展不仅在培养学生的体育兴趣和锻炼习惯上起着重要的作用，而且有利于促进学校文明建设以及进一步增强学生体质，提高学生的健康水平和身体运动能力。我校提出了科学、合理、有效的建议，根据自身优越的条件以及学生的身心特点、兴趣爱好，因地制宜地组织开展课外体育活动，使课外体育活动内容更加丰富多彩，组织形式更加灵活多样，吸引很多学生投入课外体育活动中。

从 2007 年起，北京市每年抽取上千名中小学生，参加中小学国家学生体质健康标准测试赛。北京的一些优质教育区，却在学生的体质方面，在北京市排名倒数。分析其原因，超重、肥胖的学生过多，显然与缺乏体育锻炼有直接的关系。

课外体育活动是提高学校体育整体效益，实现学校体育教育目的、任务的重要途径之一，对增进学生身心健康和体育意识，提高体育学科能力，丰富学生文化生活有重要的意义。我校就推动课外体育活动而言，下了很大力度，总结为以下三大方面。

一、课外体育活动的开设力度

我校大力开展学生课外体育活动，对课外体育活动时间做出了两点重大改革：（1）活动时间为 30 分钟；（2）当天无体育课的班级要进行活动。因此，在当天没有体育课的情况下，加上课间操的活动时间，我校能保证学生每天在校参与体育运动时间至少在一小时以上。同时，关注学生课外体育活动的实效性，根据学生身体素质水平，寻找不足，设计课外体育活动的内容和切入点，有效提高了学生的身体素质。

二、课外体育活动的发展过程

（一）微整合，增加课外体育活动时间

中共中央、国务院《关于加强青少年体育　增强青少年体质的意见》中指出："确保学生每天锻炼一小时；没有体育课的当天，学校必须在下午课后组织学生进行一小时集体体育锻炼并将其列入教学计划。"

同时根据北京市发布的"减负令"，我校大力开展学生课外体育活动，将 3—6 节课，每节课 40 分钟，缩短到 35 分钟，并整合时间，将课外活动时间调整为 30 分钟，作为全校性的活动。故此，在当天无体育课的情况下，依然确保学生活动至少一小时。

（二）完善课外体育活动内容

安排课外体育活动内容时，做到学生的发展、兴趣与学校实际相结合，活动内容尽量"精选多样"。"精选"是选择一些活动价值高的内容，备足器材，重点推开，例如，篮球、软式排球、跳绳等；"多样"是根据学生的个人特长和兴趣爱好，提供更多的活动内容，让学生有自己喜欢的活动项目，激发学生活动的兴趣，例如，实心球、跳跳球、灵敏栏、敏捷梯、呼啦圈、高尔夫球、砍包、夹包等。为了更好地提高学生的兴趣，根据年龄特点来安排内容，同时根据季节的变化来安排内容，并在练习内容的选择方面进行上下肢的协调搭配。为了避免活动枯燥，对单一项目呈现梯度，而且各班参与的项目定期进行轮换（以学校跳绳项目为例，见表1），促进学生身体素质全面发展。

表1　课外体育活动跳绳项目开展方式及评价标准

序号	项目内容	练习次数	组织形式	评价标准			
				优秀	良好	合格	不合格
1	单摇	1分钟/组 ×4组	两组轮换	170以上	150—170	130—149	130次以下
2	双摇	1分钟/组 ×4组	两组轮换	连续跳25次以上	连续跳15—25次	连续跳10—14次	13次以下
3	8字跳绳	3分钟/组 ×3组	分为四组	200次以上	180—200次	150—179次	150次以下
4	穿梭8字跳绳	3分钟/组 ×3组	分为四组	200次以上	180—200次	150—179次	150次以下

（三）提高课外体育活动质量

课外体育活动的改革是学校领导基于对学生健康重视程度的正确决策，同时指导体育教师进行精心设计与安排。体育教师在学校的指导下完成制订计划、制订项目、制订内容、制订措施等方面。体育课外活动30分钟分为身体素质和运动技能的练习。根据季节的不同，以班级为单位进行不同内容的身体素质与运动技能练习，以及相关运动竞赛。以两天为期进行轮换，确保练习的多样性。

为了确保落实的实效性，每位体育教师指导3—5个班级，同时由班主任和副班主任组织班级进行活动。体育教师负责全面的指导，并将项目的组织、练习形式、评价等方面的方法（见表1）与各班负责教师进行交流，提升教师们指导的有效性和针对性，并在体育课上对体育小干部进行相应的培训，让体育小干部配合和辅助班级教师的指导，形成多层次的指导（见图1）。根据课外体育活动的目标，一方面加强指导，保证练习内容有计划、有步骤地进行；另一方面加强对学生的管理，强化活动的组织功能，杜绝自由散漫。点滴、细微、多层次的指导累加到一起，就是一股巨大的正能量，推动着课外体育活动质量的改革和发展。

图 1　课外体育活动多层次的指导

（四）课外体育活动的保障机制

为了确保课外体育活动较好地开展，体育组制订了课外体育活动评价制度。评价内容包括：

1. 德育。

（1）以各班的出勤率为评价标准。

（2）学生能够按照老师的要求有序活动。

（3）学生合理领取、使用、归还器材。

2. 教师指导。

（1）班主任提前了解本班的练习内容，提前组织好本班学生，按时将学生带到操场。

（2）能够主动参与学生的活动，做到师生同练。

（3）班主任或副班主任能按照体育教师安排和要求进行组织和管理，并给予相应的评价。

评价共计六项，每项分为 A、B、C、D 四个等次。由教导处牵头，行政领导及时了解各班活动情况并及时收集好的经验与不足，做到活动的进展情况、活动目标的实现情况、教师指导情况"三明确"，并对课外体育活动进行评价。这种以制度保证落实的考核方式不仅保障了课外体育活动的正常开展，而且提高了活动的质量。

（五）课外体育活动的开展效果

科学研究发现，人体心血管系统和呼吸系统功能强弱也是反映一个人健康与否的重要标志，是决定人生命长短和最长工作年限的重要因素。因此，在经历了课外体育活动改革后，对 2007 年入学的学生，在 2011 年和 2012 年进行的体质测试中对肺活量的成绩进行了对比（见表 2）。

表2 2007年入学学生体质测试肺活量数据对比

年份	不及格人数	不及格率	及格人数	及格率	良好人数	良好率	优秀人数	优秀率	总人数
2011年	36	14.40%	118	47.20%	73	29.20%	23	9.30%	250
2012年	24	9.92%	107	44.21%	77	31.82%	34	14.05%	242

可以看出，2012年比2011年不及格率下降，良好和优秀率提高，可以在单一层面上验证课外体育改革所收获的效果，为今后以点带面的改革奠定了基础。

（六）开创学生身体素质新局面

课外体育活动是学校教学工作的有机组成部分，必须充分认识它的重要意义。学校通过科学安排内容、加强组织管理、强化职责考核等改革，已使得课外体育活动的效应最大化，为新体育课程改革目标的达成提供有力保障。

青少年学生是践行和弘扬"爱国、创新、包容、厚德"——北京精神的重要代表，学生的身心健康是首都文明进步的重要标志，是提升首都市民素质、推进社会主义精神文明建设的重要内容，也是加快构建"繁荣、文明、和谐、宜居"社会首善之区的重要基础。提高我校学生体质健康是一项长期而艰巨的任务，需要学校、教师、学生、家长和社会多方面的关注和努力，我校也将进一步营造学生课外体育活动的浓厚氛围，进一步形成幸福人生从健康起航的良好局面。

三、课外体育活动的经验积累与发展

通过上述分析，可以看出对课外活动的改革是有效的。学校积极采取各种形式的改革，结合各校区体育设备、设施的配备，开发与拓展相关体育项目。结合不同的体育项目，形成多种体育练习内容，以及多元化、多角度、多形式的体育素质练习方法，从而提高课外体育活动质量，促进学生身体素质的提高。并在探索、监控中，尝试建立各项目的评估体系，形成课外体育活动的可持续发展，总结出切实有效的提高身体素质方法，真正体现出教育的价值，为增强学生体质而服务。

（一）对课外体育活动的运动效果进行整理与分析

跳绳项目是反映学生耐力素质的一个缩影，在测试中便于操作。通过连续三年对学生跳绳项目进行监测、各年级跳绳成绩进行对比、对学生水平的增长结合标准增长值进行对比，以及对不同年级在同年龄段的成绩进行对比与分析，反映出课外体育活动对学生体质的积极改善。同时也收集了一套较为完整的数据，为今后学生体质的研究工作提供依据。

（二）根据学生兴趣，设置可供长期发展的活动项目

通过丰富多彩的活动项目，学生能够体验多种不同的练习内容，练习内容也根据学生的水平，设计不同的形式，同时让学生拓展更多的练习方式，这些不断的变化能持续性激发学生的运动兴趣。项目的设置包含了体育的互助、竞争的特点，让孩子在活动中形成团队意识，促进运动项目的可持续发展。

例如，以篮球和足球班级联赛为载体，五育并举，提高学生德、智、体、美、劳不同方面的能力。组织百场球类比赛，通过这样勤练常赛的形式，满足不同学生参与活动的兴趣，充分营造校园"球类文化"，为学生健康成长奠定基础。

（三）促进学生养成自主锻炼的意识与习惯

课外体育活动需要大量的器材，对于体育教师来说，每天对器材的搬运与场地的设计需要更多额外的时间。随着课外体育活动的持续开展，学生对器材的理解程度也随之加深，开始自发、自主地搬运、码放器材，提升活动的效率，这说明学生不是为了活动而活动，已经形成了自主锻炼的意识。

课外体育活动开展以来，学生对体育活动兴趣越来越浓厚，在活动的过程中养成了一种锻炼的意识，形成了对自己身体素质水平的了解，对锻炼方法的掌握及对身体素质的提高，为终身可持续发展奠定基础，关注学生的终身发展。

第四节　体育活动空间的拓建

体质的提高应该从少年抓起，从小养成良好的锻炼习惯才能打下良好的体质基础。体育活动需要必要的设施作为物质基础，丰富的设施能够在保证体育教学安全性的基础上进行学习，因此对小学体育设施进行有效的添加与创新具有重要的意义。

一、体育设施的状况

在素质教育的落实下，小学对学生的体育教育提出更高的要求，体育场地设施也成为体育教育教学中的重点。体育设施是小学体育教学开展的物质基础，体育教育要求设施具有充足性、完备性、安全性、适宜性等特点，即设施

的数量要充足、种类要齐全、质量要安全、适宜学生群体使用。只有同时具备以上四个特点，小学体育教育才能够得到良好的开展。为了不断改进学校体育工作，同时给予学生更充分的体育活动资源，我校在体育设施方面以可持续改进和发展的方针进行落实，具体内容如下。

（一）体育场地、场馆

通过小学体育场地设施的完善，能为体育教学的顺利开展，以及素质教育的落实提供保障。小学场地面积小，人均锻炼面积不足，是很多学校所面临的问题，我校也是众多学校中的一所，也一直在追寻改建场地的方法，并不断做着努力。体育场地设施的建设规划，需要因地制宜，结合学校的实际情况。

我校为一校两址，分别为南、北校区。南校区主要是塑胶地面，占地面积 2400 余平方米，包含两块正规篮球场和一块正规排球场。教学楼后增加了一块长 30 余米、宽 6 米左右的风雨场地，石塑地面。楼顶增设了一块长近 30 米、宽 8 米的笼式足球场，地面由人工草坪铺成。北楼以人工草坪的足球场和塑胶跑道为主，占地面积 2700 余平方米，其中场地中心由长 50 米、宽 23 米的人工草坪的足球场，以及外围的 4 条 200 米跑道组成。除此之外还有适合不同年龄段的三种高度的篮筐，共计 14 个。在北校区教学楼后面还有一块长 40 米、宽 20 米的砖地，可以作为拓展场地使用。统计全部室外运动场地，现增至 6300 平方米。在有限的条件下，尽可能扩大学生人均活动场地。这些场地设施也为选修课程、体育社团等的开展提供了有力的保障。

我校自 2003 年以来对于体育场馆的建设不遗余力。2003 年建设的室内游泳馆，拥有 6 道 25 米泳道标准泳池，这为之后持续开展的游泳选修课和游泳社团提供了有力的保证。在朝阳区小学中，坐拥游泳馆的学校屈指可数，能够为学生们掌握游泳这项生存技能提供必要的保障，也是学校引以为傲的地方。

（二）体育专业教室

学校体育设施能够为学生体育活动的开展提供支持，但是由于小学对于体育设施的投入较小，缺少必要的维护与更新，造成学生的体育活动开展受到影响。我校也遇到相应的问题，为此学校多措并举，不断拓展体育相关专业设施。

为了让学生能够体验和感受更多运动项目，以及促进学生体质发展，学校先后拓建了体质测试室、小胖墩专业教室、健身房、跆拳道教室、拳击教室、啦啦操教室、棋艺教室和体操房，这些专业教室各具特色，具有强烈的代入感，调动了学生的学习兴趣。学生在这样的教室里上课，不仅是一种体验，更是一种享受。

专业教室必须具有其专业性，才能体现教室的真正价值。例如，健身房有跑步机、健骑机、综合训练器械、杠铃等专业设备，学生能够进行有氧耐力训练，也能体验力与美。拳击教室有专业的拳击擂台、拳击靶和开阔的体能训练空间，成为小拳迷的历练空间。体操房有适合小学生的专业的单杠、双杠、吊环、平衡木，自由体操垫，以及有助于开展体能练习的跳箱、蹦床、肋木和攀岩，可谓空间和设备齐全。学生一到这里就会不自觉地爱上这里。

（三）体育器材设施

除了满足日常体育教学，学校还增加和拓展了体育设施，满足学生的多元化需求，比如，小学除了要有篮球、足球、排球等传统体育项目的场地设施建设之外，还要加强健美操、武术等场地设施的建设，为学生体育课与日常体育锻炼的开展提供保障。除了上述专业教室外，我校也合理规划空间，放置相关器材设施。

中考引体向上是很多学生的弱点，现在学生上肢力量不足是普遍现象，因此为了进行改善，我校在南北校区入校口内分别安装了云梯，在进校到教室的必经之路上，让学生先经过悬垂攀爬再到教室，长此以往来提高学生上肢力量。

我校作为全国篮球传统校，学校内一共有不同高度的篮筐28个，能够最大限度满足学生进行篮球活动的需要。啦啦操作为我校在选修课和社团活动中最具影响力的项目，相关的队服、运动装备等具有不同风格和款式，让学生在具有动感的旋律中释放激情。同时根据课程的需要，还设置有跑酷课程，相关的体育器材也随之配备。

小学体育设施不能被长时间闲置，一定要发挥好在提升学生综合素质中的作用，并且管理有序，这就需要一定的空间进行有序码放，所以器材室也是体育器材设置的重要一部分。我校对于在操场使用的器材，根据不同种类和用途都进行了放置，相应的器材室面积见表3。

表3 学校器材室建筑面积

位置名称	里外部分	长（米）	宽（米）	面积（平方米）
北楼器材室	白房子	6.00	4.00	24.00
	东边	7.00	1.95	13.65
	西边外半部分	5.02	2.28	11.45
	西边里半部分	9.95	1.45	14.43
主楼器材室	外半部分	5.54	2.83	15.68
	里半部分	5.54	2.70	14.96
南楼器材室	南楼器材室	8.00	2.61	20.88
所有器材室面积合计（平方米）	115.05			

充实的体育设施、设备是改善学生身体素质，有效落实体育运动的保障，也是学校领导和全体教师对学生体质健康重视的体现。

二、体育资金的投入

（一）体育经费投入现状

长期以来，在体育的举国体制影响下，我国财政支出大量地投到竞技体育领域，而在群众公共体育领域财政支持不足。学校体育作为群众体育的组成部分，其发展同样受到制约。学校体育经费来源还比较单一，体育经费投入有限。

（二）我校体育经费投入情况

1.资金的投入量。

增加经费投入是提高学校体育各项工作产出的重要途径。由此，对我校从2012年到2022年的11年间的体育资金投入进行统计和分析，情况如图2所示。

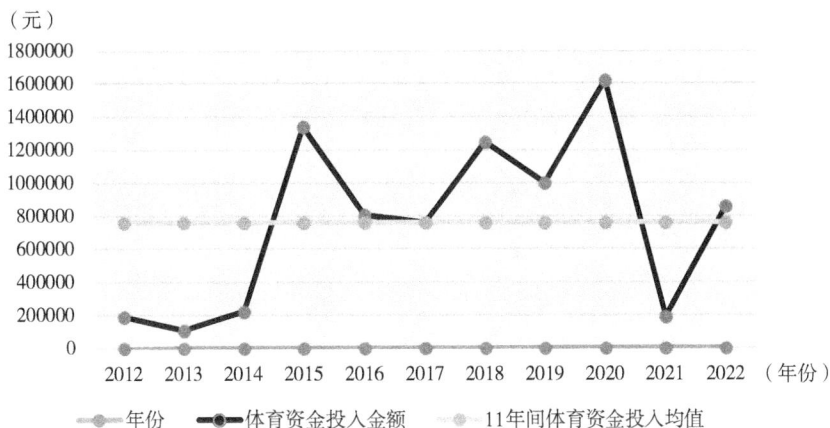

图2 2012—2022年我校体育资金投入情况

从图 2 中可以看出，从 2015 年起，体育资金投入量明显增加，最高年投入超 160 万元，年平均投入接近 80 万元，同时有 7 年投入超过平均投入。如果将平均年投入转化到每个月的投入，可以推算出，每个月的体育资金投入在 8 万—10 万元，对于一所小学而言，是一笔不小的资金投入。

2.资金投入分布。

体育资金投入的多少、师资水平的高低、场地设备的优劣是影响教学效果最明显的因素。学校体育效益的产出是一个长期的、系统的工程，因此我校的资金投入也是有计划性的，在硬件设施方面：改造游泳馆，建成拳击馆、体操馆、健身房、跆拳道教室、小胖墩教室、体育长廊等；在学生发展方面：开展篮球、足球、排球、游泳、体操、轮滑、啦啦操、拳击、街舞、花样跳绳、武术等 10 多项选修课程；在教师成长方面：聘请专家进行指导和培训。

在经费供给不短缺的情况下，提高现有经费的使用效率，是增加学校体育各项工作产出的主要途径，也是学校发展的核心力。

第八章　体育社团

第一节　学校体育社团的发展概述

一、学校体育社团开设的目的、意义

增强学生体质是国家发展的重要要求，我国从 1985 年开始进行了多次针对全国青少年体质健康状况的调查，近 20 年的数据表明，我国的学生体质不断下滑，学生的耐力、力量、柔韧等体能素质有待提高，肥胖和近视的发生率居高不下。2001 年，教育部发布了以"健康第一"为指导思想的《义务教育体育与健康课程标准》，明确了提高学生整体体质健康的工作重心。同时，2007年印发的《关于加强青少年体育　增强青少年体质的意见》规定，小学生每天在校进行不低于一个小时的体育活动。2021 年"双减"政策颁布，要求减轻学生作业负担，减轻学生校外培训负担，让学生有时间进行课余体育锻炼。进一步强调让学生拥有创新能力、实践能力、心理素质、健康的生活方式，培养学生终身体育的习惯。

学校体育工作的重心、目标是通过各种体育锻炼方式，增强学生体质，促进身心健康成长，在校内体育学习过程中，拥有一至两项擅长的运动项目，通过体育锻炼促进学生德育、智育、体育全面发展。在国家政策的不断引领下，学校的体育地位有了显著的提高。我校积极响应国家政策，一、二年级每天一节体育课，3—6 年级一周 4 节体育课，同时，在班级没有体育课的那天，下午 14：45—15：15 需要到操场进行体育活动，切实保障了学生在校一个小时以上的体育活动时间。我们学校体育分为两大部分，体育教学和课余体育是完成

我们学校体育目标的重要途径。在实际过程中，由于班级授课学生多、难管理等因素，导致在体育课堂中的实际锻炼效果并不是很好。要想改变这种情况，一是不断优化我们的体育课程体系，让学生在体育课中能够实际得到锻炼；二是通过课余体育锻炼补充体育教学锻炼的不足。课余体育锻炼有着不可替代的作用。

学校课余体育活动的重要形式之一是体育社团。广义上理解，体育社团是由对某一项体育活动有共同爱好的学生自发组织起来的团体，而这种社团形式，往往是在高中、大学才出现的。小学阶段学生对体育社团还是非常感兴趣的，但是自主管理的意识还不够。所以，体育社团还是需要体育教师的组织和管理。

体育社团对学生的积极意义主要表现在有助于学生的身心协调发展。首先，体育社团活动为学生提供了更多的与同学交流沟通、释放压力的机会。在参加体育社团活动中，学生不仅仅能够提高某项体育技能，还能缓解长时间在教室里学习的压力；提高了学生的人际交往能力，通过团队的文化精神带动自身素养的提高。其次，可以丰富校园文化建设。丰富多样的学生体育社团活动，能够使校园体育文化建设更丰富，校园氛围更富有生机，也为学生奠定了终身体育的基础。最后，可以为校队发现优秀的运动员。每个学生都需要展示的平台，而运动比赛就能提供这样的平台。比赛的输与赢，都是孩童们应该体验的过程，这对于孩子的成长是非常重要的。

二、国外学校体育社团的发展

（一）日本体育社团的发展状况

《灌篮高手》《足球小将》这些漫画、动漫，我们肯定不陌生，影响了很多中国孩子，直到现在仍然能让许多人回忆起来。这些体育题材的作品，肯定离不开日本本身的校园体育文化，从这些漫画、动漫中我们可以大致了解到日本体育社团的发展状况。

在日本的中、小学中，体育课是学生必须完成的重要课程，而多种多样的体育社团也是日本学生的必选内容。其中，种类繁多的体育活动，各学校大致有两种活动形式，一种称之为特别活动，或称必修俱乐部活动，另一种为自由体育俱乐部。日本中、小学生选择必修体育俱乐部的居多。对于那些没有参加必修体育的学生，则可以参加由其他学生组织的自由体育俱乐部，来完成课外体育社团活动。这种情况一般发生在高年级，他们有一定的自我组织能力，再加上体育教师的协助，自发组织的体育社团开展得非常好。

（二）美国体育社团的发展状况

美国的竞技人才还是依靠基础雄厚的学校体育。我们熟知的美国职业篮球联赛（NBA）就是从美国大学生篮球联赛（NCAA）中通过选秀的形式发现人才的，而大学呢，又是从高中篮球联赛中发现和培养人才的。就是这样一级一级地选拔人才，最终呈现出 NBA 美国职业篮球联赛的盛况。

美国学校的课外体育活动方面各不相同，都有自己的一套体系，但总体上看，大致分成三种形式：班级课外体育活动、校际间课外体育活动和运动俱乐部。班级课外活动是指在校内进行的，由班级间进行校内联赛。校际间课外活动是指几所学校之间进行比赛交流，或是共同组织体育节、户外活动等。运动俱乐部就是将一些有共同爱好的学生组织到一起，进行系统化的训练。美国的校园课余体育活动主要是改善学生的身体状况、巩固某项运动技能；同时，重点培养学生独立能力，并能够和睦友善地处理事情，从而逐渐完善学生在社会中的性格。

（三）英国体育社团的发展状况

英国伊顿公学是一所私立中学，学校不设体育课，但学校的理念是强调体育运动是学生的生活方式。体育课不是一门单独存在的课程，但是体育运动却是学生最喜欢参加的，也是学生追求的一种生活方式。这所中学每天下午都有体育社团活动，学生下午基本上没有课，都是参加各种运动。大部分英国中学的日程都是这样，不管是公立学校还是私立学校。整个学校每周三下午都不安排课程，专门留出来给各个体育社团活动。通常体育社团每周组织 3 次训练，周三下午训练的规模是最大的。绝大多数体育社团都是组织去郊区进行训练的，学校也没有很多体育教师，都是高年级的学长组织社团带大家一起玩。即便没有操场，学校仍鼓励和支持学生参加各种体育锻炼，这是英国从小学到中学再到大学的教育理念，在他们看来，"只有爱参加体育运动的人才会有魅力"。

（四）日、美、英三国学校体育社团开展特点

从三个发达国家的学校体育社团发展来看，他们的体育社团有很多可取之处，非常值得我们借鉴。

1.学生参与社团活动的自主性。学生加入各种体育社团都是根据自身的兴趣，非常尊重学生的意愿。

2.学生社团都是采取自治原则。基本都是学生自主组织、管理社团，有一定的组织分工，而教师只是起到辅助、协助的作用。

3.社团管理制度明确。对于社团成员的权利和义务有明文规定，社团成员履行也非常遵守规定。

三、我校体育社团的发展历史及现状

自 2000 年以来，我校就注重对学生综合素质的培养，为学生开设了兴趣班，供学生选择。各学科开设了各种各样的兴趣班，其中也包括早期体育社团的形式，学生非常喜欢这样的课外兴趣班。

体育学科的课后兴趣班为学生开设了足球、篮球、排球、啦啦操、花样跳绳、游泳、垒球、棋类、拳击、跆拳道、武术、冰雪项目等，开设内容非常丰富，满足了学生各种运动需求。在师资方面，大部分课程都是由学校教师承担，像足球、篮球、排球、啦啦操等通识性较强的项目，学校体育教师都能够胜任。而棋类、拳击、武术等专业性非常强的项目，学校会外聘专业的教师来授课。在这种模式下，学生的运动兴趣被极大地激发，学校 80% 的学生在一周中会参与 3 次以上的有关体育方面的兴趣班。校园的体育氛围非常浓郁，课后操场上，到处都是学生们奔跑运动的画面。

2013 年我校的兴趣班发展到了鼎盛时期，足球、篮球、排球、啦啦操、花样跳绳、棋类等项目，在全国、北京市、朝阳区级的比赛中都获得了佳绩。2015 年，朝阳区学生活动中心评选"朝越社团"活动，校园的兴趣班被定义为社团，而我校的足球、篮球、啦啦操、花样跳绳、冰雪项目均被评为"朝越社团"，大大促进了社团的发展。同时，社团成员也在不断地"精细化"。在兴趣班时，只要学生报名参加，我们就会安排学生上课，人员上参差不齐，主要是带孩子们参与运动，在参与的过程中渗透运动技能，使学生的身体素质得到了锻炼，学生的参与兴趣非常高。而此时，教师发现一些问题：第一，学生会在各学科的兴趣班间"游走"，这个学期在体育兴趣班，下个学期又去音乐兴趣班了，这种现象很让教师头疼；第二，男、女生的比例严重失调，像足球项目，女生队伍就根本发展不起来，参与人员寥寥无几。而发展到体育社团后，我们更注重学生的可发展性，是否能够坚持参加某项运动项目。同时，加强优

势项目的发展，对一些很难组建的项目，适当舍弃，集中力量发展优势项目。

社团开设项目丰富多样，对于师资的专业要求就会很高。体育兴趣班都是学校体育教师任教，发展到一定规模后，参加了不少市区级的比赛，也取得了优异的成绩。但我们也遇到了瓶颈，像足球、篮球、啦啦操、游泳、花样跳绳项目，孩子们的基本技能有很大提升，但是在技战术上相差太远，学生水平止步不前，急需更专业的指导。如足球，我们联系了八喜、国安体育、胜瑞斯等足球俱乐部，聘请了专业的足球教练指导。有了专业的足球教练，学生的技战术水平得到了稳步提升。

通过长时间的实践，我们认为专业教练的顺利介入，也是需要体育教师从中协助的，外聘教练的教学模式更适合有一定基础，且有一定自我管理能力的学生。授课中，如果教练总是在组织教学，那么聘请专业教练就没有价值了，所以体育教师协助管理上课，有助于更好发挥教练的作用。与此同时，在招收社团成员时，我们更加注重人员的选拔，由于对社团人员的职责有更加明确的要求，所以组织管理上就更加得心应手，家长也就更加支持学校的体育工作。

四、影响、制约体育社团发展的因素

我校体育社团在实际的组织过程中，还存在着一些亟待解决的问题与矛盾，成为阻碍社团健康快速开展的主要因素。

当前学生的学习压力非常大。一方面，国家、社会都非常重视学生的身心健康状态，国家出台了一些相关政策，要求学生每天在校至少体育活动一小时。另一方面，语、数、英三科仍然是学生学习的主要学科，也是目前学校必须主抓的学科，学生一边要努力学好语、数、英三科，一边要积极参加音、体、美等综合活动。学生的精力是有限的、在校的时间是有限的，怎样合理地安排时间，让学生既学习好语、数、英三科，又在其他学科有所建树，需要一个非常合理的时间规划。而这个时间规划对于小学生来说比较困难，需要学生、家长、教师协同合作。

学校体育活动场地的限制。学校为学生开设了各种各样的体育社团活动，满足了学生的兴趣爱好，但是学校的运动场地是有限的，所以，开设的社团要根据学校的场地进行合理的安排。既要满足学生各种各样的兴趣爱好，又要满足学生充足的运动空间，各个项目的时间安排需要系统合理。活动项目还需要根据学校的实际情况开展，有条件开展的项目，我们应该大力支持，像足球、篮球、啦啦操、游泳项目，我们应充分发挥场地条件的优势，做好、做精。对于一些受场地限制的项目，我们应该适当删减，让我们的优势项目更优。

学校的学科社团制度不完善。各学科社团人员交叉，对于体育社团非常不利。练过体育的人都明白，任何体育项目都需要日积月累、反反复复的训练，才能真正地有所提升，最终在各级比赛中脱颖而出。而目前的学校社团安排是各学科都在争夺那些班级里的佼佼者，各学科教师都绞尽脑汁，把自己社团的优势展示给聪明伶俐、动手能力强的学生，让学生来自己的社团，而小学生又非常容易被新鲜事物吸引，各学科社团都想尝试，结果在体育社团练了一年，刚入门，下一年又选择了其他社团，导致体育社团人员青黄不接，需要重新培养人员。整体的社团建设总是处于脱节状态，不能形成梯队建设，呈现"一年强、一年弱"的状态。因此，学校还需整体规划社团制度，完善社团人员的基本职责，确保社团正常运行。

第二节　学校体育社团

学校体育社团经过多年的经验积累，不断完善社团的管理体系，逐步形成了较为成熟的精品社团和普通社团的模式。

一、精品体育社团

精品体育社团主要招收有一定基础且愿意坚持参加的学生，每个学期教师会根据学生情况适当地增加、删减人员，确保社团顺利开展。同时，精品社团的开设都是以学校现有的师资和场地器材为基础，这样才能发挥最大的效益。师资方面，我校采用的是外聘专业教练上课与体育教师辅助管理的模式，使课堂效率最大化。专业教练的专业技能毋庸置疑，但在学生管理方面还需要体育教师的支持。同时，外聘教练与体育教师适时针对学生实际情况做出相对应的训练计划，使学生技战术水平稳步提升。这种外聘加体育教师的模式，使得精品社团发展势头越来越好，同时，也为学生提供了许多参与比赛的机会，如校内足球、篮球联赛、啦啦操展示、校际间比赛、市区级比赛等，尽可能为学生搭建展示自己的平台。下面是我们精品体育社团某一学期的活动安排及经验总结（见表1—表8）。

（一）足球社团

表1 足球社团活动安排和训练内容

社团负责人	王长柏、李星燃	活动起止时间	2020.3.8—2020.6.25
学生人数	60	活动地点	北楼足球场
活动目的		增强学生的体质，增进学生身心健康。通过训练足球运动的基本技能，熟悉球性和掌握控球能力，体会动作要领，初步掌握足球最基本技术和游戏方法，发展灵敏、协调等身体素质，培养勇敢、顽强、机智、果断品质	
活动要求		遵守课堂常规，纪律第一，热爱足球，认真观看教练示范，积极练习并体会动作要领，按时出勤，有事需提前一天请假。集体意识强，团结互助，敢拼、敢抢、敢想	
活动具体内容		1. 提高队员训练作风、比赛作风、严格纪律性，培养良好体育道德作风、严格要求每节课的训练质量； 2. 全面提高队员的身体素质，重点发展速度、灵敏性、协调性、爆发力等素质，学习持球跑动的正确技术与无球跑动的正确技术，强化拓展思维； 3. 全面提高学生的基本技术（重点传、接配合技术），逐步发展学生个人技术特长，提高活动中控球能力，正确掌握传接球技术，因材施教发挥学生特长； 4. 提高队员的战术能力，重点是个人战术和局部战术，明确个人攻守的职能，进攻和防守原则，提高个人战术意识和局部2对1、3对2能力，确定基本阵容，初步形成3—2—1全攻全守的基本打法	
活动过程记录	第1次课	1. 运球绕足球场走、跑5圈；2. 各种球性练习；3. 两人传、接球；4. 行进间左右脚拨球；5. 区域内逼抢球（多人运球1人抢球，球被抢则变为抢球者）；6. 教学比赛	
	第2次课	1. 运球绕足球场走、跑5圈；2. 各种球性练习；3. 两人传、接球；4. 抢圈练习（"遛猴"）；5. 过人练习（教师消极防守，学生体会各种方式过人，练习中可逐步增加学生防守）；6. 教学比赛	
	第3次课	1. 运球绕足球场走、跑5圈；2. 各种球性练习；3. 行进间短传练习（相隔5米快速传球行进贯穿全场）；4. 行进间长传练习（左右边线开始行进，传提前量，贯穿全场行进）；5. 教学比赛	
	第4次课	1. 运球绕足球场走、跑5圈；2. 各种球性练习；3. 行进间短传练习（相隔5米快速传球行进贯穿全场）；4. 行进间长传练习（左右边线开始行进，传提前量，贯穿全场行进）；5. 教学比赛	
	第5次课	1. 运球绕足球场走、跑5圈；2. 各种球性练习；3. 长传比准练习（左右边线面对面传接球）；4. 短传比准练习（行进间快速踢标志桶）；5. 教学比赛	
	第6次课	1. 运球绕足球场走、跑5圈；2. 各种球性练习；3. 行进间"撞墙式二过一"（把握出球时机，熟练后可一脚出球）；4. 明确主力替补位置（体会位置感）；5. 教学比赛	
	第7次课	1. 运球绕足球场走、跑5圈；2. 各种球性练习；3. 明确位置（熟悉七人制后卫、中场、前锋的位置，贯彻司职责任意识）；4. 战术练习（利用战术板，让学生了解进攻防守转换的关系）；5. 教学比赛	
	第8次课	1. 运球绕足球场走、跑5圈；2. 各种球性练习；3. 分解式进攻练习（中场发球的传球线路，无球队员的跑位，抬头运球意识）；4. 分解式防守练习（贴身防守，两人加防，互相补位，大脚破坏）；5. 教学比赛	
	第9次课	1. 运球绕足球场走、跑5圈；2. 各种球性练习；3. 抗干扰护球传球射门（在有身体接触的情况下完成以上动作）；4. 门将技术练习（手抛球练习门将反应，鱼贯式脚弓推射门将扑救）；5. 教学比赛	

活动过程记录	第 10 次课	1.运球绕足球场走、跑 5 圈；2.各种球性练习；3.行进间接球练习（无球队员向有球队员异侧空当跑动，接球后连贯向前）；4.背身接球练习（接球回传转身跑空当，接球护住转身过人）；5.教学比赛
	第 11 次课	1.运球绕足球场走、跑 5 圈；2.各种球性练习；3.传跑接射结合练习（动作连贯中间不调整，速度由慢到快）；4.各种方式颠球（脚腿头颠球比多，优秀者尝试颠球静止练习）；5.教学比赛；6.25 米折返跑
	第 12 次课	1.素质练习；2.各种短传练习；3.传球配合；4.传跑接射结合练习（动作连贯中间不调整，速度由慢到快）；5.教学比赛
	第 13 次课	1.素质练习；2.各种短传练习；3.传球配合；4.传跑接射结合练习（动作连贯中间不调整，速度由慢到快）；5.教学比赛
	第 14 次课	1.素质练习；2.各种短传练习；3.传球配合；4.传跑接射结合练习（动作连贯中间不调整，速度由慢到快）；5.教学比赛
安全措施		课前，教练检查场地周围安全；练习中，检查周围的器械是否安全，并观察学生的练习负荷。训练中本着相互学习，共同提高的目的练习，有矛盾意见及时向教练或看管教师反映，禁止踢斗气球，杜绝一切危险动作。教学比赛分多组进行，避免人多出现意外伤害
活动总结		提升： 1.教学设计、教学内容应根据学生实际情况制订，社团大部分学生掌握该技能或战术时，再学习、练习下一项内容； 2.学生在校练习时长比较受限，想要提升自身能力，超越同龄对手，课下也要加强练习，肯于付出，效果必定显著 问题： 足球社团成员的流失，对于社团发展有一定影响，校社团是学生自愿参与的，部分学生在选择社团时，依据全面发展、多样化学习的原则，不能在一个社团内学习多年，人员的不确定性，对社团发展有些不利
社团成绩		1.2015 年第一届朝阳区中小学足球联赛小男乙组第三名； 2.2016 年第二届朝阳区中小学足球联赛小男甲组第五名； 3.2017 年第三届朝阳区中小学足球联赛小男甲组第四名； 4.2018 年第四届朝阳区中小学足球联赛小男乙组第五名； 5.2016—2018 年朝实教育集团联赛连续三年男子足球冠军； 6.2016 年获得中国青少年发展服务中心组织的"阳光少年·足球先锋""红领巾足球校社团"称号； 7.2018 年获得朝阳区足球特色校称号

（二）篮球社团

表 2　女子篮球社团活动安排和训练内容

社团负责人	于浩	活动起止时间	2020.3.8—2020.6.25
学生人数	60	活动地点	篮球场
活动目的			1.增强学生对篮球知识、规则的了解，对技能的掌握及运用； 2.培养学生的身体协调性、敏捷性、奔跑能力及篮球实操能力； 3.培养学生团结合作、勇于拼搏、自信自强的精神品质
活动要求			1.训练前学生提前准备好运动服，教师准备好器材，做好充分的准备活动； 2.保证训练时间达到 1.5 小时，同时运动量达到适当的运动负荷； 3.学生为主体，教师为主导，有针对性地进行教学； 4.通过实战比赛来发现问题，着重指导与纠正； 5.课上提前强调安全事项及预防措施； 6.做好每一次的人员记录，有问题及时调整

活动具体内容	熟悉球性练习、篮球游戏、移动技术、运球技术、传接与接球技术、投篮技战术、教学比赛	
活动过程记录	第1次课	1. 运球跑6圈，身体部位操； 2. 各种球性练习、复习运球练习、行进间运球； 3. 投篮练习、教学比赛
	第2次课	1. 运球跑6圈，身体部位操； 2. 各种球性练习、原地运球练习、体前交叉运球； 3. 投篮练习、教学比赛
	第3次课	1. 运球跑6圈，身体部位操； 2. 球性练习、原地运球、单手胸前传球； 3. 投篮练习、教学比赛
	第4次课	1. 运球跑6圈，身体部位操； 2. 球性练习、原地运球、单手胸前传球； 3. 教学比赛
	第5次课	1. 运球跑6圈，身体部位操； 2. 原地运球、单手胸前传球、双手胸前传接球； 3. 运球投篮、教学比赛
	第6次课	1. 运球跑6圈，身体部位操； 2. 复习双手胸前传接球、学习双手胸前投篮、行进间传球； 3. 运球投篮
	第7次课	1. 运球跑6圈，身体部位操； 2. 运球、体前换手运球、复习双手胸前投篮； 3. 运球投篮、教学比赛
	第8次课	1. 运球跑6圈，身体部位操； 2. 防守技术、原地高低运球、复习双手胸前传接球； 3. 曲线运球、教学比赛
	第9次课	1. 运球跑6圈，身体部位操； 2. 防守技术、运球练习、四角传球； 3. 曲线运球、教学比赛
	第10次课	1. 运球跑6圈，身体部位操； 2. 运球练习、接球练习、学习行进间低手投篮； 3. 教学比赛
	第11次课	1. 运球跑6圈，身体部位操； 2. 运球练习、接球练习、突破投篮； 3. 教学比赛
	第12次课	1. 运球跑6圈，身体部位操； 2. 运球练习、接球练习、进攻基础掩护； 3. 教学比赛
	第13次课	1. 运球跑6圈，身体部位操； 2. 运球练习、接球练习、进攻基础掩护； 3. 教学比赛
	第14次课	1. 运球跑6圈，身体部位操； 2. 运球练习、接球练习、突破上篮； 3. 教学比赛

续表

安全措施	1. 课前着重强调安全事项，提前做好安全预防； 2. 检查学生着装，不得佩戴坚硬的饰品等物件； 3. 提前检查、安排好场地及器材； 4. 做好充分的准备活动，安排好见习生； 5. 随时关注学生的身体情况及学生对运动负荷的适应程度
活动总结	提升： 篮球训练从上学期末初始，人员配备上，六年级 20 人，五年级 10 人，形成了初步的梯队模式。在本学期前半学期的训练中，人员能够保持在 25 人以上，训练过程中六年级比五年级更加投入 问题： 1. 五年级在人员问题上存在很多问题： （1）人员选拔：五年级 6 个班，共由 3 名教师担任教授任务，应由 3 名教师推荐选拔学生，根据学生对篮球的兴趣，对课堂的态度进行选拔； （2）对篮球兴趣：多数女生对篮球的兴趣不是很大，或者根本没什么兴趣，有些因素决定女生对篮球的认识程度及自身掌握技能的能力上较弱，导致对待篮球活动的学习兴趣较弱； （3）组织形式上：根据学生在课上的表现发现，枯燥的练习逐步让他们觉得无聊，而设定竞赛形式的练习，效果相对较好； （4）目的性：每天跟着篮球队训练，是为了什么？很多学生抱的心态不同，选了篮球，应该让学生知道篮球的重要性； （5）规章制度：有一定的规章制度，奖罚分明，在有的学生不适合或者影响团队氛围的情况下，适当裁员精简，提高学生的重视程度。另外，应要求统一着装、配备，让他们觉得自己和别人是不一样的，有一个团队的自豪感 2. 六年级学生在练习中也逐渐出现了分化情况，这种分化主要体现在主动性和竞争意识方面。同时也在练习中磨炼了学生的韧性。教师将学生按能力分成等级球队，进行等级球队间调动，强化他们的竞争意识，并对他们的付出予以肯定，给予奖励。但随着六年级抽测，六年级学生的篮球训练也只得终结，就此也暴露了五年级人员配备参差不齐的问题
社团历年成绩	1. 2018 年荣获朝阳区阳光杯中小学篮球比赛小学女子组第五名； 2. 2018 年荣获朝阳区第五届体教联合杯小学篮球邀请赛 U12 组女子组第六名、U10 女子组第五名； 3. 2019 年荣获朝阳区首届"三人制"篮球赛女子甲组冠军； 4. 2020 年荣获 2020 "朝阳之星"校园篮球测试赛小学女子组第五名

（三）男篮社团

表 3 男子篮球社团活动安排和训练内容

社团负责人	侯杰	活动起止时间	2020.3.8—2020.6.25
学生人数	75	活动地点	篮球场
活动目的	1. 增强男生对篮球知识、规则的了解，对技能的掌握及运用； 2. 发展学生的身体协调性、敏捷性、奔跑能力及篮球实操能力； 3. 培养学生团结合作、勇于拼搏、自信自强的精神品质		
活动要求	1. 训练前学生提前准备好运动服，教师准备好器材，做好充分的准备活动； 2. 保证训练时间达到 1.5 小时，同时运动量达到适当的运动负荷； 3. 学生为主体，教师为主导，有针对性地进行教学； 4. 通过实战比赛来发现问题，着重指导与纠正； 5. 课上提前强调安全事项及预防措施； 6. 做好每一次的人员记录，有问题及时调整		

活动具体内容	熟悉球性练习、篮球游戏、移动技术、运球技术、传接与接球技术、投篮技战术、教学比赛	
活动过程记录	第1次课	1. 运球跑6圈，身体部位操； 2. 各种球性练习、复习运球练习、行进间运球； 3. 投篮练习、教学比赛
	第2次课	1. 运球跑6圈，身体部位操； 2. 各种球性练习、原地运球练习、体前交叉运球； 3. 投篮练习、教学比赛
	第3次课	1. 运球跑6圈，身体部位操； 2. 球性练习、原地运球、单手胸前传球； 3. 投篮练习、教学比赛
	第4次课	1. 运球跑6圈，身体部位操； 2. 球性练习、原地运球、单手胸前传球； 3. 教学比赛
	第5次课	1. 运球跑6圈，身体部位操； 2. 原地运球、单手胸前传球、双手胸前传、接球； 3. 运球投篮、教学比赛
	第6次课	1. 运球跑6圈，身体部位操； 2. 复习双手胸前传接球、学习双手胸前投篮、行进间传球； 3. 运球投篮
	第7次课	1. 运球跑6圈，身体部位操； 2. 运球、体前换手运球、复习双手胸前投篮； 3. 运球投篮、教学比赛
	第8次课	1. 运球跑6圈，身体部位操； 2. 防守技术、原地高低运球、复习双手胸前传接球； 3. 曲线运球、教学比赛
	第9次课	1. 运球跑6圈，身体部位操； 2. 防守技术、运球练习、四角传球； 3. 曲线运球、教学比赛
	第10次课	1. 运球跑6圈，身体部位操； 2. 运球练习、传接球练习、学习行进间低手投篮； 3. 教学比赛
	第11次课	1. 运球跑6圈，身体部位操； 2. 运球练习、传接球练习、突破投篮； 3. 教学比赛
	第12次课	1. 运球跑6圈，身体部位操； 2. 运球练习、传接球练习、进攻基础掩护； 3. 教学比赛
	第13次课	1. 运球跑6圈，身体部位操； 2. 运球练习、传接球练习、进攻基础掩护； 3. 教学比赛
	第14次课	1. 运球跑6圈，身体部位操； 2. 运球练习、传接球练习、突破上篮； 3. 教学比赛

北京
教育文库
北京卷

安全措施	1. 课前着重强调安全事项，提前做好安全预防； 2. 检查学生着装，不得佩戴坚硬的饰品等物件； 3. 提前检查、安排场地及器材； 4. 做好充分的准备活动，安排好见习生； 5. 随时关注学生的身体情况及学生对运动负荷的适应程度
活动总结	提升： 1. 每学期外出交流、比赛，学生能够参加，家长也比较支持，学生对于比赛的状态有一定的提高，同时也能认识到自己的问题，明白一些差距，所以每学期留下的学生都具备一定良好的心态，因此不管未来篮球的发展方向如何，这些学生会起到一个中流砥柱的作用。这些学生期末也会参加朝阳区和北京市的各种篮球比赛，从中总结经验，运用到训练和突破上面，这也是对平时训练的一种动力，一种希望。 2. 本学期教学中，每次都提前到达训练场地布置器材，积极配合学校教师，坚持上下课汇报学生出勤人数，严格要求学生每节课训练，并根据篮球特点引导学生培养遵守纪律、团结协作、积极拼搏、顽强争先的精神 问题： 篮球精品班的学生篮球基础水平参差不齐，接受新知识的速度不一样，个人技术及球感差别很大，所以根据实际情况将学生根据篮球水平进行分班练习，2—4年级分成3个班级，分别为基础班、提高班和比赛队伍，根据学生情况进行分层教学，让学生能够在现有的基础上进行学习和提高
社团历年成绩	2018年荣获朝阳区首届"三人制"篮球赛男子乙组亚军； 2018年获朝阳区阳光杯男子篮球联赛第五名

（四）啦啦操社团

表4　啦啦操社团活动安排和训练内容

社团负责人	冀丽丽、王雪莲	活动起止时间	2020.3.8—2020.6.25
学生人数	70	活动地点	北五拳击教室
活动目的	1. 丰富学生的课余生活，培养学生的啦啦操学习兴趣； 2. 学生能够养成正确的身体姿态，了解花球啦啦操的基本理论知识、掌握技术动作； 3. 为我校各种大型活动及展示提供支持，参加各级啦啦操比赛		
活动要求	1. 热爱社团，团结同学，互帮互助； 2. 按时上下课，不迟到，不早退； 3. 训练积极认真，遵守纪律； 4. 尽可能不要请假，参加比赛时，不无故缺席； 5. 按要求穿运动服和运动鞋		
活动具体内容	1. 啦啦操基本手位； 2. 下肢技术动作组合； 3. 难度动作（跳跃类：分腿小跳、C跳；踢腿类：前高踢腿；平衡转体类：吸腿跳转360度；纵叉、前滚翻、侧手翻、倒立、前桥、后桥）； 4. 套操：集体花球自选动作； 5. 身体素质：力量素质、柔韧性素质、表现力训练； 6. 队形创编		

活动过程记录	第 1 次课	1. 基本手位练习；2. 集体花球自选动作组合一
	第 2 次课	1. 基本手位练习；2. 集体花球自选动作组合二
	第 3 次课	1. 手位和步伐组合练习；2. 集体花球自选动作组合三
	第 4 次课	1. 手位和步伐组合练习；2. 集体花球自选动作组合四
	第 5 次课	1. 手位和步伐组合练习；2. 集体花球自选动作组合五
	第 6 次课	1. 力量素质练习；2. 集体花球自选动作组合六
	第 7 次课	1. 柔韧素质练习；2. 集体花球自选动作组合七
	第 8 次课	1. 力量素质练习；2. 集体花球自选动作组合八
	第 9 次课	1. 力量素质练习；2. 集体花球自选动作组合九
	第 10 次课	1. 柔韧素质练习；2. 集体花球自选动作组合十
	第 11 次课	1. 手位和步伐组合练习；2. 队形编排
	第 12 次课	1. 手位和步伐组合练习；2. 队形编排
	第 13 次课	1. 力量素质练习；2. 队形编排
	第 14 次课	1. 力量素质练习；2. 队形编排
安全措施	1. 课前着重强调安全事项，提前做好安全预防； 2. 检查学生着装，不得佩戴坚硬的饰品等物件； 3. 提前检查、安排场地及器材； 4. 做好充分的准备活动，安排好见习生； 5. 随时关注学生的身体情况及学生对运动负荷的适应程度	
活动总结	提升： 1. 队员们保持着较高的啦啦操学习热情，在增强体质的同时，掌握了啦啦操基础知识，培养体育运动的能力和习惯，且在体能、表现力、团队凝聚力方面取得喜人的进步； 2. 二队和三队基本上都是新队员，基础薄弱，主要以花球啦啦操的基本手位和步伐组合为主，又掌握了花球啦啦操和技巧啦啦操成套套路，一队继续以技巧啦啦操为主，学习技巧啦啦操 1 级规定动作和技巧啦啦操自选动作； 3. 在学校领导的支持和家长的配合下，在教练和学生们的努力下，取得了不错的成绩 问题： 1. 队员年龄参差不齐，身体素质不一致，影响了训练效果； 2. 竞争越来越激烈，需要我们不断思考，给各个队重新定位，选择合适的训练项目	

社团历年成绩	1. 2016 年北京市健美操锦标赛轻器械健身操舞自选动作小学组乙组第一名； 2. 北京市中小学阳光体育展示活动啦啦操比赛 2016 版全国啦啦操规定动作第七名； 3. 第六届全国全民健身操舞大赛北京赛区暨第九届北京市体育大会健美操比赛一等奖； 4. 2017 年朝阳区中小学生啦啦操比赛优秀奖； 5. 2017—2018 年全国啦啦操联赛（清华大学站）技巧规定第一名； 6. 2017 年北京市第三届啦啦操锦标赛小学组第一名； 7. 2018 年朝阳区中小学生啦啦操比赛三等奖； 8. 2018 年北京市第四届啦啦操锦标赛 CCA 规定花球规定第一名； 9. 2018 年北京市第四届啦啦操锦标赛 CCA 啦啦操技巧 1 级规定动作第二名； 10. 2018 年北京市第四届啦啦操锦标赛校园啦啦操示范套路花球第二名； 11. 2018—2019 年全国啦啦操联赛北京站公开儿童丙组花球规定动作优胜奖； 12. 2018—2019 年全国啦啦操联赛北京站公开儿童丁组技巧 1 级规定动作第五名； 13. 2018—2019 年全国啦啦操联赛北京站公开儿童丙组校园啦啦操示范套路第六名； 14. 2019 年全国啦啦操锦标赛公开儿童乙组大集体组技巧 1 级规定动作第一名； 15. 2019 年全国啦啦操锦标赛公开儿童乙组大集体组集体技巧中级自选动作混合第二名； 16. 2019 年北京市中小学啦啦操比赛集体技巧啦啦操自选动作中级第二名； 17. 2019 年北京市中小学啦啦操比赛 2016 版全国啦啦操技巧规定 0 级动作第二名 18. 2019 年朝阳区中小学生啦啦操比赛小学规定爵士项目三等奖； 19. 2019 年全国啦啦操联赛清华大学站学校俱乐部儿童乙组集体技巧中级自选动作全女第一名； 20. 2019 年全国啦啦操联赛清华大学站学校俱乐部儿童乙组爵士规定动作（2016 版）第一名； 21. 2019 年全国啦啦操联赛清华大学站学校俱乐部儿童丙组花球规定动作（2016 版）第一名； 22. 2019 年全国啦啦操联赛清华大学站学校俱乐部儿童丙组技巧 0 级规定动作（2016 版）第一名； 23. 2020 年中国（北京）少儿啦啦操精英赛俱乐部儿童丙组花球校园啦啦操示范套路（第三套）第一名； 24. 2020 年中国（北京）少儿啦啦操精英赛俱乐部儿童丙组舞蹈啦啦操集体花球自选动作第一名； 25. 被评为全国啦啦操星级俱乐部； 26. 获全国校园大课间啦啦操推广实施单位称号； 27. 2020—2021 年全国啦啦操联赛（北京站）俱乐部儿童乙组集体花球自选动作第一名； 28. 2020—2021 年全国啦啦操联赛（北京站）俱乐部儿童乙组花球规定动作（2020 版）1 级第二名； 29. 2020—2021 年全国啦啦操联赛（北京站）俱乐部儿童丙组花球校园啦啦操示范套路（第三套）第二名； 30. 第六届北京市啦啦操锦标赛俱乐部儿童乙组技巧 0 级规定第一名； 31. 2021 年北京市中小学生啦啦操比赛小学混合组 2020 版全国啦啦操规定动作技巧 0 级第三名

（五）游泳社团

表5　游泳社团活动安排和训练内容

社团负责人	陈旭	活动起止时间	2020.3.8—2020.6.25
学生人数	49	活动地点	游泳馆
活动目的	通过本社团的活动，使社团学生了解游泳运动的特点、掌握游泳的四种泳姿，能够进行比赛，提高学生的运动能力、身体柔韧性、协调性和节奏性，培养学生积极向上、不怕输的好心态及团结友爱、互帮互助的团队精神		
活动要求	1. 必须穿着泳衣、泳裤，佩戴泳帽参加本社团的活动； 2. 保证活动的安全性，听从指挥，遵守纪律，有问题找老师； 3. 保证活动的出勤率，如不能参加活动须提前带假条请假； 4. 活动中同学之间要相互团结、互相帮助		
活动具体内容	蛙泳： 1. 熟悉水性：水中行走、换气； 2. 蛙泳腿、蛙泳手划水； 3. 蛙泳臂与呼吸的配合； 4. 学习蛙泳完整配合动作； 5. 分组练习25米蛙泳及转身动作； 6. 25米蛙泳测试		
活动过程记录	第1次课	1. 准备活动； 2. 手扶池壁行走； 3. 吹气； 4. 憋气漂浮	
	第2次课	1. 复习站立浮体； 2. 水中滑行； 3. 岸上蛙泳腿	
	第3次课	1. 岸上蛙泳腿； 2. 坐撑模仿； 3. 池边俯卧模仿	
	第4次课	1. 陆上模仿； 2. 池边俯卧模仿； 3. 扶板蛙泳腿	
	第5次课	1. 陆上模仿； 2. 池边俯卧模仿； 3. 扶板蛙泳腿	
	第6次课	1. 扶板蛙泳腿； 2. 扶板蛙泳腿换气； 3. 陆上划水模仿	
	第7次课	1. 池边划水模仿； 2. 水中划水练习	
	第8次课	1. 行进间划水与呼吸的配合； 2. 腿夹板划水与呼吸的配合	
	第9次课	1. 行进间划水与呼吸的配合； 2. 腿夹板划水与呼吸的配合	
	第10次课	1. 陆上完整动作模仿； 2. 水中闭气完整配合； 3. 完整动作配合	

续表

活动过程记录	第11次课	1.陆上完整动作模仿； 2.水中闭气完整配合； 3.完整动作配合
	第12次课	1.陆上转身模仿； 2.长划水练习； 3.25米蛙泳
	第13次课	1.陆上转身模仿； 2.50米蛙泳腿； 3.25米蛙泳
	第14次课	1.复习完整蛙泳动作； 2.25米蛙泳测试
安全措施		1.游泳练习前充分做好准备活动。 2.课前、课中、课后，都必须服从教师的教学安排。未经教师同意不能擅自下水游泳；服从教师管理，严禁跳水，不能做危险的动作和游戏。 3.游泳培训期间，必须按教师要求在安排的区域内练习，不得擅自离开游泳池区域或去其他区域练习；教师宣布下课后，必须马上起水上岸，不得再擅自下水
活动总结		提升： 1.学生基本能完成蛙泳动作且动作协调连贯，能够自主不带漂完成25米的蛙泳练习；在课堂中以赛促练，有很好的帮助作用，学生练习积极性很高； 2.每次活动结束，学生基本能完成500米左右的游泳练习，运动量足够 问题： 社团训练时间不能保证，学生总是有迟到现象，个别学生会迟到半小时，还需要与班级教师沟通，确保社团时间
社团历年成绩		1.2018年北京市游泳比赛女子乙组韩允儿获得50米蛙泳第一名； 2.2018年北京市儿童游泳比赛女子乙组贾茉获得50米蝶泳第二名； 3.2018年北京市儿童游泳比赛女子乙组4×100米自由泳接力第二名； 4.2018年北京市儿童游泳比赛女子乙组杨小米50米自由泳打腿第三名； 5.2019年北京市中小学生游泳比赛小学女子乙组贾茉50米蝶泳第一名； 6.2019年北京市中小学生游泳比赛小学女子乙组韩允儿50米蛙泳第二名； 7.2019年北京市中小学生游泳比赛小学男子乙组高易繁100米仰泳第二名； 8.2020年北京市中小学生游泳比赛女子小学组刘羽晗50米蝶泳第一名； 9.2020年北京市中小学生游泳比赛女子小学组刘羽晗100米蝶泳第一名； 10.2020年北京市中小学生游泳公开赛女子小学甲组刘羽晗50米蝶泳第一名

二、普通体育社团

普通体育社团招收的学生不同于精品体育社团，普通社团面向的是全体学生，根据学生自身的兴趣爱好，选择自己喜欢的体育项目。但是，需要根据体育教师的专业技能开展相应的社团，目前较为成熟的普通社团有花样跳绳、拳击、体能训练。

（一）花样跳绳社团

表6　花样跳绳社团活动安排和训练内容

社团负责人	张博彦	活动起止时间	2020.3.8—2020.6.25
学生人数	20	活动地点	北楼操场
活动目的	1. 丰富学生的校园课余生活，培养学生的花样跳绳学习兴趣； 2. 让学生在校掌握一项运动技能——花样跳绳，组建花样跳绳队； 3. 代表学校参加各级花样跳绳比赛，提升学生舞台表现力		
活动要求	1. 服装要求：运动服、运动鞋； 2. 准时参加社团活动，事病假，提前请假； 3. 社团活动时，团结友爱，互相帮助，懂得合作共赢； 4. 吃苦耐劳，能按照老师要求完成训练内容		
活动具体内容	1. 集体项目：大众一级； 2. 车轮跳：基础、提高； 3. 交互绳：基础、提高； 4. 大型集体自编		
活动过程记录	第1次课	1. 身体部位操； 2. 耐力跳2分钟、1分30秒、1分钟、30秒，基本步伐变换； 3. 15秒速度大比拼——单摇跳、编花跳	
	第2次课	1. 身体部位操； 2. 耐力跳2分钟、1分30秒、1分钟、30秒，基本步伐队形变换； 3. 15秒速度大比拼——单摇跳	
	第3次课	1. 慢跑5分钟； 2. 耐力跳2分钟、1分30秒、1分钟、30秒，大众一级，车轮跳基础； 3. 15秒速度大比拼——单摇跳	
	第4次课	1. 慢跑5分钟； 2. 耐力跳2分钟、1分30秒、1分钟、30秒，大众一级，车轮跳基础； 3. 15秒速度大比拼——编花跳	
	第5次课	1. 慢跑5分钟； 2. 大众一级、车轮跳基础、交互绳基础； 3. 15秒速度大比拼——编花跳	
	第6次课	1. 慢跑5分钟； 2. 大众一级、车轮跳基础、交互绳基础； 3. 15秒速度大比拼——带一单摇跳	
	第7次课	1. 慢跑5分钟； 2. 大众一级、车轮跳基础、交互绳基础； 3. 15秒速度大比拼——带一单摇跳	
	第8次课	1. 慢跑5分钟； 2. 大众一级、车轮跳提高、交互绳提高； 3. 30秒速度大比拼——单摇	
	第9次课	1. 慢跑5分钟； 2. 大众一级、车轮跳提高、交互绳提高、大型集体项目； 3. 30秒速度大比拼——单摇	

活动过程 记录	第 10 次课	1. 慢跑 5 分钟； 2. 大众一级、车轮跳提高、交互绳提高、大型集体项目； 3. 30 秒速度大比拼——编花跳
	第 11 次课	1. 慢跑 5 分钟； 2. 大众一级、车轮跳提高、交互绳提高、大型集体项目； 3. 30 秒速度大比拼——编花跳
	第 12 次课	1. 慢跑 5 分钟 2. 大众一级、车轮跳提高、交互绳提高、大型集体项目； 3.1 分钟速度大比拼———带一单摇
	第 13 次课	1. 慢跑 5 分钟； 2. 学期展示彩排：大众一级展示，车轮跳基础、提高展示，交互绳基础，大型集体自编展示； 3. 速度大比拼
	第 14 次课	1. 慢跑 5 分钟； 2. 学期展示彩排：大众一级展示，车轮跳基础、提高展示，交互绳基础，大型集体自编展示； 3. 速度大比拼
安全措施		1. 课前着重强调安全事项，提前做好安全预防； 2. 及时观察学生身体状况； 3. 根据学生状态，及时适当调整学生练习强度
活动总结		提升： 1. 社团学生整体状态很好，兴趣很高； 2. 教学任务基本完成，大众一级、车轮跳基础这两个项目学生完成较好，车轮跳提高、交互绳基础、交互绳提高、集体大型自编这几个项目还需要加强练习，尤其是多人配合的项目，学生默契程度还不够；通过最后的展示表演，看出学生还是缺乏舞台感，表现力不足，平时还需要增加展示表演的机会 问题： 1. 目前最大的问题就是新老交替问题，老队员对于动作很熟练，而新队员"上手"很难，有比赛任务时，主要精力放在比赛队伍训练上，而忽视新队员的练习，导致新队员队伍涣散； 2. 学生学习压力大，导致学生社团训练时间不能保证，大型集体项目训练，少人的话就不能完成训练
社团历年成绩		1. 2015 年、2016 年朝阳区花样跳绳比赛大型集体表演一等奖； 2. 2017 年、2018 年、2019 年获得朝阳区花样跳绳比赛大型集体表演二等奖； 3. 2015 年获得北京市花样跳绳比赛大型集体表演三等奖； 4. 2016 年获得北京市花样跳绳比赛大型集体表演二等奖； 5. 2017 年、2018 年、2019 年获得北京市花样跳绳比赛大型集体表演特等奖； 6. 2018 年全国跳绳比赛北京精英赛大型集体表演特等奖； 7. 2016 年全国跳绳比赛青岛站获得大型集体表演第五名； 8. 2019 年全国跳绳比赛河北唐山站获得大型集体表演第三名、交互绳基础规定套路第二名，车轮跳提高规定套路第三名； 9. 2019 年 11 月 22—25 日参加全国跳绳青岛站比赛，获得 7 个个人项目奖项，12 个集体项目奖项

（二）拳击社团

表7 拳击社团活动安排和训练内容

社团负责人	王雪莲	活动起止时间	2020.3.8—2020.6.25
学生人数	23	活动地点	北楼五层拳击教室
活动目的			
活动要求			
活动具体内容			

活动目的	1. 互相摸底：与学生达成思想沟通，让学生了解拳击，知道学习拳击的好处，了解学习拳击应有的思想品质和毅力； 2. 教学目标：通过学习，培养和训练学生机智敏捷、沉着果断、勇敢顽强、不屈不挠的精神； 3. 拳击比赛装备：拳击手套、护手绷带、护齿、护裆、护头的认识和运用； 4. 激发学生的学习兴趣：体会拳击中的时间感、距离感、空间感相互之间的关系和运用
活动要求	我们一直秉承着"要想练好拳，先得会做人"的理念，不仅教同学们如何打好拳，更重要的是告诉他们如何做人，如何做好人。也正因为有这种理念，成员不仅具有拳击手敢拼敢打的精神，同时还不缺少处子般的沉稳冷静与谦虚礼貌
活动具体内容	拳击内容：拳击基础姿势、拳击基础拳法、拳击移动步伐等； 身体素质练习：一分钟跳绳等； 拳击理论：拳击理论、常识、规则

活动过程记录	第1次课	1. 拳击的历史；2. 拳击基本的攻防站架； 3. 拳击基础的步伐移动
	第2次课	1. 复习上节课所学的内容：站架、步法、出拳； 2. 学习如何打右直拳；3. 核心力量练习
	第3次课	1. 复习前几节课训练的内容；2. 学习如何打手靶并带手靶； 3. 跳绳
	第4次课	1. 拳击的历史；2. 拳击基本的攻防站架； 3. 拳击基础的步伐移动
	第5次课	1. 拳击基本的攻防站架；2. 拳击基础的步伐移动； 3. 防守对练
	第6次课	1. 拳击基本的攻防站架；2. 拳击基础的步伐移动
	第7次课	1. 基本功；2. 上步空击；3. 练习身体整体力量
	第8次课	1. 拳击基本的攻防站架；2. 拳击基础的步伐移动； 3. 力量练习
	第9次课	1. 拳击的历史；2. 拳击基本的攻防站架； 3. 拳击基础的步伐移动
	第10次课	1. 拳击基本的攻防站架；2. 拳击基础的步伐移动； 3. 配合对练
	第11次课	1. 基本功；2. 上步空击；3. 跳绳
	第12次课	1. 拳击基本的攻防站架；2. 拳击基础的步伐移动
	第13次课	基本站架／步法移动部分
	第14次课	基本站架／步法移动部分，1v1 对内实战

续表

安全措施	1. 逐个动作进行示范，具体讲解动作，逐个学生进行辅导； 2. 学生个人练习和个别辅导相结合； 3. 采用学生互帮、好学生示范的方法，进一步提高水平； 4. 在活动前对学生进行安全教育； 5. 保证每次活动都要进行出缺勤记录； 6. 在安全保证的前提下进行个性练习
活动总结	提升： 1. 拳击社团中的大部分学生都按时参加社团，整个气氛较为融洽，充满了欢声笑语； 2. 学生在拳击基础姿势、拳击基础拳法、拳击移动步伐等方面掌握很好。有时教练还会根据同学们的表现或身体状况来安排其他授课内容，像一分钟跳绳、身体素质练习等 问题： 1. 课堂需增加学生练习内容及趣味性，提高学生练习的兴趣； 2. 练习密度和强度不够，还需要锻炼学生不怕苦不怕累的品质
社团历年成绩	2018 年第十届北京市体育大会小学组拳击操第一名

（三）体能训练班

表 8 体能训练社团活动安排和训练内容

社团负责人	体能训练	活动起止时间	2020.3.8—2020.6.25
学生人数	20	活动地点	北楼一层小胖墩活动室
活动目的	1. 落实学校"幸福人生从健康启航"办学理念； 2. 改善学生体重、增强体质，提高免疫力； 3. 针对国家学生体质健康测试，为学生中考体育做铺垫		
活动要求	1. 着运动服； 2. 按时出席，不能参加要说明原因，不能无故缺席； 3. 珍惜锻炼成果		
活动具体内容	准备活动：慢跑热身、跳操热身等； 主教材：超越跑、追逐跑、上肢力量、下肢力量、核心力量等； 放松：有氧慢跑、抻拉活动等		
活动过程记录	第 1 次课	1. 记录体重、BMI； 2. 慢跑 200 米 ×3； 3. 跳操燃脂 ×4； 4. 拉伸 ×4； 5. 放松	
	第 2 次课	1. 慢跑 200 米 ×3； 2. 跳操燃脂 ×4； 3. 拉伸 ×4； 4. 上肢力量； 5. 放松	
	第 3 次课	1. 慢跑 200 米 ×3； 2. 跳操燃脂 ×4； 3. 拉伸 ×4； 4. 下肢力量； 5. 放松	

活动过程记录	第 4 次课	1. 慢跑 200 米 ×3； 2. 跳操燃脂 ×4； 3. 拉伸 ×4； 4. 核心力量； 5. 放松
	第 5 次课	1. 慢跑 200 米 ×3； 2. 跳操燃脂 ×4； 3. 拉伸 ×4； 4. 耐力素质练习； 5. 放松
	第 6 次课	1. 慢跑 200 米 ×3； 2. 跳操燃脂 ×4； 3. 拉伸 ×4； 4. 上肢力量； 5. 放松
	第 7 次课	1. 慢跑 200 米 ×3； 2. 跳操燃脂 ×4； 3. 拉伸 ×4； 4. 下肢力量； 5. 放松
	第 8 次课	1. 慢跑 200 米 ×3； 2. 跳操燃脂 ×4； 3. 拉伸 ×4； 4. 核心力量； 5. 放松
	第 9 次课	1. 慢跑 200 米 ×3； 2. 跳操燃脂 ×4； 3. 拉伸 ×4； 4. 耐力素质练习； 5. 放松
	第 10 次课	1. 慢跑 200 米 ×3； 2. 跳操燃脂 ×4； 3. 拉伸 ×4； 4. 上肢力量； 5. 放松
	第 11 次课	1. 慢跑 200 米 ×3； 2. 跳操燃脂 ×4； 3. 拉伸 ×4； 4. 下肢力量； 5. 放松
	第 12 次课	1. 慢跑 200 米 ×3； 2. 跳操燃脂 ×4； 3. 拉伸 ×4； 4. 核心力量； 5. 放松
	第 13 次课	1. 慢跑 200 米 ×3； 2. 跳操燃脂 ×4； 3. 拉伸 ×4； 4. 耐力素质练习； 5. 放松

活动过程 记录	第 14 次课	1. 测量体重、BMI； 2. 慢跑 200 米 ×3； 3. 跳操燃脂 ×4； 4. 总结
安全措施		1. 认真检查所用器材； 2. 及时观察学生状态，调整练习强度； 3. 要做放松活动； 4. 锻炼时不要嬉戏打闹，易对锻炼的同学造成伤害
活动总结		提升： 1. 丰富了学生的实践活动，带领学生体育锻炼，也带领学生进行一些校园内的其他体力活动，既改变了学生锻炼活动的形式，也从身体与思想上，双管齐下对学生进行塑造； 2. 练习中不断地引进更加科学的训练手段，提高学生的运动量，提高学生的消耗，降低学生受伤的概率，提升学生的锻炼参与度，如针对学生全身性的训练，引进HIIT 的训练手段，增加学生的训练负荷，提高学生单位时间内的消耗，更好、更快地提高身体素质 问题： 1. 活动过程中，个别学生会出现畏缩情绪，加强学生心理教育非常重要； 2. 家校联系需更加紧密，制订学生健康饮食习惯及锻炼计划

第三节　体育社团未来展望

一、引导教师、家长、学生对于社团体育锻炼的认识

从学校层面上讲，学校始终心系学生身心健康，对体育工作常抓不懈。确保学生每天在校不少于 1 小时体育活动，需要全校教师共同参与才能达到更好的效果。体育教师的任务主要是组织、策划学生活动内容，而班主任的配合尤为重要，一个优秀的班主任会合理地安排学生充分的体育活动，劳逸结合的学习是效率最高的。班主任适当地参与学生的体育活动，一方面能够言传身教，另一方面能够有效地促进师生关系良好发展。

目前，家长对学生的身心健康也倍加关注，"学好数理化，走遍天下都不怕"的时代已经过去了，家长普遍受教育程度很高，对培养学生体育锻炼习惯有一定的认识，也愿意让学生多参加锻炼。现在需要做的就是加强家校联系，让家长了解学校体育社团的基本情况，适当地做一些宣传，明确学校体育社团培养学生的方向和基本参与要求，引导家长培养学生一至两项运动技能，让学生课余生活更加充实。

小学阶段学生的兴趣爱好广泛，容易对一些新兴运动项目感兴趣，但缺乏持之以恒的精神，刚开始接触一个运动项目时，兴趣高、练习认真，从内心

就想学习这项技能，所以技能掌握得非常快。而学习一段时间或有一定基础之后，就会有一个"瓶颈期"，要想有所提高，就需要反复练习、巩固。这时，学生就很容易出现厌倦、抵触心理。教师的引导和及时引入新内容，可有效提高学生练习兴趣。同时，参加一些比赛可以开阔学生视野、促进学生练习的积极性。以赛促练是体育魅力所在，学生通过比赛可以体验胜利的喜悦，也会感受失败的伤感，这种有喜有悲的体育社团生活，可以锻炼学生正确对待生活中的成功与失败，让学生以更好的方式处理生活中的事情。

二、健全学校社团建设管理办法及体育社团建设体系

我校经过多年的学生社团活动开展，已经有了比较完善的社团管理实施方案，但是我们也会根据每个学期的具体实施情况做合理的改进，使之更加符合学校、学生的情况，下面是我校关于社团建设的实施方案。

朝阳区实验小学竞赛类社团管理实施方案

为了进一步规范和提升我校竞赛类学生社团，加强竞赛类学生社团的设置与管理，推动其健康发展，繁荣校园文化活动，促进校园精神文明建设，以求达到学生社团自我发展、自主成长的目的，结合我校实际情况，为保障工作顺利进行，特制订此方案。

一、指导思想

贯彻落实"双减"政策，全面推进素质教育。开展多学科竞赛社团活动，旨在培养学生兴趣爱好，发展学生个性特长，提高比赛成绩和水平。

二、总体要求

朝阳区实验小学社团是有着共同兴趣爱好的学生群体的一个组织机构，是小学生素质拓展的载体。通过有组织、有计划、有成效地开展活动，营造浓厚的、多元的校园文化氛围。通过参加市区级赛事，提高学生的综合素养，取得良好比赛成绩。更好地推动校园文化建设，打造社团品牌，形成学校特色。

三、具体工作

（一）成立工作机构，明确各级职责

1. 组长：陈立华（校长）、胡爱国（书记）

职责：负责整体工作部署、指导。

2. 副组长：曹京（副校长，分管后勤）、赵黎明（德育副校长）、孙滨（科任主任）、王长柏（体育主管主任）

职责：负责社团具体工作方案制订与落实，社团活动指导等工作，确保社团活动有效落实。

3. 组员：学校所有教职员工

职责：全员参与学校社团工作，及时发现问题，总结经验，为学生提供丰富的社团活动资源，为发展学生兴趣特长做好服务。

（二）社团活动组织原则

1. 自愿报名。社团本着从学生兴趣爱好、发展特长出发，组织学生自主选择。

2. 优先选择。教师选拔，对于参加市区级比赛的竞赛类社团，可优先选择学生参加。

3. 统筹协调。统筹小组整体协调学生人数，布置全校教室和安排教师。

（三）社团活动安排

学科领域	体育	综合	科学	音乐
体育类	啦啦操社团 游泳社团 篮球社团 足球社团			
科技类			模型社团 机甲大师社团 无人机社团	
艺术类		魔术社团 舞狮社团		凤飞舞蹈社团 梨园天地社团

（四）社团活动流程

1. 第一阶段：学校社团申报。由各学科进行自主申报，经学校批准后成立。
2. 第二阶段：社团学生招募。下发招募通知，让学有所长的学生加入自己喜欢的社团活动中。
3. 第三阶段：社团组织实施。审批申请加入社团成员资格，确定社团人数，制订社团计划、社团活动内容等。
4. 第四阶段：展示阶段。每学期末各社团进行展示、总结，竞赛类社团组织学生参加各级各类比赛，有条件的竞赛类社团召开家长会。

（五）社团教师工作职责

1. 授课或负责教师：
（1）授课教师负责与指导教师的联络、活动的协调、活动的巡查、质量的反馈、家长的反馈。
（2）了解学生的出勤、教师教学、值日、门窗关闭的情况。
（3）收集社团材料（计划、总结、出勤等过程性材料）。
（4）定期召开相关人员的情况会议、组织每学期的社团成果展示活动。
2. 助教教师：
（1）提前 10 分钟进教室，将所用教室的门打开。
（2）记录学生的出勤情况，了解学生未到的原因。
（3）记录授课教师的出勤情况。
（4）配合上课教师做好组织与管理、内容的指导工作。
（5）活动后与授课教师一起完成学生的用餐、放学、教室卫生等工作。
3. 活动记录表。

活动名称			
活动负责人		活动时间	
学生人数		活动地点	
活动内容			
活动过程			
防疫安全	是否佩戴口罩　是（　）否（　）　　是否排查设施设备等安全隐患　是（　）否（　）		
活动效果			

4. 组织保障。
（1）加强组织领导。
强化统筹协调，构建上下联动、多方协同的工作格局。成立推进小组，统筹项目资金，强化责任落实，加强协调、推进工作落实。
（2）创新推进机制。
制订任务清单，按照标准和要求，各社团逐项落实。发挥教师主体作用，引导教师利用校内外资源，主动推进社团工作。完善社团考查制度，将社团培优纳入绩效考核范围。
（3）强化宣传引导。
运用学校网站、公众号等媒介，广泛开展社团活动的宣传引导。扩大展示与推介，提升社团知名度。各社团及时总结、发现典型，加大宣传，营造良好氛围。
（六）落实安全第一要求
1. 活动前教师要认真检查场地和所用器材的安全情况。
2. 学生活动前教师要向学生讲明此项活动易出现的安全问题和注意事项，要求学生听从指挥，不违章操作。
3. 开展活动时，教师要随时关注学生的活动细节，做好安全管理。
4. 学生出现伤害事故时，第一时间向主管领导汇报，并及时拨打 120、110。
（七）及时应对突发事件
1. 教师第一时间向负责行政领导进行汇报。
2. 视情节轻重决定是否送医治疗。严重者，拨打 120、999 立即组织抢救，并向校长汇报。学校派一名领导护送伤员到医院救治。
3. 采取积极措施做好伤员及家长的接待工作，妥善处理善后事宜。
4. 对于临时发热的学生，及时送到学校隔离室，联系家长接走就医。

这个方案是根据以往社团开展情况制订的，是比较完善的。但是，在每个学期我们具体实施过程中，都会出现意想不到的新问题，这些问题我们会记录下来，在下个学期的社团活动方案中进行改进，我们会尽可能将体育社团办成学生喜欢、家长满意的社团活动。

三、加强体育社团教师管理

随着精品社团不断发展，外聘教师越来越多，出现的问题也随之增多。对于外聘教师的管理尤为重要，为此我们对授课教师和管理教师制订了相应的职责。

（一）授课教师职责

1. 提前确定训练内容，课前 10—15 分钟到学校，做好每节课课前准备。

2. 课上认真负责，对学生有针对性地指导，关注每个学生课堂状况。

3. 课后及时对学生课堂表现做出评价。

4. 师德"红线"绝对不能触碰。

（二）管理教师职责

1. 与授课教师提前沟通教学内容，确定整体课程计划，并根据进度及时做出调整。

2.跟随课堂，针对问题学生及时纠正，帮助授课教师更好地完成课堂内容。

3.统计授课教师、学生出勤情况，及时了解未到原因。

学校对授课和管理教师都制订了相应的职责，同时，为督促将职责落在实处，体育行政主管每天都巡查各个体育社团的开展情况，将看到、听到、想到的情况及时与管理教师进行沟通、交流，并督促其进行改善或调整。同时管理教师和授课教师要每天交流、沟通当天社团活动的情况，及时调整教学方法或措施，不断优化教学效果。

第九章　体育竞赛

第一节　校内竞赛

"体育强则中国强，国运兴则体育兴。"体育竞赛是学校体育重要的组成部分，是一所学校体育文化的突出载体，是学生自我展示、体验竞争、学会遵守规则的重要途径。

一、我校体育竞赛的发展历程

我校体育竞赛经历了从无到有、从简到精的一个发展历程，也是从运动会的按部就班到现在的丰富多彩。这个过程是学校体育组一步一个脚印配合我校的体育课程改革一步步走到了现在。其间的心路历程至今还回荡在体育组每一个成员的脑海里，是体育组每一个成员的青春记忆。

（一）我校体育竞赛的初始阶段

我校体育竞赛的第一阶段是在我校进行体育课程改革之前。我校体育组按相关的体育文件规定，在高效地完成体育教学任务的同时，在每一学期都进行一次综合性的体育运动会，一般是第一学期开展跳绳比赛，第二学期开展田径综合运动会。我们会根据学生的年级设置不同的比赛项目。当时因为场地限制，我们还会因地制宜地设置场地，以便于运动会的顺利进行。在每一次这样的综合运动会上，我们从一部分同学参加运动会过渡到保证每一名同学都能够参与到运动会中，这样学生每年就有两次参与运动会的机会。这样的综合运动会是那些在体育方面有特长的学生一次很好的展示自己的机会。这样的运动会可以全面、高效地组织学生进行比赛。同时，每一年定期进行的两次运动会有规律可循，学生可以提前做好比赛准备。

但这样的运动会只给那些在田径方面有特长的孩子提供了展示舞台，大部分的孩子不能够在这样的运动会上找到自己的运动优越感，不能全身心地投入这种运动会中去，这也是很多同学喜欢体育运动，却不喜欢体育课的原因。这样的运动会就失去了它举办的基本意义，失去了它的教育功能。

（二）我校体育竞赛的发展阶段

随着我们学校进行体育活动的改革，体育组不断地丰富着学生体育大课间的体育项目。最开始增加的项目都是发展学生身体素质的活动，如跳绳、仰卧起坐、爬行等。学生练习的热情很高，体育教师就因势利导地组织起了针对此项目的小型比赛。在比赛中学生充分地展示了自己练习的成果，同时认识到自己练习的不足，从而在以后的练习中更加有热情地进行练习。跳长绳练习最受学生的欢迎，学生们在练习中非常投入，学生们的跳绳技术也在跑、跳间不断提高，通过比赛不断去刷新着自己的最高成绩，所以跳长绳这个项目一直存在于我们的体育活动中。

随着练习与比赛的推进，这些基本项目已经不能满足学生的需要了，因此我们引进了一些有配合的小游戏来引导学生进行体育锻炼。随着练习的深入，这些小型游戏的比赛也自然而然地在各年级开展起来。这样，我们不仅每个学期都进行一次比较综合的体育运动会，还利用课间操时间组织学生进行简单易行的小型游戏比赛，让每一名学生都能参与到比赛当中去。这些比赛是综合运动会的有效补充，使更多的学生能够主动地参与到运动竞赛中来，体会运动竞赛带来的快乐，使一名学生多次参加体育比赛变为可能。

（三）我校体育竞赛的提升阶段

随着我校开展体育课程改革，更多的体育项目进入了体育课堂教学中。很多同学在选课的过程中都能够选到自己心仪的体育项目进行练习，这就让学生掌握一门或多门体育运动技能成为现实。我校的操场各处都能够看到学生热火朝天的体育锻炼镜头，他们练习得非常投入。逐渐地，学生产生了更高层次的运动需要，各种球类及其他比赛也就孕育而生了。体育组不仅通过球类比赛提高了学生对基础动作的运用，更是引导、鼓励学生在比赛时相互配合，重视对学生球类规则意识、礼仪意识的培养。

学校对球类比赛非常支持，从人力、物力、时间等多方面为比赛开绿灯，也使得球类比赛从一个年级过渡到整个校区，从简单的淘汰赛变为联赛。现在，篮球和足球被分别放在两个学期进行常态化的比赛。比赛中，我们针对不同年级对篮球、足球动作的掌握程度，修改相应的规则，让比赛更加有针对性，更加适应我们的孩子，同时还与其他学科合作，让体育比赛影响更多的同学、更多的学科。

这期间，体育组对每学期一次的综合运动会进行改革，把运动会与体质健康测试相结合。运动会上所设置的项目都与体质健康测试有关，既是学生参加运动会，对自己锻炼成果的一种展示，又是我们体育教师了解学生身体状况的一次好机会。学生参与运动会的热情极大地提高了，运动会上学生的表现非常投入，锻炼的效果也极大地提升了。我校区也逐渐形成以运动会为主体，各年级球类项目联赛为辅助，课间小型游戏比赛为补充的三位一体的比赛体系。

二、多样的校内体育比赛促进我校学生体育核心素养的养成

丰富多彩的体育比赛不仅能够培养学生健康的体魄，也能培养学生社会适应能力等多方面素质，促进学生德智体美劳全面发展。所以我们要充分利用多种多样的学校体育比赛，充分开发学校的体育比赛，让学校比赛得到最大化的发展。

（一）多彩的比赛培养学生适应社会的能力

多彩的比赛让学生在合作中不断进行磨合，学生间的合作、交流、领导能力等都得到了有效的发展。现在的独生子女占比较大，孩子们自我意识都非常的强，部分学生不知道与他人如何进行合作，如何进行有效的沟通交流。我们学校通过举办多种多样的校内体育竞赛，不断地给学生创造与他人合作、沟通的环境，不断地引导学生间的交流合作，使学生们在此方面得到有效的培养。我们不仅引导学生主动参与比赛，针对高年级学生，我们更是将参与比赛、组织比赛的权利交给学生，比如说让学生自主组队、给队伍取名、制订比赛战术等一系列活动，让每一名参赛者发挥自身所长。

（二）多彩的比赛促使学生不断进取、完善自我

多彩的比赛让学生找到身上的闪光点，让学生实现自我的价值，肯定自己的努力与付出。

早期的校园体育比赛只是那些在田径方面有特长学生的表演舞台，而且一年只有一次到两次比赛机会，大部分同学不能找到体育运动带来的快乐，因为他们没有机会来展示自己。随着我校体育比赛的不断增加，比赛内容的不断丰富，校区内的每一名学生都能够找到适合自己的比赛，并在比赛中充分发挥自己的特长，感受到体育运动带来的身心愉悦感。学生通过体育比赛找到自信

的同时，也会充分认识到自己在比赛方面的不足，他们就会想方设法地提高自己的运动技能，这就不断地促使学生通过不同的学习途径来提高自己的技术动作，从而更好地参与到体育竞赛中去。这个不断完善自己的过程，就是学生自主学习的过程。学生有了自主学习的意识，就会大大提高学习效率。同时，这种自主学习和认知的过程，也能更好地使学生在比赛中充分发挥已学的体育知识、运动技能和战术，让学生积极地与他人进行配合，高效地完成比赛。

（三）多彩的比赛促进体育课堂的高效

多彩的比赛可以使学生在比赛中找到快乐，保持对运动的兴趣，唤醒学生对体育技术学习的内动力。体育课堂是学生学习体育知识和技能的方式之一，学生对运动的兴趣、学习的自觉性会大大提高体育课堂教学的效率，在体育课堂学习中，学生就会充分发挥主体作用，主动观察教师的示范，认真聆听教师的讲解，并能够积极主动地把收集到的学习材料进行积极有效的加工，在练习中做出正确、有效的判断，不断地改进自己练习的方式。在练习中他们会积极地与同伴进行合作交流，不断提高自己练习的成功率，这样高效的体育课堂学习就达成了。有了高效的学习，学生再把练习成果运用到体育比赛中去，在比赛中不断地改进和磨炼，有了更新的对体育动作的认识，再回到体育课堂中进行更深层次的练习，这样就达到了课上课下的良性循环。

三、体育比赛的开展促进体育教师专业的成长

2014 年第 30 个教师节前夕，习近平总书记考察北京师范大学时勉励广大师生要做"有理想信念、有道德情操、有扎实学识、有仁爱之心的"四有教师。体育教师更要适应现今社会对教育的要求，随时调整自己的教育理念。尤其是在我校进行体育教育改革的关键时期，更需要体育教师保持良好的改革头脑，不断加强学习，创新体育竞赛模式，为学生创造更好的比赛环境。

（一）促进教师对体育技能、教法的再学习与再应用

总校有体育教师 15 人，其中大学本科 14 人，研究生学历 1 人。每一名体育教师都有从事专业体育运动的经历，有自己的运动专项，如田径、篮球、排球、足球、羽毛球、游泳等，这也为我校顺利开展体育课程改革提供了人员上的基础保障。随着校园比赛的深入开展，也引起了体育组的深思，体育组深刻认识到自身的体育技能还是不够的，而只有体育教师自身体育技能丰富，对学生的指导才能够到位，才能使我校区的体育竞赛生命一直延续下去。认识到这一点，体育组果断地制订了组内的学习方案，让组内在一定运动项目上有特长

的教师进行相应的培训。这种培训不是简简单单的技术动作的学习与拷贝，而是在学习中针对技术的特点，针对不同学生年龄的特点，讨论教法与学法。通过大家共同的学习与练习，碰撞出了更好的教学方法。这不仅使年轻教师不断积累教学经验，同时也改变了老教师的固有教学模式，更能有的放矢地进行课堂教学。以足球的技术教学为例，原来在进行球性练习的时候，教师们只会进行揉球、点踩球等简单的重复练习，再高级点的，可以组织学生进行足球比赛。通过学习与讨论，体育教师不仅要组织学生进行动作的学习与比赛，同时还把足球的理念贯穿到学习过程中，例如，组织学生小组进行练习，让学生知道相互间的配合、做完动作后的移动、如何衔接其他动作。体育教学不只是让学生原地练习，而是让学生跑动起来，配合起来。

（二）促进教师组织比赛能力的提高

随着我校区体育竞赛的增多，我们发现，体育教师成长得很快，我们的孩子成长得更快。他们从原来的被动参与，到乐此不疲地主动参与。随着参与比赛场次的增多，我们发现，有的孩子领导力得到了充分的展示。他们利用自己学到的体育知识及技能，不仅在比赛中充分发挥自己的特长，去积极赢得比赛；甚至从比赛的报名、课余训练、场上简单的战术配合都能发挥自己的组织能力。在高年级的学生里，也有一部分同学开始研究比赛的规则了。这种情况也对体育教师组织比赛提出了更高的挑战。体育教师组织学生比赛，不仅是对体育项目的推广，更是对体育项目知识及规则的普及。体育教师不仅要与学生进行交流，更重要的是要与班主任及其副班主任交流，这也是体育教师树立自信与在比赛中树立权威的好机会。如在一场中年级的网球比赛中，教师判罚得比较犹豫，学生对结果有异议，虽然当时也跟学生进行了规则的讲解，但是这次判罚还是被告到了体育组，反映裁判不公平。虽然最后我们的体育教师和学生通过再现争议判罚的场景，理清了规则，圆满地解决了这件事，但值得我们反思的是，如果当时裁判判罚得坚决、合理地解释规则，可能这件事情在当时就比较轻松地解决了。这件事也让我们深刻地认识到，随着孩子参加比赛场次的增加，规则意识的加强，教师组织学生比赛的能力，尤其是执法能力也要随之提高。

（三）促进师生课上及课下的交流

随着校区众多比赛的不断深入进行，我们发现体育这个非考试学科越来越受到学生的重视。从哪个角度能看出来呢？就是不断出现学生课上、课下追着教师问问题现象。原来我们的课上都是教师进行组织练习，学生按照教师的讲解进行单独练习、小组合作练习来提高自身的身体素质及技术动作。如果教师不主动对学生提问，学生基本不会主动地进行思考来解决问题；下课后，很少有学生针对学习的内容跟教师进行交流。这样的体育课，只能是教师根据自己以往的教学经验，来调整下一节课的练习内容及练习手段，使体育课上锻炼效果不是很突出。随着我校体育课程改革的实施，体育课程的内容更贴近于学生的需要，学生选择了自己喜欢的体育项目，因为热爱就会认真练习，在练习中就会发现问题、解决问题；遇到解决不了的问题，就会主动与体育教师进行交流，从而提高课堂体育课的锻炼效果。因为我校有很多体育比赛是根据学校开展的体育课程来实施的，所以学生就能把课上学到的动作及知识运用到比赛中来。由于学生会主动地去思考如何赢得比赛，所以会主动地与体育教师进行互动，去问如何在比赛中合理运用动作，在比赛中如何进行小组合作，在比赛中如何运用简单的战术配合等。这就说明当学生成为学习主体的时候，任何的学习困难在学生面前都是可以逾越的。这时候的体育教师就更应该在自己所执教的体育项目中，进行深刻的学习，从体育项目的宏观理念到体育项目的微观细节动作都要了如指掌，才能够使课上课下学生提出的每一个问题，都得到满意的答复，保持学生这种热情的学习状态。

第二节　集团竞赛

一、教育集团体育竞赛的演变

北京市朝阳区实验小学教育集团是一个拥有 18 个校区 20 址办学的集团校，校区涵盖了城区校、农村校、郊区校和省外校。每一个校区都有自己独特的体育环境，开展着符合自己校区的体育项目。如何将这些校区的体育项目关联起来，是摆在我集团体育负责人面前的一个难题。毛泽东同志曾经说过，星星之火，可以燎原。我们的朝实体育人是智慧的、有前瞻性的。我们不断探索这星星之火，寻找到集团体育竞赛这个切入口，加强教育集团内各校区的体育交流，让集团的体育竞赛热火朝天地开展起来。

（一）两个体育教师的约定

2014 年，我校接收了罗马校区，由于罗马校区师资薄弱，教学质量较差，需要总校派教师支持，所以人员调动在所难免。朝阳实验小学有一个很好的传统，就是在学校需要时，老教师和骨干教师都会冲在前面，为学校的发展和年轻教师开路架桥，披荆斩棘。当知道是最年长的陈旭老师准备调去罗马校区工作的时候，大家虽然心里有所准备，但依旧很是不舍。在日常工作中，无论是课上的组织教学，还是课外的社团组织，或是学校管理工作，陈老师都表现出一丝不苟的态度，一直是大家学习的榜样。在体育组组织的组内欢送仪式上，陈老师一句无意的话，让高晓明老师记在了心里。

学校有时候会在周五下午组织教师足球赛，这是男老师们一周之中最为期盼的时间。每在这个时间，我校足球队还会与周围的"邻居们"进行友谊交流赛，比如三里屯派出所的民警们，或者沙特大使馆的外交官们。这些友谊赛的组织与进行，不仅融洽了教师之间的关系、锻炼了身体，更是消除了一周的疲惫。

陈老师还是惦记着足球赛的事情，于是高老师就说道："没关系的，陈老师，你去罗马组织一个足球队，我们周末找你踢比赛去。"就这么一句简单的话语，两位老师就当作了承诺，但在当时，所有人都以为这是两位教师寒暄的话语。殊不知在不久的将来，我校的体育竞赛因为这两位教师无意间的约定，产生了翻天覆地的变化。

在 2015 年的一天，高老师组织大家周末踢足球比赛，但当时还不知道对手是谁，大家想着反正是踢球赛，就抱着参与的心态进行自主报名。在周五的下午得知对手是陈老师组织的罗马球队时，想着又能与老队友相见了，大家都非常兴奋。周六的早上，大家如约而至，在与罗马校区教师足球队进行友好的交流比赛后，高老师感叹道："要是咱们的学生能出来与别的校区的学生进行足球比赛，那该多好啊！"也是这么一句简单的话，引起了大家的共鸣和思考。就这样没过多久，两校区的足球友谊联赛就开始了。当时安排主客场制，而且男女各组一队，这样可以增加比赛场次，让学生有更多的比赛机会。尽管如此，因为只有两个校区，所以场次也是出奇地少，学生刚兴奋起来比赛就结束了，老师们也觉得意犹未尽，思考着以后能不能让更多的校区参加，举办大规模的足球联赛。

（二）不断完善的体育赛事

2015 年，总校（幸福校区）开始转变体育课程及社团模式，加强对学生体质健康的提升，开展丰富多彩的体育活动，从课上的联排体育课，到课后社团活动，开展的体育课程或项目足足有 10 多门。在这么多应接不暇的体育课程中，学生找到了自己喜欢的项目，挖掘了自己的运动特长。

体育教师在这么多项目中，发挥着自己的专业和特长，每人在完成课堂教学的基础上，额外开展1—2门体育项目，但仍不能满足学生的需求。面对这种压力，学校在一些项目上外聘教练，这样不仅满足了学生的需求，更是对学生体质的负责，同时解放了校内教师，让校内教师可以更好地投入自身的常规课堂教学中，以保证小学阶段教材上应知应会的内容。

随着时间的推移，总校从开始的足球、篮球、排球、花样跳绳、游泳、武术、垒球、轮滑、围棋等项目，到后来增加了旱地滑雪、舞狮、街舞、拳击、体操等课程。这些课程让学生的选择空间更大，也让一些小众、新奇的项目走近学生的身边。它们不仅发展了学生生长关键期的身体素质，还培养了学生对美的认识，让学生懂得欣赏美，从而正向培养学生的正确人生观和价值观。

学生在课上学习了运动技能，课下自行进行练习或比赛，有时可以看到学生在校外，与三两好友自发组织小规模比赛。看到学生们的兴趣高涨，学校的体育教师在学生技能掌握到一定程度后，开始组织教学比赛，从班级比赛，到年级比赛，学生们的热情不减，有的班级自己制作标语，有的班级自发制作横幅，让比赛更有观赏性。场上队员看到自己班的同学热情呐喊助威，发挥的水平更高了，更投入了。比赛中无论输赢，学生都是收获的一方，学生们在胜利的果实中享受到比赛带来的快感，学生们也在失败之母的怀里体会人生的哲理。比赛给孩子们带来了以后坚定成长的信念，兴许这就是学校体育的初衷。

总校的体育赛事路程，从早期的队列比赛、跳绳比赛、手球比赛，到中期的砍包比赛、篮球比赛、足球比赛，到现在的校区内"百队杯"比赛；从开始4个班额的年级比赛，到现在10个班额的年级比赛，拓展至全校各年级都参加，总校的体育赛事是逐步发展起来的，一步一个脚印，扎实稳重，有迹可循。

（三）不断扩大的集团体育竞赛规模

总校的比赛已经形成了规模，从规则的制订，到比赛顺利进行，到最后颁奖和新闻的发布，这一整个程序在教师们不断的努力探讨下，已经成熟了。这时就开始扩大比赛范围，从总校一个校区的比赛，升级到了校区间的比赛。为了推动教育集团体育竞赛和群体活动的开展，提升学校的体育文化品质，营造健康浓厚的校园体育文化氛围，从2015年开始，由总校统筹安排，各校区共同配合和承担，每年举办一次教育集团联赛活动。

教育集团联赛逐渐发展成从 2015 年的 3 个校区，到 2019 年的 7 个校区之间的联赛。第一届教育集团的体育联赛是由赛制相对比较成熟的总校来担任举办方，到后来逐步由罗马、润泽、密云等校区来承办。由于每个学校体育项目发展的侧重点不一样，各校区体育教师也经过多次协商与探讨，第一届集团联赛将足球作为体育比赛的主要项目，每个校区分别出两支队伍，男、女各一队，进行循环赛，接下来以积分排名再进行淘汰赛，最终分出冠、亚、季军。第二届集团联赛以篮球作为比赛交流项目。由于在比赛休息期间，各校区都会组织啦啦队进行现场表演，也引发我们将其列入比赛项目的思考。经过两届集团联赛的成功举办，各校区的教师进行交流总结，最终以篮球、足球、啦啦操项目作为每年校区间交流比赛的项目。这样不仅确定了教育集团体育竞赛的发展方向，同时可以让学生在比赛中不断地完善自己。

无论哪一届集团联赛，都得到了各校区相关领导的大力支持。最让人欣喜的是，远在千里之外的贵阳校区，也克服困难来京参加了集团比赛。这是孩子们小学运动生涯中最宝贵的时刻，也是最难忘的时刻。虽然教育集团举办的校区间的比赛规格没有朝阳区、北京市的规格大，但是与这些比赛中包含的意义与收获是一样的，同时加强了校区之间的沟通与交流，让教育集团的整体性更强、文化理念更趋于一致。

二、教育集团体育竞赛取得的成果

通过集团化的比赛，集团各个校区的体育项目蓬勃发展，不仅增加了各校区学生比赛的场次、比赛的项目，它更像是一个体育项目的大 party，让集团内的学生享受体育比赛带来的快乐，使集团内的体育教师展示自己独到的训练水平，分享与吸收训练经验。我们共同享受集团化办学带来的红利。

（一）促进了各校区间体育教师的交流

集团比赛得到了各个校区领导的高度重视和师生的积极响应，最终取得了圆满成功。体育联赛是集团内规模最大、项目最多、参与群体最广泛的学生活动。在 2015—2019 年这四年中，不仅比赛规模得到扩大，比赛水平也得到了提升。对于学生而言，校区间的联赛，一定是符合要求，并且自身能力可以代表本校区水平的队员才能参加，在这种前提的驱使下，不仅让学生产生了紧张感，同时也让各校区的教练员们产生了紧迫感。

在这种紧迫感中，各校区也是竭尽所能地提升教师和学生的水平，那如何提高学生的运动水平呢？首先要提升教练员的执教水平。俗话说，千里马常有，而伯乐不常有。好的运动员，还需要好的教练来发现。面对这样的压力，教师们开始了求学之路。无论是对比赛的认知、了解，还是实战水平处于什么样的状态，教师们都做到了"敏而好学，不耻下问"。教师的水平提高了，就会促进学生的练习兴趣与水平的提高。借着校区联赛的热度，各校区私下组织过很多场友谊交流赛；在交流赛上，对孩子们来说，可以积累比赛经验，了解对手的水平，为以后的集团联赛做好准备；对教练员来说，可以明确今后有哪些地方可以提高，以及再一次确定大家一直努力的方向是否正确。

（二）形成了"一校一品"及"一校多品"的局面

总校在推进"一校一品""一校多品"建设的过程中，根据学校体育发展情况以及教师自身优势，选择合适的项目。换而言之，我校以实际情况为依据，选择一个明确的定位，除了基本的历史沿革之外，还和其他学校进行横向对比，突出自身优势，综合多方面数据资料，形成符合学校战略发展的教学目标与计划。

经过多年发展，总校由于规模较大，学生生源相对充足，将篮球、足球、游泳和啦啦操等体育项目列为学校重点打造或发展项目，形成"一校多品"的局面。雄安校区通过参与集团联赛，在篮球方面得到了极大的发展。不仅参与集团比赛成绩稳步提升，更是在比赛的影响下，雄安校区全体学生都进行了篮球技术的学习，在课间操中编排了有自己校园特色的篮球操，开展有特色的千人篮球活动，形成雄安校区的品牌。在集团啦啦操联赛中，贵阳校区啦啦操队惊艳亮相，展示出了高素质、高水平。贵阳校区不只是啦啦操水平高，还根据校区所在地区的特点，开展各种有民族特色的体育活动，不仅强壮了学生的身体，更促进了民族文化的传播，也形成了自己的"一校多品"特色。

第三节　校外竞赛

检验一所学校体育活动开展的情况，不仅要看它的体育课堂教学、大课间体育活动，更要看这所学校参加校外竞赛取得的成绩。只有群众体育开展得好，站在体育金字塔尖的学生才会更多。我校历来重视体育训练，对训练投入的人力、物力都相当的大。我们的体育社团也是由无到有；参与校外竞赛的成绩也是由少到多，再到极大丰富。这一路走来无不体现我校体育人的智慧与付出。

一、我校各运动社团参与竞赛的 1.0 时代

我校始建于 1956 年，至今建校已近 70 年，这期间涌现出非常多的优秀体育教师。他们为我校体育训练不断地添砖加瓦，比如，已病故的李铃声老师带领的垒球队，曾经出国参加国际交流比赛，并获得很好的成绩。20 年前，我校的体育教师力量在不断地补充壮大，有着丰富田径训练经验的教师不断地加入我校。我校区的体育教师们不仅在体育课堂教学中辛勤耕耘，更有一颗"指点江山"的教练员的心。那时市、区组织的中小学生比赛多以田径比赛为主，因此我校的田径队也在这个时候成立了。从运动员的选取到梯队建设，再到项目的选择与训练，每一个环节都体现着我们对训练的热爱与奉献。

当时校区的平行班不多，在田径方面突出的孩子很少，但我们的体育教师还是秉承着科学选才的理念，在本就不多的学生中，慧眼识珠地找出那些在田径训练方面有潜力的孩子。这个时候，我们的体育教师是全能的，不仅要选才、训练，还要和班主任与家长进行沟通。在那个学习至上的年代，班主任和家长对学生的学习成绩是非常重视的，认为学生进行田径训练是多余的、是没有前途。我们的体育教师就要与班主任和家长进行长期的沟通，改变班主任与家长的这种认识。同时体育教师也通过训练，让班主任和家长看到孩子的变化，从而得到他们的信任，从不支持我们的工作，到全心全意地支持我们。在训练方面，体育教师会针对不同的学生制订不同的训练方法。从最基础的技术动作的练习、身体素质的培养，再到技战术的灌输，不是一蹴而就的，而是一个漫长的过程，是一个静待花开的过程。在此期间所有学生参加的比赛，我们的体育教师都是亲自到现场指挥学生进行比赛。在比赛中体育教师分工明确，覆盖到比赛的全过程，为学生取得好成绩保驾护航。孩子们也是非常争气，我校在历届朝阳区中小学运动会获直属校团体总分前三名，一次朝阳区中小学春季运动会直属校团体总分第一名，学生个人获奖无数。

二、我校训练 2.0 时代

随着我校校区的不断扩大和年级平行班的逐渐增多，乘着我校体育课程改革的东风，我校在已有田径队的情况下，又增加了游泳训练队、男子足球训练队和女子篮球训练队。这几个训练队是体育组针对我校体育教师的师资力量和现有的设备、设施综合考虑而成立的。在这几个训练队成立初期，也遇到了

一些问题，比如有一定运动能力的学生本就不多，如何在几个训练队中进行分配？再如我们的体育教师虽然也在学生时代经历过各级项目的训练，但如何带一支队伍，还是在经验方面有一定的不足。

针对以上问题，我们会根据学生的特点，争取学生的意见，把他安排到最适合他的训练项目中。针对带队经验不足的情况，我们采取的是"请进来，走出去"的模式。"请进来"就是请那些专职的教练，跟我们一起带队进行训练，让我们的体育教师在训练中不断成长。"走出去"就是把那些我们认为更有发展前途的学生送到更高层次的校外训练队伍中，让他们在更好的训练环境中更快地成长。这个阶段，我们的运动队训练可以说是如火如荼地进行着。跑道上是我们田径队队员矫健的身姿；足球场上是我们足球运动员盘带过人相互配合的身影；篮球场上是女篮队员不断呐喊跑动投篮的运动背影；游泳池内是运动员不断向前搅动的水花。我们的训练在短时期内见到了成效，游泳运动员在朝阳区中小学游泳比赛一直稳居团体总分第一名，每一次参赛的人员基本上都能拿到个人奖项；我们的男子足球队和女子篮球队也一直稳居朝阳区各个参赛段的前几名。这期间我校区被朝阳区认定为田径传统校、游泳传统校和篮球传统校。

三、我校训练 3.0 时代

随着我校体育课程改革的全面开放，体育课选修内容的不断增加，我校区的学生更加积极地参与到体育的活动中。随着不同体育社团的纷纷成立，我们的体育训练走向了更加辉煌的时刻，啦啦操社团、花样跳绳社团、男子篮球社团等接连成立。我校区的每个体育教师都有自己的体育社团，社团团员都来自体育选修课程。学生通过体育选修课学习到基础的体育训练知识、技能及简单的战术配合，再到相应的社团不断地磨炼自己的技术动作，这就把我校学生在体育方面的学、练、赛有效地连接在了一起。

我们的社团训练促使着负责社团训练的体育教师和社团成员不断成长，以前的"请进来，走出去"的模式放到现在就有点捉襟见肘了。于是体育组与时俱进，在训练中不断汲取新的训练理念以提高自己的训练水平。在延续"请进来，走出去"模式的同时，把高水平的教练引入我们的社团训练中来。我们的体育教师在社团的建立与组织方面进行管理，协助教练进行社团的日常训练。这个模式不仅让学生享受到了高水平的训练，让学生在高水平的训练中迅速成长，也解放了体育教师，让教师在组织方面发挥更大的作用，同时监督学生的训练，了解学生的训练情况，把训练的情况跟教练员进行沟通，有助于教练员调整训练的内容与方向。体育教师和教练员都在自己擅长的方面发挥更大的作用，我们的社团学生也更加受益。在带领学生参与比赛的时候，体育教师负责组织、教练员负责指挥。通过分析比赛的规程，制订有针对性的解决策略；从有针对性的报名、比赛的准备、带领学生比赛、比赛后的总结等多方面进行环环相扣的安排，让参加的比赛取得应有的成绩。如我们的啦啦操社团短时间内从朝阳区第一名，到北京市第一名，再到参加全国比赛得到第一名。我们的花式跳绳社团，也是从朝阳区到北京市再到全国比赛，一路走来捷报频传。我们的游泳社团不仅保持了朝阳区游泳比赛的好成绩，更是在北京市中小学游泳比赛中取得团体第三名的好成绩。

第十章　校外锻炼

第一节　社会实践活动

社会综合实践活动是大力实施教育创新工程的重要组成部分，也是深化教育改革并有效实施教育目标的内在要求。为此，我校开辟了学校、年级和班级的三级实践活动体系，成为活动育德的新途径，拓展了教育领域，引领学生在全方位、立体式的活动中参与和实践，获得体验，做到知行统一。我校把学生的社会实践活动与校外体育锻炼有效地整合，在加强训练学生综合实践活动能力的同时，提升学生的体质，培养学生的意志品质。

一、校级实践活动，引导学生全面发展

校级实践活动，顾名思义，是在学校层面开展的实践活动。学校根据学生的年龄特点和接受能力，从体育、艺术、科技、人文 4 个领域选取不同类型的社会实践基地，组织全校学生每月开展一次社会实践活动，带领学生走出教室，直接参与并亲历各种社会生活，让学生在活动中丰富自己的学识，培养学生的集体主义观念、合作意识。

借助校级实践活动，学校带领学生走进了各个体育场馆，参与体育运动项目，学习体育运动精神，增长知识，强健体魄。在冬奥期间，我校学生走进了北京冬奥会和冬残奥会展示中心，开展了一次别开生面的"开学第一课"活动。在奥林匹克大课堂，孩子们了解了冬奥会及冬残奥会的历史、项目，在和老师的互动中感受着"更快、更高、更强"的奥林匹克精神。在志愿者老师的带领下，他们还学习和体验了旱地冰壶的场地比赛。通过活动，孩子们了解了北京冬奥会、冬残奥会筹办工作进展。通过鸟巢、水立方等 2008 年北京奥运

会场馆的再利用等事例，深刻领会了"绿色、共享、开放、廉洁"的冬奥会理念。在听讲解的过程中，他们认识到北京冬奥会、冬残奥会的举办来之不易、意义重大，这与祖国的繁荣发展以及国际地位的提高有着密不可分的关系。北京是国际上唯一举办过夏季和冬季奥运会的"双奥之城"，孩子们的心中充满了自豪感。

此外，借助校级实践活动，老师还带领孩子们走进了顺义奥林匹克水上公园冰世界、北京奥森四季滑雪场、乔波室内滑雪场等多个运动场馆。在活动中，学生通过体验滑冰、冰上陀螺、冰壶、冰蹴、旱地滑雪等项目，感受到了冰雪运动带来的激情与快乐。系列运动实践活动的开展，使学生身体素质得到了锻炼和提升，丰富的体育特色文化培养了学生优秀的品格，涵养了学生良好的精神气质。

二、年级确定活动内容，统一开展社会实践活动

社会实践活动是提高学生综合应用知识的能力，增长科学意识的途径。我校在开展活动时，充分发挥年级这个层面的参与形式。有的年级认为体育活动为学生身心健康成长赋能尤为重要，而学生对体育活动的期待也在不断提高，因此，在年级层面不断挖掘社会实践性活动资源，创新开展更具有实效性的体育活动。学生们在创造性地参与体育活动过程中，通过设计活动方案、确定活动主题、讨论活动形式、记录活动体验、撰写活动新闻等富于时代内涵的实践体验，提高了学生的综合素质，促进学生全面发展。

1.激发学生运动兴趣，培养学生团队合作能力，关注年级中情绪有障碍的学生，促进学生身心健康发展，引导学生增强社会责任感和使命感。比如，活动一：我且少年，赤心不改。

为庆祝中华人民共和国成立 70 周年，弘扬伟大的爱国主义精神，引导学生树立正确的理想信念，增强体魄，磨炼意志，培养学生的社会责任感，三年级的学生们开展了"强国复兴有我"的体育社会实践活动。

活动开始，学生在教官的带领下进行了集体团建和体育热身游戏，帮助学生了解体育活动的内容、要求以及注意事项，促使学生懂得了在集体活动中"文明竞赛，合作共赢"的重要性。

第一项体育内容是：岩壁上的芭蕾——攀岩活动。

红军长征两万五千里，创造了人类历史的奇迹。不怕辛苦、不怕困难的精神恰是学生们学习的榜样。攀岩是一项学生们挑战自我的活动项目，所有学生

都鼓起勇气，在教官的专业指导下，在老师和同学们的鼓励下参加了活动，战胜了自我。

第二个体育内容是：冰雪运动体验——地壶球。

为了迎接北京 2022 年冬奥会，学生们体验了地壶球运动。运动过程中，学生们克服困难，互相协作，既培养了团队合作意识，又激发了坚韧不拔的意志。竞技体育精神就是顽强拼搏，自强不息，这也正是爱国主义精神的体现。

学生是祖国的未来，增强学生的光荣感和使命感，把爱国主义教育巧妙融入体育活动中。活动结束后，学生们手持鲜艳的五星红旗，齐声喊出："祝伟大的祖国生日快乐！"表达了对祖国的无限热爱和深情祝福。过程中，教师发现有情绪障碍的个别学生在参加年级体育社会实践活动的时候，情绪显示积极、可调控。三年级学生们在北京翱翔基地度过了非常有意义的一天。

2. 学生积极参与，认真观察，不断调整，记录独特、真实的运动感受，留下属于自己的成长印记。培养学生奋勇向前的精神。比如，活动二：体育磨炼意志、青春傲然成长。

在中国共产党成立 100 周年之际，为了培养学生的爱国情怀，激发学生的民族自信心和自豪感，锻炼学生坚强的品质，四年级学生前往第五季龙水凤港生态露营农场，开展了体育类社会实践活动。学生们在丰富的体育游戏中感受到了团队的力量，开阔了视野，磨炼了意志。

首先进行的是队列队形的训练。学生们认真倾听教练的口令要求，根据要求做出规定的动作，并使自己的动作和集体协调一致。过程中培养了学生的组织性、纪律性和集体主义精神。接着，学生们进行了简单的体育活动练习，为后面的团队游戏热身，并自主分好了小组。

活动开始后，学生们经过合作协商，确定了各组的队名、口号和队歌，并且在很短时间内排练了小组的展示队形，完成了各自队旗的设计。在这个过程中，学生们主动参与，互相交流，感受到了团队合作的重要性。

最后是体育游戏环节。第一个游戏是"前方打仗，后方支援"。学生们根据教练的口令，以小组为单位，合理安排小组成员，以最快的速度找到所要支援的东西，并且奔跑送到前方队员手中。第二个游戏是"极速 60 秒"，需要根据游戏的规则，完成 4 轮挑战。通过这两个体育游戏，学生们更深入地体会到了团队的智慧。只有团队中的每个人都能明确自己的定位，贡献自己的力量，团队才能获得最大的收获。

通过开展丰富有趣的年级社会实践体育活动，不仅缓解了学生们的心理压力，增强了自信心，还培养了学生们积极的心态，获得身心愉悦的良好体验；同时拉近了学生之间的距离，增强了年级这个大集体的凝聚力，使学生对团队意识和个人在团队中的作用感悟至深。

三、班级自定主题，开展丰富多彩的实践活动

除了年级进行统一的实践活动，班级也可以组织学生进行活动。班级实践活动的开展，对于促进学生身心的全面发展以及班集体的建设都有着十分重要的意义。我校各班在每个学期都会组织不同形式的班级实践活动，而以体育运动为主题的班级实践活动，更加淋漓尽致地体现出社会实践活动本身的教育效应，最大程度地激发起孩子们参与其中、合作其中、收获其中、成长其中的无限乐趣。体育运动与班级实践活动这二者的完美融合成为班级活动育人过程中的一道亮丽风景。

各位班主任老师充分挖掘家长资源，了解社会体育发展动态，积极开展各类各项体育社会实践活动。有的班级到冬奥的场馆练习滑冰、滑雪，有的班级在户外组织小型运动会，有的班级组织学生攀岩，有的班级到北京射击场体验射击的魅力等。对于学生个体而言，班级实践活动是学生认识客观世界，认识他人与自我，适应集体生活与社会生活的重要方式。在这个过程中，人与人之间便有了交往，有了交往，便会在不知不觉中增进人与人之间的情感。而体育运动中的交往不同于其他活动的一点是，这种人与人的交流有时是语言，一句送给伙伴的赞美；有时是一个眼神，一份跌倒时坚定的鼓励；有时是与伙伴的击掌与拥抱，告诉对方我们永远是最棒的……总之，体育运动带来的认同感和亲近感不仅增进了同学之间的感情，对于团结向上班风的形成也起到了重要的作用，这也许是其他类型的班级实践活动不可比肩的。

比如，我校的某个班级以"槟子运动大会"的形式开展社会实践活动。槟子是本班一名热爱运动的女孩，本次活动主要由她牵头完成，这是历次班级实践活动中没有过的现象，得到全班学生大力支持。在这次班级实践活动中，以学生为主体，充分发挥学生的主动性和创造性，从体育运动的设计到实施，从实施到总结，皆由学生完成。孩子们身穿不同颜色的运动衫，分男女生组成不同的团队，参加了拔河比赛、集体接力、足球大赛等，整个活动热闹非凡。

在体育社会实践活动中，孩子们增强班集体的凝聚力，也增进同学之间

的交流，更为重要的一点是对学生自身坚毅品质的磨砺。体育运动少不了摸爬滚打，少不了跌跌撞撞，更少不了流汗，孩子们在活动中遇到再大的挑战与困难，也不会掉下一滴眼泪，意志品质在活动中逐渐形成并巩固，体现了"活动育人"的道理。

第二节　家校合作

伴随着"双减"政策的落地，学校里老师们秉承着"无体育不教育"的理念，增加体育课时、开设多样化的学科活动等，带动学生积极参与体育锻炼，养成健康体魄。越来越多的家长也了解到，在新时代的教育下，体育对于孩子身体素质和意志品质的重要性。然而只有家校协同起来，才能更好地帮助学生养成体育锻炼的习惯，真正落实体育教育。

一、家校携手，督促学生参加校外体育活动

现在的家长都明白，体育锻炼对学生有着非常重要的作用，但如何培养家长和学生体育锻炼的意识，特别是学生在校外参与体育活动的意识，是我们要重点思考的问题。学校各个班级结合各种时机，邀请家长参与体育活动，形成家校携手之势，取得较好效果。

（一）打造优秀班集体，吸引家长成为学生体育锻炼的促进者

每一个家长都希望孩子健康、成长、成才，他们在培养孩子的路上需要得到各位老师的帮助、引导和指导。在引导过程中，把优秀的班集体呈现在家长面前，使家长也成为优秀班集体中的一员，吸引家长成为优秀班集体的促进者。

1.引导家长支持开展班级体育活动。

每个学期学校都会组织学生开展足球、篮球的班级对抗赛、全员参与的体质健康测试和运动会等。在参与每一项活动时，都要吸引家长的关注，得到家长的支持。

2.积极宣传，点燃参与热情。

每当有体育比赛时，各班会在班级群里开展热情洋溢、充满激情的宣传活动，在准备活动的过程中，老师会随时把学生积极锻炼的照片发到群里时时互动，用语言、照片和视频等点燃家长们的热情。家长们为孩子们准备好最适合

运动的服装和鞋等装备，为班级准备好呐喊助威用的宣传牌、花球等，让孩子们带着满满的仪式感参与到当天的比赛中。被老师和家长点燃的学生们，到了赛场上精神饱满意气风发，都会发挥出很高的水平。

3. 开放空间，家长为班级体育活动建言献策。

在比赛时，有的班级开放班级空间，邀请家长们参与其中，建言献策。以篮球为例，有的班级的家长们赠送给孩子们一个横幅"篮球挑战赛开幕，逐梦少年加油！"有的班级家长为女生编排了篮球宝贝操，准备好统一的服装；有的班级家长为其他没有任务的同学准备好记录板；有的班级家长甚至为孩子们找来教练，利用放学后的时间给学生训练，成为学生成长的促进者。

4. 引导家长与学生一起参与体育锻炼。

有的班级设计了"爸爸带我行"的亲子主题活动，利用周末时间，家长与孩子们一起走进大自然，一起追逐、跳跃、奔跑、合作完成一个又一个富有挑战的运动。疫情期间，有的班级不但鼓励孩子们坚持运动，还召开了亲子运动会，小手拉起大手一起锻炼。活动结束后，有的家长说："不锻炼真的是不行呀！"有的家长说："没想到自己还行，全靠上学时打下的好基础！"家长们用自己的行动告诉孩子们：坚持锻炼，自己是最大的受益者。

5. 引导家长一起关注学生的身体素质情况。

家长们在每一次活动中，看到了自家孩子的真实情况，看到了参与体育活动带给孩子们的成长。他们开始转变观念，不再回避问题。有些家长利用自身特长，给孩子们录制健身小视频，激励孩子们积极参与锻炼；有些家长利用课余时间，鼓励孩子参加专项训练，掌握一项体育技能。到了高年级，还与孩子们一起商讨班级体育比赛的相关事宜，给孩子们出谋划策；陪着孩子们一起进行赛前训练，成为孩子们参与体育活动的促进者。

（二）教师以身作则，激励家长成为保障学生锻炼的合作者

身体素质的提高在于日积月累的坚持，结合学校推广的运动健康助手，有的班级提出让学生每天在班级群里上传运动的视频。学生每天的坚持还需要家长成为学生体育锻炼的合作者。长期坚持还需要教师在这个过程中以身作则，用实际行动引导家长成为保障学生锻炼的真正合作者。

1. 建立体育打卡群，天天锻炼定时反馈。

在我校，1分钟单摇跳绳和1分钟仰卧起坐是学生需要掌握的基本技能和

考核项目。跳绳是提高学生心肺功能的体育项目，只有天天坚持才能起到锻炼的效果。家长协助学生每天录制锻炼的视频上传到班级群里，有的班主任每天不但记录两项运动的数据，而且坚持每天指导学生的动作要领。每周一总结，把统计的数据反馈到班级群里。有的班级家长中也有体育教师，也会发挥自己的专长讲解动作的要领。

2. 建立体育打卡群，专项练习天天反馈。

在体育打卡群里，除了进行上述两项基本锻炼活动之外，还结合学校开展的活动进行专项锻炼打卡，比如绳操的比赛。家长每天上传视频之后，教师会对每位同学的练习进行点评。点评也会分阶段有不同的侧重点。刚开始的点评侧重动作的正确性，当大部分同学的动作正确性没有问题之后，开始侧重动作的规范性和动作细节，并推荐完成好的同学做榜样，启发同学之间互相学习、互相提高。完成困难比较大的同学，教师也会在学校进行单独指导，这样家长看到教师对活动的重视，对自己孩子的重视，也会更加用心地对待每天的练习。

3. 建立体育打卡群，寒来暑往练不停。

有的班级坚持锻炼，在寒暑假也不间断，每天在群里上传上述两项运动视频，即使外出旅游也都把跳绳带上。

二、家校合作，支持学生参与专业训练

现在家长对孩子的培养呈多样化趋势，以前家长过度关心学生的学业成绩，压制学生在体育、艺术等方面的特长发展。随着社会不断向前发展，家长对孩子发展的态度越来越开明，关注学生兴趣的培养，也愿意为学生的兴趣培养投入精力、经费等。所以，我校有很多学生在校外，参加各类体育俱乐部的培训，有足球、篮球、艺术体操、游泳、击剑等。据数据统计，在疫情前，我校62.9%以上的学生在校外参加体育方面的兴趣班，涉及足球、篮球、游泳等10多个项目，远高于2014年的27.7%；同时，有33.9%的学生计划参加课外体育培训课，高于2014年的30.4%。

学校也整合校内外的体育资源，总结了5种运动队训练模式（见表1），为更多的学生搭建了展示的舞台，让每个学生尽情地发挥自己的特长。

表 1　5 种运动队训练模式统计

序号	训练模式	特点	原因	适合项目
1	自主训练	学校教师组织学生进行长期训练，并参加各级比赛	学校拥有场地、器材和师资	田径、啦啦操、排球、游泳
2	双主体训练	学校教师组织学生在课外体育活动时间和社团时间训练，同时邀请校外师资组织学生在课后训练，以及鼓励学生参加校外的体育训练	项目大众化，且学生参加人员较多	足球、篮球、花样跳绳、轮滑
3	临时集中训练	学校普及项目或开设相关课程，在接到比赛任务后，召集优秀学生进行集中突击训练	全校或部分学生基本掌握某种运动技能	跳绳、武术、街舞、软式垒球
4	临时指导训练	学校基本上未开展，学生主要是在校外参加兴趣班或训练；学校召集进行规则指导	老师专业限制，在校内为小众项目	击剑、网球、乒乓球、羽毛球、智力运动
5	委托训练	学校不能开展，但属于国家、市区优先发展项目，由学校聘请教练、租用场地，家长组织训练	学校无师资、无场地，专业性较强	冰球

通过表 1，我们可以知道，学校一些运动队比赛的生源主要来自校外参加训练的学生。学生也通过学校或校外体育培训机构搭建的平台，在各类比赛中纷纷斩获优异的成绩，调动了学生身体运动的潜能，提高了自信心。例如在 2018 年至 2019 年学生获奖人次约达到学校总人数的 30%，获奖 399 人次，具体见表 2。

表 2　2018—2019 学年朝阳区实验小学幸福校区体育学科学生个人获奖情况

序号	获奖项目	级别	获奖时间	学生姓名
1	2016 年版全国啦啦操规定动作——规定技巧 1 级小学丙组第三名	市级	2018.5	聂成等 22 人获奖
2	第二十九届北京市儿童游泳比赛男子甲组 100 米仰泳第五名	市级	2018.6	袁嘉宝等 13 人获奖
3	2019 年"北汽集团"杯北京市中小学生校际冰球联赛荣获甲组第八名	市级	2018.6	闫序等 11 人获奖
4	第十届"阳光杯"暨第三届"体教联合杯"2018 年朝阳区中小学篮球联赛中荣获小学女子组第五名	区级	2018.6	张晓媛等 12 人获奖
5	第四届"金鹰杯"2018 年朝阳区中小学足球联赛小学男子乙组第五名	区级	2018.7	张津川等 10 人获奖
6	"阳光体育运动"——2018 年朝阳区中小学生游泳比赛女子 4×50 米自由泳接力第一名	区级	2018.10	刘羽晗等 21 人获奖
7	2018 年朝阳区中小学生啦啦操比赛三等奖	区级	2018.10	高曳子等 12 人获奖
8	2018 年朝阳区中小学生啦啦操比赛三等奖	区级	2018.10	王一安

续表

序号	获奖项目	级别	获奖时间	学生姓名
9	北京市朝阳区第五届"体教联合杯"2018年小学篮球邀请赛荣获U12女子组第六名	区级	2018.11	徐艺菲等12人获奖
10	北京市朝阳区第五届"体教联合杯"2018年小学篮球邀请赛荣获U12女子组第六名	区级	2018.11	艾丽莎等11人获奖
11	2018年北京市第四届啦啦操锦标赛CCA规定花球第一名	市级	2018.11	高曳子等13人获奖
12	2018年北京市第四届啦啦操锦标赛CCA啦啦操技巧1级规定动作第二名	市级	2018.11	林雨佳等21人获奖
13	2018年北京市第四届啦啦操锦标赛校园啦啦操示范套路花球第二名	市级	2018.11	李熙然等15人获奖
14	2018—2019年全国啦啦操联赛北京站公开儿童丙组花球规定动作优胜奖	国家级	2018.11	高曳子等13人获奖
15	2018—2019年全国啦啦操联赛北京站公开儿童丁组技巧1级规定动作第五名	国家级	2018.11	林雨佳等21人获奖
16	2018—2019年全国啦啦操联赛北京站公开儿童丙组校园啦啦操示范套路第六名	国家级	2018.11	李熙然等15人获奖
17	2018年朝阳区中小学生第四届排球比赛女子组第七名	区级	2018.11	李星烨等11人获奖
18	2019年北京市花样跳绳比赛自编套路特等奖	市级	2019.4	申佩萱等24人获奖
19	2019年全国啦啦操锦标赛公开儿童乙组大集体组技巧1级规定动作第一名	国家级	2019.4	袁心恬等22人获奖
20	2019年全国啦啦操锦标赛公开儿童乙组大集体组集体技巧中级自选动作混合第二名	国家级	2019.4	吴诺溪等22人获奖
21	2019年全国跳绳联赛——唐山站	国家级	2019.4	申佩萱等49人获奖
22	2019阳光杯体育运动朝阳区第五届排球运动会小学女子组第四名	区级	2019.4	汤婧仪等12人获奖

在这些成绩背后，学校与家长共同付出很多努力。2022年8月18日，我校张芳菲同学参与了第十六届北京市运动会青少年竞技组游泳项目的比赛。其中，获得个人项目50米蛙泳金牌、100米蛙泳铜牌；获得团体项目4×100米混合泳接力金牌，并有幸成为破朝阳代表团第一百金的运动员，载入了朝阳区运动史册。消息传来，全校上下都为之欢欣鼓舞，为之无比骄傲。班主任焦健荣在总结孩子的成长时，谈到家校沟通的重要性。

（一）学习、训练不耽误，家校沟通保畅通

作为芳菲同学的坚实后盾，为金牌运动员的诞生，我们也做了很多相关工作，付出了不懈的努力。为了备战这次市运会，孩子每天下午 15：00 上完两节课后，就要前往游泳馆进行训练。为了让她不耽误学业，能跟上班级同学的学习节奏，各科教师全力支持。到训练时间，如果还有没完成的学习内容或之后布置了新的内容都会及时帮助孩子进行协调。一段时间发现学业上的错误不能及时改正，知识得不到巩固，有时课堂上也会显得精神疲惫，在学习方面出现了问题，为此积极和家长沟通。为了使孩子每天既能参与训练，又能保证学业，我们有效利用课间、中午等碎片时间对芳菲进行一对一辅导，督促她完成当天学习的知识，并预习一遍第二天要学习的内容，此外，还利用周末时间主动关注芳菲，及时答疑解惑，让她在学业和训练方面能够得到很好的协调，芳菲的学习日趋稳定。和家长沟通发现，孩子在学习方面的状态非常好的时候，她的训练状态也是积极向上的。

（二）及时调整学习与生活状态，体现榜样作用

不仅在学习上出现问题，我们也发现了孩子在情绪上的波动，主动和芳菲聊天询问缘由，原来是训练量不断加大所致，甚至出现了放弃游泳训练的念头。面对孩子的无助迷茫，作为教师，我们循序渐进地激励开导，不断调整芳菲同学的情绪，让孩子知道无论做什么事都会遇到困难，但我们就是在不断接受困难挑战中变得更加强大勇敢的。与此同时和家长取得联系，反映孩子现在的状态，提出适当减少训练强度，慢慢进行锻炼积累。经过一段时间调整，芳菲适应了训练强度，笑容又回到了她的脸上，这样取得了事半功倍的效果。

通过体育锻炼的坚持，芳菲收获了身体的健康，在我们的支持帮助下也增加了学习方面的自信心，提高了自律意识和学习能力，遇到困难不退缩，敢于拼搏挑战。班主任抓住契机，利用班会时间对芳菲等几位在努力坚持方面做得好的同学进行表扬，同学们都知道芳菲进行游泳训练，但是如何进行，克服了什么困难等都不知道，这样不仅给那些体育锻炼、跑步的时候喊苦喊累的同学树立了学习的榜样，也为芳菲接下来的高强度训练鼓劲儿加油！

家长对此感谢道："芳菲取得的好成绩离不开这样的好学校、好老师的支持帮助，孩子不仅学习功课没有落下，而且训练量也得到了保障，太让人放心了。孩子举着金牌万众瞩目，我们看在眼里喜在心间，希望孩子能把体育锻炼当成一种好的生活习惯，一直坚持下去，受益一生。"

第三节　运动健康 App

2021 年 7 月 24 日，中共中央办公厅、国务院办公厅印发《关于进一步减轻义务教育阶段学生作业负担和校外培训负担的意见》（以下简称《意见》），揭开了基础教育改革大幕。"双减"无疑为开展课外、校外体育活动提供了新的发展机遇，也为体育教师和社会青少年体育教育者提供了更加广阔的舞台，许多体育教师跃跃欲试。同时我们也发现：现在想要激发孩子们的体育欲望存在着困难，因为久坐生活方式成为大多数人的习惯，同时网络游戏等新奇娱乐活动让孩子们沉浸其中，欲罢不能。"双减"政策在一定程度上释放出孩子们可自由支配的时间，为他们更多地参与体育提供了可能，但如何让这种可能变为现实？如何让孩子们主动改变久坐生活方式，抵挡住各种消极娱乐的诱惑，自觉自愿地选择"出汗受累"的体育锻炼和体育娱乐方式，生龙活虎地运动起来？这是我们需要认真考虑的。

一、现有运动健康类 App 的不足

通过调研与体验，我们发现，社会上的运动健康类 App 对小学生来说存在四点不足。

第一，所设置的运动项目和服务方式并不是围绕小学生开发的，且存在广告宣传或收费服务，干扰学生的锻炼；

第二，收集学生的个人信息等，存在被泄密等风险；

第三，内容、架构、功能过于复杂，不适合学生使用；

第四，教师不能有效统计学生锻炼的情况，进而不能督促学生日常的锻炼。

因此，我们决定，依托我校的手机版"数字化校园系统"平台，尝试研发一款适合小学生使用的运动健康类 App，把小学现阶段所关注的学生体育锻炼内容都涵盖进去，如国家体质测试的内容、学生熟练掌握一项运动技能等，然后让家长协助学生拍摄和上传运动视频，让教师督促与监控学生日常运动打卡，整合家校的力量，共同培养学生的体育锻炼习惯。经过紧张的开发、调试、试运行，我校自主研发的运动健康 App 于 2021 年 9 月 1 日在全校投入使用，同时也获得了国家专利权（见图 1）。

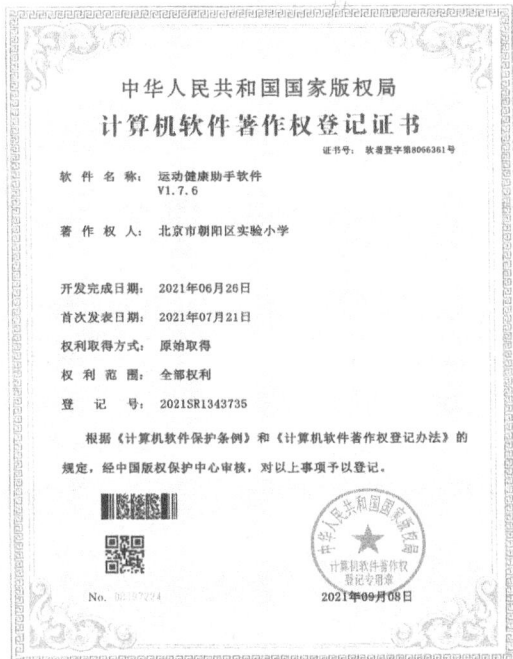

图1 计算机软件著作权登记证书

二、运动健康 App 使用的管理机制

为了促进学生在校外运动起来，把运动健康 App 使用起来，我们发挥学校对学生有效的管理和督促优势，设计了 3 道管理、激励机制。

（一）运动积分和运动级别的评定

我们对"身体素质""专项技能""体育比赛""体育知识"4 个项目进行赋分，比如身体素质类，学生第 1 天打卡可以得 1 分；若连续打卡 2 天，第 2 天可得 2 分……若连续打卡 7 天，第 7 天可得 7 分；若连续打卡 8 天以上，以后每天都可以得 7 分；若中间中断，则需从 1 分开始得分，以此促进学生能天天运动打卡。同时学生的分数达到一定阶段，就会取得相应的运动级别，比如，运动评级分为初级、少年级、一级、二级、三级和健将级，每级又分 5 个星级，如学生的分数累计到 4000 分，就可以得到"二级 1 星运动员"的称号。

我们会在每个月的月末，对每个班运动积分前 10 名和每个年级运动积分前 50 名的学生进行表彰。我们利用每个月全校集中的时间，将这些学生请到主席台，请学校领导颁奖和合影，提高学生的荣誉感，也激发其他学生运动打卡的热情。

（二）每日统计运动打卡

我校不仅开发学生的运动健康 App，也开发教师的运动健康 App，其主要功能是统计学生每天运动打卡的数据。不同职能的老师随时可以到 App 上，查看每个学生、每个班级、每个年级或每个校区的打卡情况，并有横向对比，比如学生是否运动打卡，做了什么运动，点击相应的内容，就会呈现学生运动的视频；特别是系统会自动将每天未打卡的学生标红，陈列于班级序列的前面，帮助老师快速了解或掌握哪些学生未进行运动锻炼，给予及时的提示（见图2）。

二年级各班级运动健康助手统计 2022-04-25				5 班各学生运动健康助手统计 2022-04-25			
班级	身体素质次数	专向技能次数	参加比赛次数	姓名	身体素质次数	专向技能次数	参加比赛次数
1 班	8	5	0	陈隽熙	0	0	0
2 班	20	10	0	邓婉儿	0	0	0
3 班	20	8	0	丁秋也	0	0	0
4 班	18	8	0	史馥憧	0	0	0
5 班	22	8	0	郗乐诗	0	0	0
6 班	16	2	0	杨浩南	0	0	0
7 班	18	8	0	张恺博	0	0	0
8 班	15	7	0	张一哲	0	0	0
合计	137	56	0	赵博熙	0	0	0
				赵博新	0	0	0
				郑梓辰	0	0	0
				叶明珠	0	1	0
				……	……	……	……
				合计	22	8	0

本学年二年级各个班级平均分

图2　学生每日运动打卡情况

（三）每周反馈运动打卡率

为了减轻教师和家长运动打卡的压力，我们制订出每个班级，每周至少打卡一次的学生要达到50%以上的规则。学校体育部门会每周统计各班的运动打卡率，其中低于50%的班级，标红色；处于50%到60%之间，标黄色；高于90%，标灰色（见表3）。学校会将统计的结果反馈给每个年级的主管领导，并在学期末的绩效评价中，对打卡率排名在前的班主任进行奖励。

表 3　2022 年各班某周的运动健康 App 打卡率

年级	总体 年级人数	总体 参与人数	总体 参与率	1班 年级人数	1班 参与人数	1班 参与率	2班 年级人数	2班 参与人数	2班 参与率	3班 年级人数	3班 参与人数	3班 参与率	4班 年级人数	4班 参与人数	4班 参与率	5班 年级人数	5班 参与人数	5班 参与率	6班 年级人数	6班 参与人数	6班 参与率	7班 年级人数	7班 参与人数	7班 参与率	8班 年级人数	8班 参与人数	8班 参与率	9班 年级人数	9班 参与人数	9班 参与率	10班 年级人数	10班 参与人数	10班 参与率
一年级	212	194	92%										36	36	100%	33	32	97%	35	33	94%	35	30	86%	36	31	86%	37	32	86%			
二年级	289	287	99%	39	39	100%	36	35	97%	38	38	100%	35	35	100%	35	35	100%	34	33	97%	37	37	100%	35	35	100%						
三年级	261	242	93%	39	34	87%				35	35	100%	37	27	73%	37	33	89%	39	39	100%	38	38	100%	36	36	100%						
四年级	298	263	88%	35	31	89%				35	26	74%	32	31	97%	32	28	88%	30	28	93%	34	34	100%	36	35	97%	31	20	65%	33	30	91%
五年级	214	186	87%	34	21	62%	36	34	94%	34	29	85%	38	38	100%	36	30	83%	36	34	94%												
六年级	186	159	85%	31	28	90%	33	28	85%	31	26	84%	34	32	94%	29	27	93%	28	18	64%												
总计	1460	1331	91%																														

通过以上多项激励机制，我校每天参与运动打卡的学生达到 60%—70%，每周至少参加一次以上运动打卡的学生达到 90% 以上。

三、运动健康 App 问卷调查分析

为了更好地促进学生进行校外运动，我们设计了面向学生和家长的有关运动健康 App 使用感受的调查问卷，了解学生和家长的态度，以便更好地优化运动健康 App。

（一）学生问卷统计分析

1. 学生对运动健康 App 态度的调查分析。

通过图 3 可以看出，学生对于学校布置的运动健康 App 态度偏向于喜欢的占大多数，很喜欢和较喜欢的人数合计占到 85%。学校设计的运动健康 App 得到学生的普遍喜爱和认可，说明这种方式是值得坚持和深入发展的。

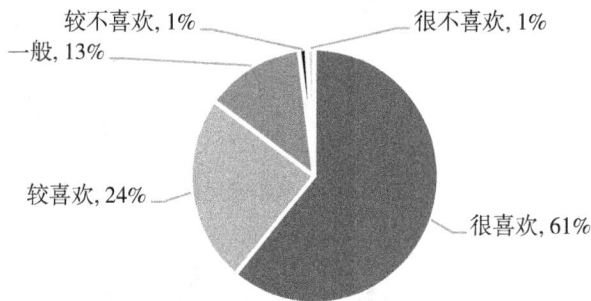

较不喜欢,1%　很不喜欢,1%
一般,13%
较喜欢,24%
很喜欢,61%

图 3　学生对学校布置的运动打卡的态度

2. 学生完成运动打卡方式的调查分析。

通过图 4 可以看出，学生由父母或家长协助完成运动健康 App 占比最大，达 72%，因此运动健康 App 对于家长督促学生体育锻炼起到一定的作用，但也可能对工作繁忙的家长造成一定的额外负担。有 24% 的学生选择独自完成，还有 3% 的学生选择和小伙伴共同完成，这表明部分学生可能由于家庭原因或自主性较强可以独立完成练习任务，学校可以考虑为这部分学生留有一定的自由发挥空间，鼓励学生自主完成锻炼。

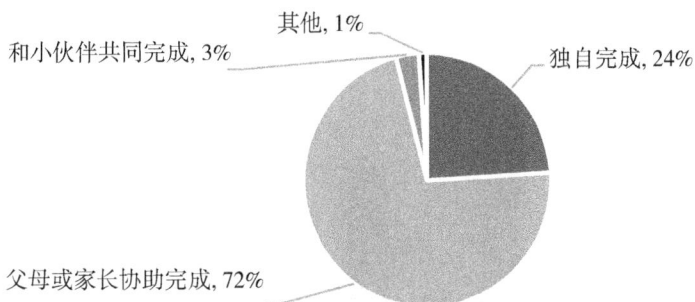

图 4　学生完成运动健康 App 最主要的方式

3. 运动健康 App 对培养学生体育锻炼习惯影响的调查分析。

通过图 5 可以看出，运动健康 App 对于学生体育习惯的养成产生了比较好的影响，学生选择影响很大和影响较大的合计占到 81%，今后还应继续通过运动健康 App 来培养学生的体育锻炼习惯。

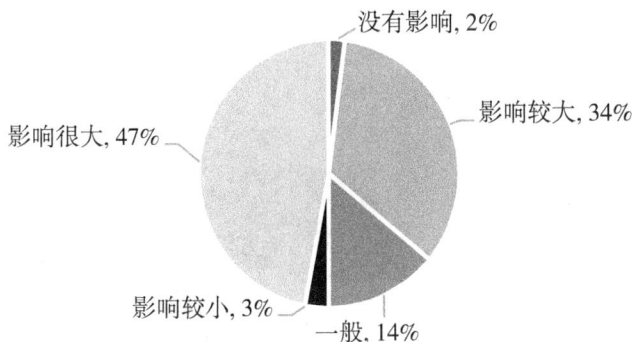

图 5　学生认为运动健康 App 对自己体育锻炼习惯养成的影响

4. 学生喜欢运动健康活动类型的调查分析。

通过图 6 以看出，学生对于运动健康 App 的内容，喜爱程度最高的是身体素质类，其次是运动技能类，因此在以后的内容设置方面应当向这两个方面有所倾斜。相比于前两类，虽然选择体育比赛类、体育知识类、亲子互动类的较少，但是比例也在 33.5%—44.8% 之间，今后学校在这些内容上也还是要给予一定关注。

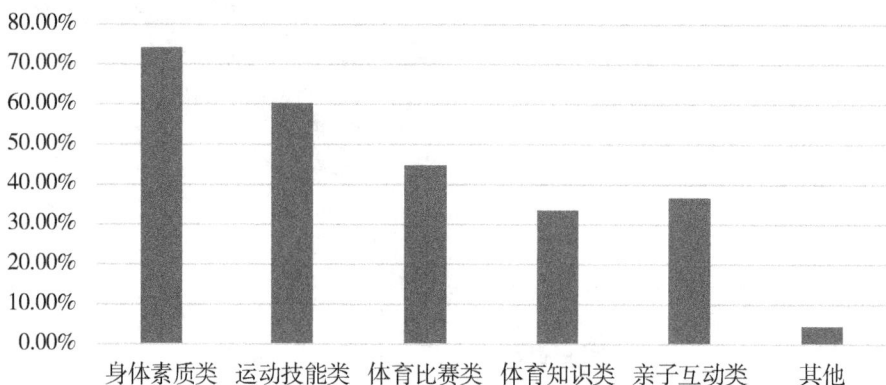

图 6　学生喜欢的运动健康 App 类型

5. 学生对运动健康 App 建议的调查分析。

通过图 7 可以看出，绝大多数学生对于运动健康 App 都是没有明确建议的，这部分学生可以默认为是不反对目前的状态。明确支持目前的状态的占 14%。24% 的学生希望运动健康 App 得到进一步改进（内容详见表 3），使得运动健康 App 能更好地支持学生的体育锻炼。

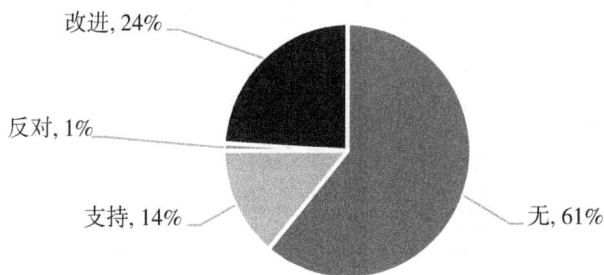

图 7　学生对使用运动健康 App 的想法或建议

表 4　学生提出的改进建议

总计（406 条）	主体内容	具体内容
174 条	内容多样	增加运动项目，增加趣味性，定期更新内容
35 条	灵活打卡	有补打卡机会，设置打卡提醒，忘记打卡不要从头积分
22 条	软件问题	软件闪退，卡顿，上传速度慢，平台打不开
15 条	激励机制	闯关打卡，评分排名
14 条	朋友互动	看到其他同学视频，互相鼓励互动
14 条	视频加长	录制视频时限加长，30 秒太短

续表

总计（406条）	主体内容	具体内容
12条	操作麻烦	操作步骤麻烦，简化操作步骤
10条	父母没空	父母下班晚，不是每次都有时间，老人不会录视频
10条	不拍视频	拍照代替录视频
8条	奖励机制	积分奖励，阶段评比
8条	自主选择	自主选择运动项目完成
3条	跳绳App	参考天天跳绳App
81条	其他	

通过表4的相关改进建议可以看出，学生的建议内容主要聚焦于运动健康App的内容更加丰富、定期更新内容、自主选择锻炼内容的方式等方面。关于软件使用方面的建议主要是针对闪退、卡顿、平台打不开、视频上传慢等问题的改进。关于软件设置方面，存在操作步骤麻烦、视频录制时长短的问题，有的同学还提出设置补打卡机会及打卡提醒的建议。关于锻炼机制方面，提出设置激励机制和奖励机制，朋友间互动的鼓励形式，模仿跳绳App的形式等建议。关于家长协助方面，提出父母下班晚没时间，希望以拍照代替视频的问题。

（二）家长问卷统计分析

1.家长对学生使用运动健康App的态度的调查分析。

通过图8可以看出，在家长眼里，学生对于学校布置的运动健康App的态度偏向于积极的占大多数，很积极和较积极的比例合计占到83%，表明学生能以比较正向的态度来对待家庭体育锻炼。15%的学生对完成运动健康App的态度一般，可能存在拍摄视频有困难等原因。总体上看，学生使用运动健康App的态度还是很认真的。

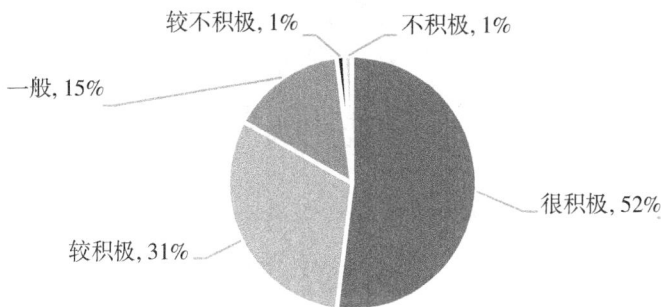

图8　家长对学生使用运动健康App的态度

2. 家长认为运动健康 App 对学生体育习惯等方面影响的调查分析。

通过图 9 可以看出，运动健康 App 对于学生体育习惯养成、运动技能养成、身体素质的提高都产生了很大的影响，家长选择影响很大占 46%、影响较大占 35%。同时，认为运动健康 App 对学生的影响一般的占到 16%，影响较小或者没有影响的占到 3%，这些学生可能还没有找到很喜欢的锻炼内容或者锻炼形式，今后还有待于通过丰富的锻炼内容、形式和机制来影响学生，进一步激励学生进行家庭体育锻炼。

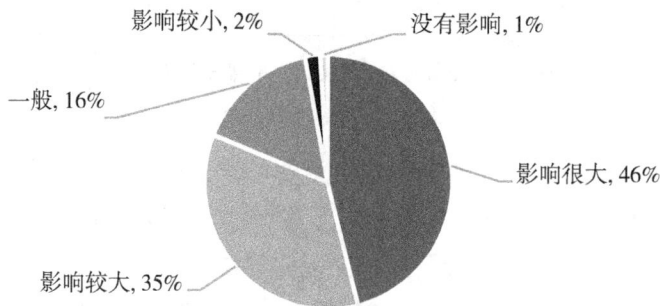

图 9　家长认为运动健康 App 对学生在体育习惯、运动技能和身体素质方面影响

3. 家长陪同学生参与体育锻炼态度的调查分析。

通过图 10 可以看出，家长陪同孩子参与体育锻炼的比例较高，陪同很多和陪同较多的合计占 83%，可见运动健康 App 对于家长陪同学生参与体育锻炼起到很好的作用。

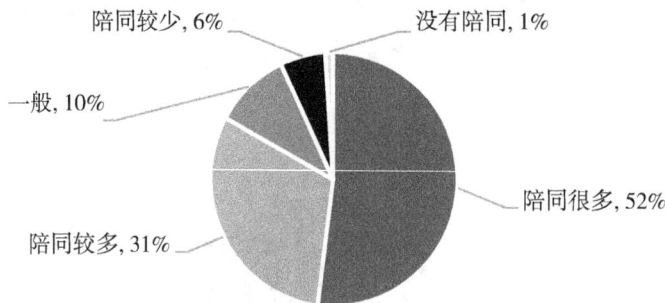

图 10　家长陪同学生参与体育锻炼，并协助完成运动健康 App 的情况

4. 家长认为运动健康 App 对家庭亲子关系影响的调查分析。

通过图 11 可以看出，运动健康 App 对近 2/3 学生的家庭亲子关系有影响，影响很大的占 35%，影响较大的占 32%。23% 的家长选择一般，说明运动健康

App 没有对其家庭亲子关系产生积极的影响。对 7% 的家庭亲子关系没有产生影响，对 3% 的家庭亲子关系影响较小，可能与家长没有陪同完成任务，以及学生完成运动健康 App 的态度等有关。

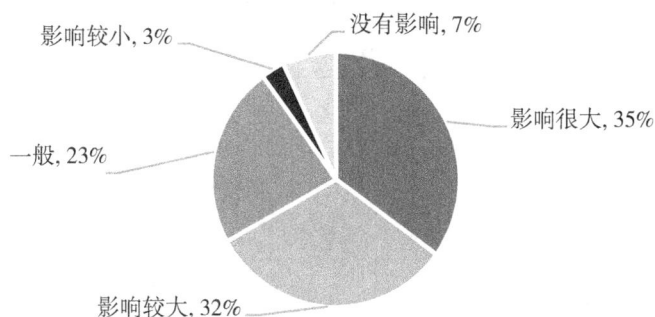

图 11　家长认为运动健康 App 对家庭亲子关系的影响

5. 家长对运动健康 App 的改进意见的调查分析。

通过图 12 可以看出，超过半数的家长对运动健康 App 没有改进建议；家长期待运动健康 App 能够变得更好的占 33%，家长对运动健康 App 的改进建议详见表 5。

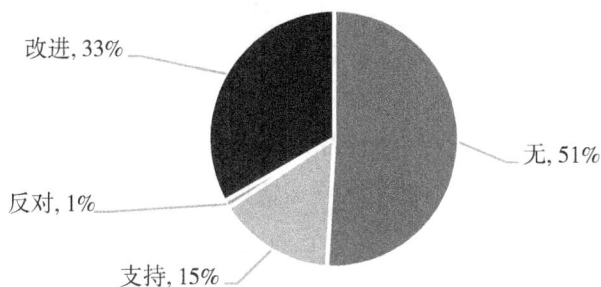

图 12　家长对运动健康 App 的改进意见

表 5　家长对运动健康 App 的改进建议

总计（550 条）	主体内容	具体内容
126 条	内容多样	丰富运动项目，设置 PK，内容更多元
93 条	软件问题	上传视频困难，卡顿、闪退，反应慢，界面更美观
52 条	灵活打卡	补交打卡机会，设置打卡提醒
41 条	视频加长	视频拍摄容易超时，有时候还要特意剪辑才能上传

续表

总计（550条）	主体内容	具体内容
35条	激励机制	恢复排名、闯关打卡等激励方式
22条	不拍视频	可以照片代替视频
19条	操作麻烦	操作复杂，可以完成1项上传，上传更简单
18条	家长没空	工作下班较晚，较忙，时间精力不足，老人不会操作
15条	自主选择	自主选择运动项目，自愿选择项目上传
14条	奖励机制	等级奖励、小红花等奖励
14条	免做设置	社团活动自动计入，满分项目免做，学生去体校训练
11条	示范讲解	标准动作示范、讲解
8条	朋友互动	同学互动，互相学习
82条	其他	

通过表5的家长相关改进建议可以看出，家长的建议也主要聚焦于运动健康 App 的内容可以更加丰富、多元。同样也提出了关于软件使用方面、软件设置方面、锻炼机制、家长协助等方面的问题。除以上意见建议外，还提出录制示范讲解视频供学生参考，学生参与课后社团自动计入，免做运动健康 App 等的建议。

通过上述统计结果可以看出，我校通过开发的运动健康 App 来促进学生校外锻炼，得到了大部分学生与家长的认可，认为对学生体育习惯养成、运动技能形成和身体素质提高有着积极的影响；也认可运动健康 App 现有的操作方式、软件设置、锻炼机制、家长协助等机制；大部分家长也愿意陪同学生一起锻炼，促进亲子关系提升。

跨学科主题学习案例

引　言

在 2022 年颁布的《义务教育体育与健康课程标准（2022 年版）》中，新设置了跨学科主题学习内容。跨学科融合一直是学生提高运动能力、学习健康知识和传承中华优秀传统体育文化的重要方式和途径。

而在新课标未颁布之前，我校的各学科在教育教学的实践中，都进行过跨学科主题学习的尝试和研究，取得了积极的效果。本部分，我们将呈现各学科与体育学科相融合的跨学科主题学习案例。虽然有些案例是从语文、数学、英语等学科的角度出发，来阐述体育与健康学科和其他学科的融合，但是学生在实践过程中，仍学习和掌握了体育与健康的知识、技能，达到了锻炼身体、增强体魄的目的。

神奇的影子

崔 彦

本案例围绕跨学科主题"神奇的影子"进行活动设计，通过设计"影子是我的好朋友"的活动和游戏，引导学生在学习中综合运用语文、体育、科学等学科的知识与技能，达成学习目标。

一、育人价值

1.通过手影游戏，锻炼学生的观察能力，培养学生的科学探索精神。

2.通过"影子是我的好朋友"的活动，在游戏中培养学生团队意识和探索精神。

3.通过阅读环境的创设，积累识字方法，提升学生的阅读能力。

二、活动目标

1.认识本课的11个生字和反犬旁。正确书写"竖折折钩"这个新笔画和"马""鸟"两个字。

2.正确、流利地朗读课文。

3.感受儿歌中的趣味，了解影子形成的原因。

三、实施过程

学习任务	学生活动	教师组织	活动意图
①了解影子形成的原因,认识"影"字	①通过手影游戏,了解影子形成的原因。②通过创设情境,认识"影"字。太阳光照在京京的身上,她的身边就留下了影子。③在生活中识字,在电影院的招牌上、电影票上、影楼都见过"影"字	①通过手影游戏,引导学生发现影子形成的原因。②创设情境,识记"影"字。③引导学生在生活中识字。你还在哪里见过这个字?	①通过了解影子形成的原因,尝试用多学科的知识解决问题。②手影游戏激发学生学习的兴趣,再将"影"字分解,便于学生识记
②了解内容,随文识字	①我读懂了阳光照着我们的时候就有会有影子。②通过文中图片,我看懂了影子总在背光的一侧。③我读懂了影子的方向会变化,一会儿在前,一会儿在后,一会儿在左,一会儿在右。④我读懂了影子总是跟着我。⑤我读懂了影子就像一条小黑狗,特别好玩。⑥我读懂了影子还陪着我。⑦我读懂了影子是我的好朋友	自读课文,说说自己读懂了哪些内容。①影子需要有光。②发现了影子的方向,还会阅读文中插图。③用"一会儿……一会儿……"说一句话。④两个句子辨析。"影子常常跟着我。"和"影子跟着我。"有什么不同吗?哪句更好?⑤认识"狗"字和反犬旁。⑥朗读"影子常常陪着我"。⑦分辨"他、她、它"三个代词	本环节让学生成为课文的第一读者,老师顺势而导,学生能够读懂的不讲,引导讲解的是学生不能完全读懂的语言现象
③巩固生字,背诵课文	①复习巩固生字。②小组合作背、同桌互相背、全班齐背	①巩固生字,学生读字卡。②背诵课文	通过复习巩固,了解学生掌握知识的情况,完成课上诊断
④指导书写,学习部首	背诵写字儿歌。"写字先要找起笔,重点笔画要牢记,还有什么要注意,画个框框比一比"。学生分析字形——老师范写——学生评价	学习写"马"和"鸟"两个字	写字环节以学生自己发现、分析、评价为主,锻炼学生的书写能力
⑤课上游戏,理解课文	①学生到操场,每5个学生一组,完成"追影子"赛跑。②每2个学生一组,完成"踩影子"游戏	①通过"追影子"游戏,强化儿歌中"影子常常跟着我"这一特点。②通过"踩影子"游戏,强化儿歌中影子"一会儿在左,一会儿在右"这一特点	通过影子游戏,让学生再一次了解儿歌中的内容

四、设计意图

《影子》是统编版语文教材一年级上册的一篇课文,课文以简洁、生动、形象的语言向学生介绍"影子"和"人"形影不离的这一特点,文章读起来生动活泼、朗朗上口。影子是生活中的一种自然现象，学生十分感兴趣，在本课中，要牢牢把握语文学科的特点，在低年级阶段引导学生读好文、识好字、写好字。在教学设计中，教师运用多种方法引导学生进行朗读的训练，积累识字的方法，养成良好的书写习惯。

在本课的设计中还突出了学科之间相互融合的特点，上课伊始，教师引导学生进行手影游戏，既活跃了课堂气氛，又引导学生思考，影子形成的原因是什么，培养学生的探索精神和科学的意识。在教学设计的最后一个环节，教师设计了走出教室，到操场上"实地演习"的环节。通过设计两个有意思的体育竞赛活动——"追影子"和"踩影子"，让学生在竞赛中发现影子的特点，从而再次回顾文章的内容，发现文章的内容和生活实际如此贴合，体现了儿歌的真实性，同时也在生活实践中了解了影子的特点。

红军不怕远征难，重走红军长征路

崔英华

当年，一支带着镰刀锤子旗帜的队伍，从中国东南根据地到广袤大西北，纵横十余省，长驱二万五千里，铸就了伟大的长征精神。

如今，我们"重走长征路"，并不是号召大家用脚步去丈量那漫长的征程，而是要我们用心灵去感受、去领悟、去传承、去发扬长征精神，进而培养我们新时代的长征精神。青春向党，奋斗强国，新世纪、新时代、新希望、新蓝图，无奋斗不青春，让我们当好红色传人，用理想之光照亮奋斗之路，用信仰之力开创美好未来，在全面建设社会主义现代化新征程中书写我们的青春华章。

本案例通过模拟"重走红军长征路"的场景，引导学生在活动中综合运用体育、语文、地理、历史等方面的学科知识与技能，激发学生对国家的热爱之情，弘扬长征精神。

一、育人价值

1.通过指导学生完成多种形式的跨越障碍的练习，提高学生敏捷性以及心肺能力，培养团队合作意识。

2.通过创设"重走长征路——越五岭、爬雪山、过草地、巧渡金沙江、飞夺泸定桥"等情境，培养学生不畏艰险、勇于克服困难的精神，弘扬红军长征精神。

3.通过完成"运送伤员、缅怀烈士"等活动，感受如今的幸福生活是革命先烈用鲜血和生命换来的，激发学生的爱国热情。

二、活动目标

1.认真阅读相关文学作品，结合资料、工具书以及相关项目练习等，深入理解作品大意以及表达情感，感悟红军英勇顽强、不畏艰险的革命乐观主义精神。

2.综合运用历史、地理、体育等方面的知识与技能，尝试设计完成相关练习的活动计划，提高计划与设计、组织与协调、沟通与表达、决策与反思等能力，增强团队合作能力。

3.在完成模拟场景练习的过程中，掌握障碍跑的呼吸节奏与技术要领，锤炼攻坚克难、勇于挑战的品质。

三、实施过程

学习任务	学生活动	教师组织	活动意图
① 阅读文学作品《七律·长征》，理解诗歌大意	①学生阅读《七律·长征》，借助工具书和注释以及课外资料，初步理解诗歌大意。②小组合作，互相交流补充	①宣布本节课主题：红军不怕远征难，重走红军长征路。②引导学生借助工具书、资料自主学习诗歌。③引导学生进行班级讨论、交流，在学生遇到困难的时候及时给予帮助、指导	引导学生初步了解诗歌大意，为后续进行活动，感受红军长征不畏艰险、勇于克服困难的精神做准备
②热身活动：找战友	各"排长"带领"战士"在篮球场内进行慢跑，并根据教师提示在3秒钟内快速找到战友——"同桌的""同餐桌的""同小组的""鞋子颜色相似的"……在热身活动中，感受团队力量，提升团队意识	①任命各排排头为"排长"。②发布找"战友"标准。③活动中间带领学生进行总结，谈收获，增进彼此了解	有针对性地采用适当的教学方法，激发学生兴趣，使学生在游戏中，增进彼此的了解，增强团队意识

学习任务	学生活动	教师组织	活动意图
③完成障碍跑、耐久跑	①观察"翻越高山""飞夺泸定桥""巧渡金沙江"等场景，了解在不同地形条件下障碍跑的技术要领，激发参与热情，克服对障碍跑的心理恐惧。 ②学习障碍跑。各"排长"带领"战士"灵活设计完成障碍跑的游戏规则和路径，练习过程中，注意团队合作，尤其要注意帮助跑跳等方面较弱的同学。 ③完成障碍跑项目练习后，回顾本次练习，找到与《七律·长征》中诗句表达相似的内容，结合实际体验，感受红军战士不畏艰险、英勇克服困难的革命乐观主义精神	①创设"翻越高山""飞夺泸定桥""巧渡金沙江"等情境：五岭逶迤，连绵起伏；乌蒙山高大雄伟，气势磅礴；泸定桥只剩下13根铁链高悬于大渡河上，对面还有敌兵把守；金沙江水流湍急，没有船只……面对这样的艰难险阻，红军战士们，你们该怎样战胜这些困难呢?激发学生参与障碍跑的热情，克服心理恐惧，给予其完成任务的勇气。 ②指导学生练习障碍跑的技术要领，帮助学生调整呼吸节奏。 ③引导学生在已学动作要领的基础上，以小组为单位自行制订完成任务的方案以及游戏规则，提醒学生关注个体差异，小组互助，采用恰当的方法对学生进行指导，增强学生自信心。 ④引导学生回顾本次练习的表现，结合自身体现出的克服困难的精神，深入感悟文学作品中红军战士所表现出的不畏艰险、英勇顽强的革命精神	①通过对各种地形状态下障碍跑的练习，初步掌握障碍跑的技术要领，掌握科学锻炼的方法。 ②通过练习障碍跑，增强学生的心肺耐力等体能。通过创设情境，提升学生锻炼兴趣，激发学生参与热情。在小组讨论计划方案中，发展学生计划与设计、组织与协调、沟通与表达等方面的能力。 ③通过回顾锻炼过程、畅谈体验的环节，引导学生通过关联思维，将文字与体验相结合，既发展了学生的思维，又深入感悟红军战士不畏艰险、英勇顽强的革命乐观主义精神
④拓展活动："运送伤员"	①学生结合教师创设的情境，进行小组讨论，商讨如何能高效运送伤员。如重伤员几人运送，轻伤员几人运送，不同部位受伤的战士该如何运送等；运送者要快中求稳，动作轻柔，以免增加伤员痛苦。 ②根据伤员战士的不同情况，展开运送行动	①创设情境：长征的过程也是战争的过程，无数的战士流血、负伤、牺牲，医疗队员在医疗物资极其匮乏的情况下救死扶伤，挽救了许多战士的生命，今天我们也来当一回医疗队员，把伤员战士安全地运送到安全地带。注意，要做到一个都不能少。 ②教师结合学生的运送情况进行指导和点评	在情境体验中，学生通过小组合作完成相关任务，既锻炼了学生的团队合作能力，又提升了学生的沟通与表达能力。且在运送伤员过程中，培养学生对他人的关爱之心
⑤"缅怀先烈"	学生诵读毛主席诗词讲红色革命故事等，以此纪念革命先烈	教师导入：同学们，无数的革命先烈以自己的鲜血和生命，为我们换来了今天幸福的生活，祖国和人民永远不会忘记他们，我们永远不会忘记他们。让我们以诵读革命诗歌的方式来纪念他们吧	通过此环节来对本次活动进行总结，提升思想认识，升华情感，使学生再次深刻理解长征精神，知道我们的幸福生活来之不易，将革命先烈的爱国精神传承下去

四、设计思路

"红军不怕远征难，重走红军长征路"跨学科主题实践活动是以红军长征为历史背景，引导学生在理解文学作品的基础上，通过亲身体验，进行多种形式障碍跑的练习，深刻感悟红军战士不畏艰险、英勇顽强的革命乐观主义精神。本次活动意在使学生学习和运用所学的语文、体育、历史、地理等多学科知识；在活动中，提升学生的计划与设计、组织与协调、沟通与表达等多方面能力。本活动建议由语文教师和体育教师协同完成。

此主题实践活动为学生创设了多种情境，准备了多样的开放性的活动，对不同能力水平的学生均有所照顾，有效体现了对学生多元智能的培养。活动中，引导学生通过团队合作交流，共同设计相关解决方案，并进行演练。本主题实践活动分为课内和课外两部分：课外部分主要是学生收集相关资料和信息，课内活动包括对文学作品的学习和利用多种形式学习障碍跑的技术要领等。

百队争先，创作大赛

王志芳

本案例围绕跨学科主题"百队争先"进行活动设计，通过进行全校的足球"百队杯"比赛，引导学生在体育竞赛活动中，进行多角度观察，完成习作，参与幸福出版社创作大赛，营造校园"足球文化"，同时也引导学生在活动中综合运用体育、语文等学科的知识和技能。

一、育人价值

1.通过全程参与比赛活动，培养学生的集体凝聚力和团队精神。

2.通过指导学生细致观察赛场情况，培养学生的观察力与想象力。

3.通过完成习作并赏评投稿，培养学生的习作热情与习作能力。

二、活动目标

1.全面了解校级足球竞赛"百队杯"比赛章程，树立合作意识。

2.观察、想象和推测相结合，综合运用观察方法，注意事物的变化，产生新发现。

3.完成习作，参与写作创作大赛，展现学科成果。

三、实施过程

学习任务	学生活动	教师组织	活动意图
①了解比赛时间、规则，确定比赛过程中的观察重点	①学生分组讨论"比赛赛程表"。②分组合作，确定赛场观察重点	①提供比赛时间表，引导学生重点观看参与年级比赛。②指导学生观察角度和观察方法	①通过了解"比赛赛程表"把握参与重点，提高观察兴趣，树立合作意识。②指导观察方法，提高观察过程中的针对性和实效性
②比赛现场进行观察与研讨	①按观察重点进行观察，从整体—部分—整体角度进行全方位观察，点面结合。②观察与想象相结合，与伙伴展开讨论，并进行推测	①比赛现场指导学生全面观察，引导学生交流观看比赛或参与比赛的感受。②调节现场的气氛，调动学生的参与热情	①通过现场指导，使学生正确运用观察方法，做到全面细致观察。②引导讨论，使观察结果能落实到口语表达中，为书面表达奠定基础
③完成习作	依据赛场实地观察，把所见、所闻、所感，运用文字表达出来。抒发真情实感	①指导学生运用不同的文体，不同的表达方法，进行习作。②关注个体差异，有针对性地指导学生习作，增强学生自信	全面提升学生的习作能力，独立完成习作，树立"我手写我口"的意识
④分享习作，展现成果	①小组内赏析每个人的作品，提出修改意见与建议，组内推荐最优作品。②全班分享组内最优作品，学生依据点评修改文章，参加幸福出版社创作大赛	①提出作品赏析要求，把控课堂赏析节奏。②参与点评修改，并指导作品推荐	①在分享点评中，推荐出优秀作品，学生间互学互助，提升习作能力。②展现活动成果，提升学生积极参与活动的热情

四、设计思路

　　"百队争先，创作大赛"以学校"百队杯"足球比赛为背景，引导学生全面观察，从各个角度写出有关比赛的文章。本活动的目的是将校级体育竞赛和语文写作比赛进行结合，比赛过程中培养学生的观察力和想象力，从而提高学生的语文习作水平，这对于促进学生的可持续发展具有十分重要的影响。

　　在体育赛场上巧妙地引入语文习作教学，对于排解学生学习紧张的情绪，缓解学习上的心理障碍有很大的帮助。在比赛过程中引导学生关注赛场的各个人物的言行，经过针对性训练，能有效培养学生的逻辑思维能力，对于学生语文写作水平的提高具有十分重要的作用，让学生的写作更为细致和深入。经过体育赛事和语文教学的融合，打破了学科壁垒，激发了教育综合效益，促进了学生全方位成长，从根本上培养人文素养。

心怀目标　坚持不懈

屈晓娜

本案例围绕跨学科主题"人物精神"进行教学设计，通过学习四年级下册第22课《文言文二则》中车胤、李白的精神品质，迁移拓展了解体育运动员姚明的成长之路。

引导学生在语文学习中综合运用体育、历史、信息科技等知识与技能。

一、育人价值

1.通过指导学生学习课文及课外拓展故事，引导学生从课内走向课外，从古人故事走向为人所熟知的当代名人故事，以人物经历为起点，以精神品质为聚点，在文本中感悟三个人物成长经历，进一步感受"只有心中有目标，坚持不懈地努力，才会成功"的道理。

2.通过了解体育运动员姚明的成长经历，引导学生理解虽然时代不同，经历不同，但是，在这三个故事中，古人的学习精神，与当代运动员的体育精神却是相通、相一致的，进一步激发学生坚持不懈的学习精神及体育运动精神。

二、教学目标

1.综合运用信息科技等知识，学习《文言文二则》中的两个古文小故事，梳理车胤与李白的人物精神，感受心中有目标，坚持不懈、刻苦读书的人物品质。

2.结合体育学科等知识，阅读文本，感悟姚明的成长经历，理解"只有心中有目标，坚持不懈地努力，才会成功"的深刻含义。培养学生有理想、机智顽强、持之以恒的意志品质。

三、实施过程

学习任务	学生活动	教师组织	活动意图
①学习两篇文言文小故事，理解故事内容	①通过网络信息了解车胤、李白这两个人物的文言文小故事。②以小组合作探究的学习方式，利用课本资源、信息技术等方法，理解课文内容	①布置学生做好本课的课前预习，引导学生运用课本资源、网络信息、工具书、询问他人等方式进行自学。②组织学生以小组合作探究的方式，解决自己不懂的问题，并组织全班交流，再次解决组内合作学习不能解决的问题，帮助学生真正读懂文言文的意思	①通过预习和合作学习，尝试运用信息技术等跨学科知识解决学生不懂的内容，提高学生语文学习的综合能力，激发学生学习文言文的兴趣。②组织学生小组合作交流学习，提升学生合作学习能力，调动学生的学习积极性
②梳理车胤、李白的人物精神	①通过课文中的描写，以及网络上收集到的信息，感受两个人物的精神品质。②对比关联两个人物的精神，发现相同点	①引导学生品读重点词句，体会人物精神品质。邀请同学利用预习查找的资料进行补充，帮助学生进一步理解人物形象。②结合网络信息资料、历史人物知识等，引导学生思考关联两个人物的相同之处	①抓住重点描写，品读课文，理解人物精神品质。②对比关联两个人物形象，进一步理解精神品质的可贵
③阅读篮球运动员姚明的故事，感受人物精神	①自学文章，了解姚明的故事内容，能简单概括主要内容。②结合学生自己体育运动经验，谈谈学习打篮球的经历，交流感悟故事中姚明的精神品质。③了解姚明的同学分享相关的姚明成长小故事给同学们，进一步理解感受人物拥有梦想、心怀目标、坚持不懈、刻苦努力的体育精神	①组织学生自学现代文小故事，感受不同语言形式记录的不同时代有所成就的人物小故事。②引导学生抓住文章重点语句的描写，理解人物精神品质。③组织学生利用预习时收集的信息，进一步理解人物精神	①对比古文、现代文不同文体，学习人物故事，感受文言文语言精练的特点。②组织学生综合运用多学科知识，感悟人物形象。③把语文学科学习到的人物精神迁移到体育课学习篮球过程中的体育精神，激发学生热爱运动、刻苦练习的信心和决心
④理解感受三个人物精神品质的相同之处	①思考、讨论、交流姚明与车胤、李白，三个人物的相同之处。②理解"只有心中有目标，坚持不懈地努力，才会成功"的道理	①组织学生对比分析三个人物的精神品质，找到他们的相同之处。②引导学生理解课文中心思想	让学生懂得这些有所成就的人，虽然处于不同时代、不同领域，但是在通往成功的路上都不是一帆风顺的，但凭借心怀目标、坚持不懈的精神，最终成为杰出的人

四、设计思路

《文言文二则》中的两个小故事是文言文成语故事，也都是有关名人的励志故事。本教学设计的目的是引导学生把车胤、李白这些古人的可贵精神品质，与现代学生更为熟知的篮球运动员姚明相关联，迁移发散至不同人物、不同领域，甚至在教学中，结合学生自己学习篮球过程中的真实经历谈感受、谈理解，进一步深入感悟"拥有目标，并为之坚持不懈"的可贵品质。

　　本次教学，组织学生以团队合作、自学等不同的方式开展。注重引导学生课前通过信息技术收集网络相关资料，以此理解文本内容、人物精神，教师适时地拓展姚明的故事，激发学生热爱体育运动、刻苦练习的信心和决心，培养学生有理想、有目标、坚持不懈、刻苦努力的优秀品质。

确定起跑线 1

冯莉娜

本案例通过"确定起跑线"的数学活动设计，让学生了解跑道的结构，并结合实践学会确定起跑线的方法，运用数学知识，选择在不同跑道上的奔跑路线，感受数学知识在体育和生活中的广泛应用。

一、育人价值

1. 通过组织学生完成数学活动的过程，培养学生的合作意识和团队协作精神。

2. 通过创设提出问题、解决问题的情境，培养学生主动探究、自主合作、追根溯源的探索精神和坚持的意志品质。

3. 通过学生参与数学活动的过程，使学生体会到学习和探索的乐趣。

二、活动目标

1. 让学生了解环形跑道的结构，综合运用圆的周长等知识，通过经历解决问题的全过程，理解相邻跑道长度之间差的关系，学会确定起跑线的方法。

2. 在观察、推理、计算等数学活动中，培养学生发现问题、提出问题、解决问题的能力，使学生的数感和量感在实践中得以提升。

3. 让学生通过独立思考与合作交流等活动，感受数学知识与其他学科知识之间的联系，提高数学应用的意识，培养数学学习的兴趣和综合素养。

三、实施过程

学习任务	学生活动	教师组织	活动意图
①比较直线跑和弯道跑,实践中引发学生思考并提出问题	①学生在不同跑道上体验完成直线50米跑。②学生在不同跑道上体验完成200米跑。③你有什么发现?	①引导学生通过体验发现,50米直线跑,起点相同,终点相同。②200米弯道跑,虽然终点位置相同,但起点位置不同。③提出探究问题:终点相同,不同跑道的起跑线位置为什么不同?每个跑道的起跑线应该相差多少米?	①学生在实践中发现同样是跑步,直线跑和弯道跑起跑线的位置会不同,从而引发学生思考原因。②在观察和思考后,思考弯道跑之所以起跑线的位置不同是因为:终点相同,如果各跑道起跑线的位置相同,外圈跑道和内圈跑道的距离会不同,不公平。那怎样才能公平呢?每条跑道上的起跑线的距离应该相差多少呢?
②了解环形跑道的结构,运用圆的相关知识,探究跑道起跑线位置的设置与哪些因素有关	①学生合作量一量:不同跑道之间起跑线的距离分别是多少?②引发思考:为什么每两条跑道之间,起跑线的距离都不一样呢?③小组合作探究:200米跑,每相邻的跑道起跑线位置的设置与哪些因素有关?是什么决定了不同跑道上起跑线的位置?	①通过让学生亲自测量,发现200米跑,每相邻跑道之间的距离是不一样的。只有经过测量,学生才能发现距离的差异。只靠观察是发现不了的。②发现并提出问题后,引导学生结合所学的数学知识,了解环形跑道的结构:跑道是由两条直的跑道和两个半圆形跑道组成的。根据跑道的结构,分析思考哪部分跑道会影响运动员跑的距离	①通过学生的测量,发现每相邻跑道之间相差距离的不同。②通过观察环形跑道的结构,引发学生发现跑道的两个半圆部分是影响不同跑道跑步距离的真正原因。③通过小组合作的方式体验和实践,激发学生的探究意识,从而在提出问题后主动去解决问题,把生活与数学紧密联系,探究现象背后的本质。
③通过算一算的活动,根据有关圆的周长的数学知识,解决相邻跑道之间的距离差就是相邻跑道起跑线之间的距离差的问题	①学生算一算:把两个半圆形的弯道合起来是一个什么形状?应用什么知识进行计算?②学生讨论:相邻两个弯道之间的周长距离差其实就是谁的长度差?③交流小结:只要计算出各圆的周长,算出相邻两圆相差多少米,就是相邻跑道之间的差距,也就是相邻跑道起跑线之间相差的米数。④思考:什么决定了圆的周长?不同跑道起跑线的距离还和什么有关系?	①引导学生去算一算,通过计算调取所需的数学知识,从而把知识和问题解决有机结合。②引导学生思考:利用计算的数据,发现每个弯道之间周长的距离差与每条跑道起跑线设置位置之间的关系。③得出结论:相邻跑道之间的差距差就是相邻跑道起跑线之间的距离差。④结合数学知识,思考发现,不同跑道起跑线的距离还和道宽有关系	①通过对相邻跑道周长的计算,解决确定起跑线位置的问题。②通过计算感悟相邻跑道的周长差和不同跑道起跑线位置设定的关系,明晰起跑线的位置和跑道中圆形周长之间的关系。③当把生活问题转化成数学问题时,就会发现,跑道的道宽也是决定每条跑道起跑线位置的因素

续表

学习任务	学生活动	教师组织	活动意图
④在合作探究中，找到400米的跑道，每条跑道之间的道宽是1.25米，设定每条跑道起跑线的位置	①小组探究问题：400米长的跑道，道宽是1.25米，每条跑道起跑线的位置怎样设定？②借助表格来算一算，并得出结论	通过提出400米跑道，道宽是1.25米时，每条跑道起跑线的位置应该怎样设定这一探究问题，使学生能熟练应用圆周长的知识和刚才的结论进行探究，得出每条跑道起跑线之间的距离应该是7.85米	①通过小组合作探究，计算出400米跑道中，相邻跑道的长度差。②观察结果，及时发现：相邻跑道的长度差与道宽有着直接的关系。③学生通过自己的实践、计算，用数学知识解决了实际问题，经历这个过程，是学生最大的收获
⑤在实践中发现并总结规律，形成数学能力	①观察数据，探究规律：观察表格中的数据，找到不用计算周长就能得到每条跑道起跑线之间的距离的方法。②发现规律：1.25×2π也可以直接计算出每条跑道起跑线之间的距离	引导学生思考，用不同的方法也可以得到每条跑道起跑线之间的距离	①发现数学规律并应用数学规律灵活地解决问题。②在解决实际问题中，发现规律，在数学规律中体会数学的价值
⑥应用发现的规律指导生活实践，真正体会数学的应用与实用性	讨论应用：根据发现的规律和现象背后的道理，你在跑弯道时有什么建议？（沿着跑道跑，尽可能地跑最短的距离）	引导学生在探究规律后，要回到生活中去应用	所有知识的学习都是为了在生活中的灵活应用。不能把发现数学知识中的规律当作最终目的。因此教师引导学生发现规律后，还应继续引发学生思考，把知识运用到生活当中去
⑦进行200米小组赛。应用知识解决问题	进行200米小组赛，学生将自己探究的知识和总结的规律进行应用	在紧张的探究后，劳逸结合，进行200米小组赛，学以致用	通过200米小组赛，把数学知识和体育运动有机结合。真正把知识应用于实践中

四、设计思路

在"确定起跑线"的数学问题中，将体育学科内容与数学学科内容巧妙地联系起来，实现体育学科与数学学科的相互协同和融合。本节课通过数学活动的设计，让学生了解了跑道的结构，学会了确定起跑线的方法，运用数学知识的储备，探究发现了不同跑道上起跑线设置的道理，并在操作与实践中，不断感受数学在体育和生活中的广泛应用。

通过本节课的活动设计，学生不仅能体会到数学知识之间、数学与其他学科之间、数学与生活之间的联系，还能运用数学的思维方式进行思考，提高学生发现问题、提出问题、分析问题和解决问题的能力。多学科、跨学科的主题学习，让学生在活动中获取知识，积累活动经验，感悟思想方法，发展思维品质，提高学生的综合素养。

确定起跑线 2

王晓松

本案例围绕跨学科主题"确定起跑线"进行活动设计，引导学生在数学学习中综合运用体育、语文、美术等学科的知识与技能，达成学习目标。

一、育人价值

1.通过"确定起跑线"的活动，发展学生分析问题、解决问题的能力，培养学生的探索精神。

2.通过"确定400米跑步比赛起跑位置"的活动，培养学生团队意识和探索精神。

3.通过作业设计，引发学生的进一步思考，促进学生跨学科能力的发展。

二、活动目标

1.了解到400米跑步比赛的起跑位置不同，理解起跑位置不同的原因，通过小组合作，测量、计算、设计出400米跑步比赛的起跑位置方案。

2.通过与同学的交流、讨论，把握问题本质，发展解决问题的能力。

3.在真实问题情境下，激发学生的学习兴趣，为学生创设跨学科发展的机会。

三、实施过程

学习任务	学生活动	教师组织	活动意图
①了解不同长度的跑步比赛中运动员的起跑位置不同	①通过观看100米和400米比赛视频，发现起跑位置不同的现象。②通过讨论分析，发现起跑位置不同的原因是不同跑道的周长不同	①播放100米和400米比赛的视频，引发学生对于起跑位置的关注。②组织学生进行讨论，分析起跑位置不同的原因	①通过真实的问题情境，引发学生的思考，调动他们已有经验，尝试用多学科的知识解决问题。②引发学生对问题本质的思考
②确定400米跑步比赛的起点	①去操场实地观察跑道，验证起跑位置不同是因为不同跑道的周长不同。②探究不同跑道周长存在差异的原因。③小组合作探究，完成400米跑步比赛的起点的设计方案。④小组汇报、交流。⑤交流点评，确定400米跑步比赛的起点位置	①明确要求，实地观察，引导学生验证不同跑道的周长确实不同。②组织学生讨论交流，影响跑道周长不同的原因。③观察学生分组活动，了解学生合作情况。④组织学生交流讨论，把小组的设计方案表述清晰。⑤总结提升，引导学生把握问题本质。	①本环节让学生到操场实地观察，激发兴趣，引导学生在真实的问题情境下解决问题。②通过讨论交流，小组合作完成400米跑的起点设计方案
③结合生活实际，进一步引发思考	①根据讨论，完善本组设计400米跑步比赛起跑位置设计方案。②讨论、交流"如果你是体育教师，你会把400米跑步比赛的起点设置在跑道的什么位置？用你喜欢的方式表达你的想法，并说明你的理由"	①组织学生以小组为单位完善设计方案。②引发学生对跨学科问题的思考	①通过完善设计方案，促使学生进一步认识到本节课的问题本质。②通过跨学科的问题设计，复习巩固，了解学生掌握知识的情况，完成课上诊断
④布置作业，进一步引发思考	①查找不同长度跑步比赛的规则，从起跑位置的角度分析规则的合理性。②完成数学日记或数学小报	①了解作业进度，对有困难的学生及时鼓励和适当帮助。②组织学生进行数学日记或数学小报的交流	①对本节课的内容进行适当的拓展延伸，进一步激发学生的学习兴趣。②为学生创设跨学科研究的机会

四、设计意图

　　"确定起跑线"一课是人教版数学教材六年级上册的内容，是在学生掌握了圆的概念和周长等知识的基础上设计的一个综合与实践活动。一方面，使学生体会到数学在生活中无处不在，在各个生活领域中，随时都能发现数学问题，培养学生用数学的眼光看待生活、发现生活中数学问题的习惯；另一方面，使学生学会应用所学的数学知识解决跨学科的实际问题，进一步提高解决问题的能力。

在本课的设计中还突出了不同学科之间的相互融合，在真实的问题情境下，引导学生发现问题，提出问题，明确影响 400 米跑步比赛起点位置的因素，进而小组合作设计起跑位置的方案，再通过讨论交流深入理解问题本质，并完善方案。在方案完善以后，教师通过"如果你是体育教师，你会把 400 米跑步比赛的起点设置在跑道的什么位置？用你喜欢的方式表达你的想法，并说明你的理由"这个问题引发学生进一步跨学科的思考，体现问题的真实性。最后鼓励学生查阅资料，通过数学日记或数学小报的形式把自己的思考呈现出来，为学生不同学科之间的相互融合创造条件。

运动中的统计

张　蕾　倪　芳

本案例围绕跨学科主题"运动中的统计"进行活动设计，通过统计仰卧起坐、跳绳的运动数据，学生能初步掌握收集、整理和分析数据的能力，引导学生在体育活动中综合运用数学知识与技能。

一、育人价值

1. 通过指导学生收集数据、整理数据的过程，培养学生合作学习的能力。

2. 通过指导学生分析数据的过程，培养学生辩证分析问题的能力和科学锻炼的意识。

二、活动目标

1. 综合运用数学知识，进一步巩固学生收集数据、整理数据、分析数据的能力。

2. 在分析数据的过程中，巩固学生绘制复式统计表和复式统计图的能力；同时也巩固学生使用计算器的技能。

3. 在分析数据的过程中，培养学生数据分析的能力，使学生能够通过分析数据帮助自己在体育锻炼上做出决策，进而调动学生的锻炼积极性。

三、实施过程

学习任务	学生活动	教师组织	活动意图
①收集数据、整理数据	①通过跳绳和仰卧起坐测试，产生学生研究的数据。 ②小组合作进行数据的收集和整理	①组织学生进行1分钟跳绳和仰卧起坐测试，并进行数据的收集和整理。 ②在学生遇到困难时，及时给予帮助，并鼓励学生进行小组内部与小组成员的相互学习和交流	①通过这一活动，巩固前面所学习的数据收集与整理知识，为接下来的学习做好数据准备。 ②尝试通过团队合作与交流完成数据的收集与整理，调动学生的积极性，从而以积极的状态投入后续的研究活动中
②根据数据，绘制复式统计表和复式统计图	①在收集数据的基础上，绘制小组成员关于跳绳、仰卧起坐个数的复式统计表。 ②根据复式统计表中呈现的数据，绘制复式条形统计图	①利用前面收集整理的数据，引导学生利用所学知识绘制复式统计表。 ②在学生合作绘制复式条形统计图的过程中，及时给予指导。 ③引导学生在已学知识的基础上，对所有指导进行应用	①巩固学生用复式统计表呈现数据的方法。 ②通过绘制复式条形统计图，使学生对所学知识有更加深刻的领悟。 ③通过小组合作，发展学生的团结协作能力
③观察复式统计图，分析数据解决实际问题	①利用计算器算出小组以及全部男、女生跳绳和仰卧起坐的平均数。 ②通过数据分析的过程，学生进一步体会到复式条形统计图直观的优势。 ③根据图表显示，进行合理的分析、推断和决策	①指导学生利用所学习的计算器的使用方法以及求平均数的方法，计算每个小组以及全班男、女生跳绳和仰卧起坐的平均数。 ②引导学生观察复式条形统计图，回答问题，并体会其优势。 ③引导学生分析数据，并挖掘数学背后隐藏的信息	①巩固学生使用计算器和求平均数的方法。 ②巩固学生对复式条形统计图相关知识的应用能力，并使学生再一次体会利用复式条形统计图在数据对比时的优势。 ③通过学生分析数据的过程，培养学生的数据分析意识和能力

四、设计思路

小学数学新课标提出，学生学习统计的核心目标是发展统计观念。统计观念主要涵盖以下几点：一是数据的收集、记录和整理能力；二是对数据的分析、处理并由此做出解释、推理与决策的能力；三是对数据和统计信息有良好的判断能力。因此本节课利用体育课程中跳绳和仰卧起坐数据，带领学生经历完整的统计过程，一方面在实际应用中使学生对前面所学习的知识进行巩固，另一方面发展学生的统计观念，从而实现学习有用的数学的教学价值。

在统计教学中，统计知识的学习、统计方法的掌握是发展统计观念的基础，因此本节课借助学生人人都参与其中的跳绳和仰卧起坐测试，帮助学生达到巩固的目的。学生在这个过程中，需要主动应用收集、记录、整理、描述数据的方法，从而使统计观念在这个过程中潜移默化地得到提升。这对培养学生运用统计方法解决实际问题的主动性和敏锐性是大有好处的，这也恰恰是数据分析观念培养的精髓之所在。培养统计意识的意义还在于引导学生感悟通过分析数据可以帮助我们来进行决策。此外，体育锻炼对于学生来说是终身的课题，因此，希望能够通过此次探究活动，使学生意识到加强锻炼的意义，使学生受益终身。

走进中外流行体育运动

李海龙　　张鑫杰

本案例围绕跨学科主题"走进中外流行体育运动"进行活动设计，通过对北京版英语五年级上册第六单元 SPORTS AROUND THE WORLD 主题单元的学习，提升学生对中外主流国家流行体育运动的认识与了解，强化学生积极关注了解体育赛事、主动参与体育运动、强身健体的意识，最终形成体育文化自信。引导学生在参与体育活动过程中综合运用地理、体育、英语、信息技术等知识与技能。

一、育人价值

1.通过指导学生进行对话学习，使其了解英国、美国、加拿大及中国流行的体育运动，提升学生对中外体育运动的认识，丰富学生与体育运动相关主题的知识储备。

2.通过创设"欧美体育运动我了解"实践情境，使学生真实体验英国、美国、加拿大等国家流行体育运动器械，增强学生对欧美主流国家体育运动的了解，感受体育运动带给人的愉悦体验，提升体育活动过程中拼搏、合作等体育精神。

3.通过创设"中国体育运动我骄傲"知识交流情境，使学生综合运用多学科知识汇报交流中国体育傲人成绩、中国体育健儿为国争光事迹等，培养学生大国意识并提升民族自豪感。

二、活动目标

1.综合运用地理、体育及英语学科知识，学习并了解中外流行体育运动等相关内容。

2.真实体验中外流行体育运动的器械，模拟体育比赛，增强学生对欧美主流国家体育运动的了解。

3.通过拓展梳理中国体育运动相关成绩及人物事迹，提升学生体育文化自信。

三、实施过程

学习任务	学生活动	教师组织	活动意图
①"体育运动知多少"：了解中西流行体育运动的相关知识	①通过视听活动，提取中西流行体育运动的相关表达。 ②小组合作学习，综合地理、体育等知识，交流并介绍自己最喜欢或擅长的体育运动	①引导学生通过视听活动提取信息，了解中国及英国、美国、加拿大流行体育运动的相关表达；梳理信息并形成以"SPORTS AROUND THE WORLD"为主题的知识脉络。 ②结合学生实际生活，引发学生思考；教师从语言结构和思维层面进行提示引导，帮助不同层次的学生进行语言表达	①通过学习了解中国及欧美主流国家流行的体育运动相关知识，丰富学生关于体育运动主题知识储备，提升学生体育文化自信。 ②通过小组讨论，学生根据自身实际展开交流分享并促进语言能力发展
②"体育运动我体验"：模拟体验欧美主流国家流行体育运动	①复习欧美主流国家流行体育运动相关知识，加深对主题内容的理解。 ②选择感兴趣的一项体育运动进行小组探究学习，丰富体育运动相关语言知识。 ③真实体验欧美主流国家流行体育运动的活动器械，模拟体育运动比赛，体验比赛规则	①引导学生利用可视化思维工具梳理并口头表达英国、美国及加拿大等国家的流行体育运动相关知识。 ②引导学生通过小组合作探究学习的形式，围绕感兴趣的体育运动进行深入主题拓展。 ③鼓励学生积极参与活动，体验运动带来的乐趣的同时提升学习体验	①通过复习活动，学生利用可视化思维工具辅助交流表达，提升思维及语言表达的逻辑性。 ②通过小组合作的探究式学习，提升学生自主学习及协作能力。 ③通过体验式学习活动，让学生在学用结合的情境中感受语言、使用语言，提升对学习主题的真实感受

续表

学习任务	学生活动	教师组织	活动意图
③"中国体育运动我骄傲"：梳理我国体育运动成绩及相关典型人物事迹	①梳理单元学习内容中有关中国流行体育运动的相关知识。②根据个人兴趣点，收集并拓展学习有关"中国体育运动""中国运动健儿事迹"并绘制图文结合的展示海报。③展示自主学习海报，并围绕主题"中国体育运动我骄傲"进行主题汇报	①引导学生利用可视化思维工具，提炼梳理本单元有关中国流行体育运动的相关知识。②鼓励学生借助网络平台，收集整理中国体育运动相关事实信息，指导学生开展自主探究学习。③协助学生围绕主题"中国体育运动我骄傲"进行配图讲解的形式汇报，引导学生进行生生间学习与评价	①通过复习活动，学生利用可视化思维工具进行交流表达，提升思维及语言表达的逻辑性。②从兴趣出发的自主探究活动，有助于学生学习能力的提升；运用信息技术手段辅助学习，提升学生信息素养。③通过学习成果汇报，学生综合运用英语、体育、美术等多学科知识及能力，提升学生体育文化自信并促进综合素养的发展

四、设计思路

"走进中外流行体育运动"跨学科学习以讨论学习中外流行体育运动为主题，引导学生学习并了解欧美主流国家流行体育运动相关知识，并深入了解中国体育运动相关成绩及人物事迹，提升学生体育文化自信。本学习主题设计与实施的目的是提升学生积极关注了解体育赛事的意识，强化主动参与体育运动、强身健体行为，引导在参与体育活动过程中综合运用地理、体育、英语、信息技术等知识与技能开展交流，提升对他国体育文化的了解，形成体育文化自信与积极传递中国声音。

主题设计中为学生提供了一个体验式学习的活动，学生从自身兴趣出发选择相应的体育运动，在教师创设的体验式学习情境中感受语言、使用语言，提升对学习主题的真实感受。亲身体验中外流行体育运动的器械并在模拟比赛中体验运动规则，强化学生对欧美主流国家体育运动的了解，感受体育运动带给人的愉悦体验，提升学生在参与体育活动过程中拼搏、合作等体育精神。

奥运有我，我爱奥运

蔡宇晴

本案例围绕跨学科主题"奥运有我，我爱奥运"进行活动设计，通过学习北京版英语六年级上册第 5 单元的内容，学生能对中国的奥运参与史有更多的了解，引导学生在英语学习活动中综合运用体育、历史、信息技术等知识与技能。

一、育人价值

1. 通过文本阅读和分享交流活动，学生能从文章中提取出关于 2008 年北京夏季奥运会、2022 年北京冬季奥运会的基本信息，并自主复述出来，在提升英语语言综合运用能力的同时增加对奥运文化的了解。

2. 通过创设奥运健儿小讲堂的情境，学生能以汇报展示或演讲的形式介绍中国新生代优秀运动员在奥运赛场上的精彩表现，在潜移默化中鼓励学生树立为国争光的远大理想。

3. 通过完成奥运主题的写作或海报，增加学生对国家、民族的自信心与自豪感，并在学习中发扬奥运精神和体育精神，顽强拼搏，勇往直前，形成不畏困难、坚持不懈的优秀品质。

二、活动目标

1. 通过阅读文本、观看视频等活动，了解中国运动员在 2008 年和 2022 年奥运会上的精彩表现。

2.通过小讲堂的活动，学生能在提升口语表达能力的同时学会倾听他人的建议，并给予礼貌的回复，表示感谢。

3.通过完成单元主题作业，学生能对奥运文化有更加深刻的理解，并能坚持日常的体育锻炼，以更加积极的心态和姿态参与到学习和体育竞赛活动中，为班级和学校争光，培养自身的荣誉感。

三、实施过程

学习任务	学生活动	教师组织	活动意图
①了解近年来我国奥运健儿参赛和获奖的历史；观看视频	①通过网络或书籍，了解2008年和2022年奥运会的基本情况。②小组讨论后在全班分享：中国为什么能举办夏季和冬季奥运会，优势在哪儿？	①引导学生自主学习，通过查阅资料和信息，丰富自身关于奥运话题的知识储备。②结合生活实际，引发学生思考，教师从语言和思维层面进行提示，帮助不同层次的学生顺利表达	①通过学习近年来我国奥运参与史，学生能通过数据的理性分析和画面的直观冲击，认识到中国是体育大国，为后面的学习活动打下基础。②学生尝试小组交流，在碰撞中分享观点，并就思考题目表达自己的观点，说明原因
②文本阅读，提炼信息和主题	①了解英语阅读的两个基本技能——寻读和扫读，并运用这两种技巧完成相应的学习单，提取出奥运会的关键信息。②了解奥运会金、银、铜牌的英文说法，并能说出2—3位夺金的中国运动员。③小组合作，梳理出运动员的活动和名言，并思考：从奥运健儿的身上你学到了什么？你能做些什么？	①引入寻读和扫读的概念，并呈现本课学习的文本，组织学生在规定时间内完成信息提取的任务。②教师呈现金银铜牌的图片，组织学生讨论奖牌背后的含义：是个人的努力重要，还是团队的支撑更重要？③教师鼓励学生进行表达，并将相应语句板书呈现，降低难度	①通过学习两种阅读技巧，学生能更快速、准确地定位并提取出文本中的关键信息，提升自身的英语阅读水平。②通过思考和讨论，学生能认识到奥运健儿的成功不仅有个人的努力，更有团队的协作和国家的支持，培养从多角度看待事物的能力。③学生能结合生活实际进行表达，在团队协作中完成任务，并将体育精神和奥运精神发扬光大，树立远大理想，争取长大后为国争光
③奥运健儿小讲堂	①根据自主查阅和教师提供的材料，学生选择个人或小组合作完成小讲堂的分享任务，从多个角度介绍奥运健儿。②台下学生对讲堂上分享学生的表现进行打分和点评，最后从语言、台风、内容等不同方面全体投票选出最佳小讲师	①教师提供更多关于奥运健儿生平、训练和获奖情况的课外材料，学生根据情况选取使用，并将这些素材融入自己的演讲或展示中，进行交流。②教师提供评分标准和评分表，组织台下的学生为小讲师们打分。教师在此过程中可以"退居二线"，鼓励学生进行自我管理、自我评价	①通过呈现拓展材料，鼓励学生进行真情实感的展示，在提高英语演讲能力的同时增加自身对奥运精神的理解。②教师有限度地退到一旁，给学生更多展示的空间，并鼓励其按照标准自主评价，体现、落实以学生为中心的教育理念

学习任务	学生活动	教师组织	活动意图
④"奥运有我"单元主题作业展示活动	①学生根据课上所学，完成奥运主题的单元作业，可选写作或海报等形式，从不同角度介绍奥运和体育文化。②学生上交自己的作品集中展示，由班级内学生进行互评，选出班级优秀作业，晋级至年级评比	①教师布置"分层"任务：一是学生自主制作海报，将课本内容与课外所读有机结合，完成作业；二是提供语言支撑在内的模板，供潜能学生完成写作和简单的海报制作任务。②教师确定好标准，请部分学生代表和教师一起完成年级优秀作品的评定，最后用展板或电子屏幕进行校内展示，助力学校文化氛围的建设	①通过作业作品展示活动，学生提升英语写作和综合语言运用的能力，并能进一步增加对奥运文化的了解和对体育运动的热爱。②通过完成奥运主题的写作或海报，增加学生对国家、民族的自信心与自豪感，并在学习中发扬奥运精神和体育精神，顽强拼搏，勇往直前，形成不畏困难、坚持不懈的优秀品质

四、设计思路

"奥运有我，我爱奥运"以 2008 年夏季奥运会和 2022 年冬季奥运会为背景，以教材文本为依托，开展综合语言训练和实践活动。本活动设计目的是让学生在提升语言素养的同时了解更多的奥运文化知识，学习奥运健儿们顽强拼搏的体育精神，并将这种精神用到今后的学习和生活中。此外，通过讨论环节的设置，教师鼓励学生学会辩证思考和表达，深刻理解团队合作的重要性。

本设计以单元主题为根本，围绕奥运文化展开。从古今奥运会的对比，到两届在京举办的奥运会，再到夺金夺冠的中华奥运健儿，教师以单元主题为线，将这些内容串联起来，为学生提供了一道道营养丰富的语言和文化大餐。学生的将来，不仅要有聪明的头脑，更要有健康的身体和心态。强健的体魄能让学生健康成长，良好的心态则能助其渡过难关，二者缺一不可。另外，从生活角度出发，本设计也鼓励学生将体育精神带到生活中去，养成良好的锻炼运动习惯，增强体质，促进身心的全面健康发展，为今后建设祖国、贡献力量打下基础。

五子棋连连看

高晓明　邢绘君

本案例围绕跨学科主题"体育游戏：五子棋连连看"进行教学设计。通过模拟"五子棋连连看"的下棋方式，把体育接力比赛和数学游戏下五子棋进行巧妙结合。在学习活动中，尝试跨学科主题学习，采用数学游戏和体育接力比赛相结合的方式进行学习，激发学生的学习兴趣和运动兴趣。

一、育人价值

1. 了解快速跑的动作要领和五子棋的游戏规则，以及接力比赛与五子棋相结合的游戏规则。

2. 发展学生的奔跑能力，能够根据比赛进程调整棋子的落子位置，培养学生的团队合作能力。

3. 激发学生运动的兴趣，培养学生刻苦练习的品质，同时发展学生空间观念和合作意识。

二、活动目标

1. 采用下五子棋的方式，进行往返接力游戏，巩固"快速跑前脚掌着地"的动作要领，掌握团队下五子棋的方法。

2. 让学生学会相互沟通、决策与实施，培养学生的创新能力。

3. 利用下五子棋的游戏方式提高学生练习的积极性，在运动的同时培养学生的空间观念和合作意识。

三、实施过程

学习任务	学生活动	教师组织	活动意图
①在数学游戏课上，了解五子棋的下棋规则与方法，并尝试练习	①学生学习五子棋的下棋规则。 ②学习游戏规则。 ③尝试三人一组进行游戏	①观看视频，了解五子棋的下棋方法与规则。 ②说明三人一组进行游戏的规则。 a.利用方格纸和铅笔，用不同的符号进行记录。 b.三人一组分工，两人下棋，一人当裁判。首先连上5个同样的符号的小组获胜	①在数学游戏课上学习并掌握下五子棋的方法。 ②激发学生合作探究的意识，培养学生的观察能力。 ③为体育课开展"五子棋连连看"游戏，做好方法上的准备
②了解两队快速跑接力的动作要领和往返跑之后小组合作下五子棋的游戏规则	①认真观看教师快速跑的示范动作。 ②动脑思考，熟悉和掌握游戏方法与规则 	①教师讲解示范快跑的动作，强化前脚掌着地的动作要领。 ②教师讲解往返接力后小组进行"五子棋游戏"的规则。 游戏规则： a.把全班34人平均分成2组。每队有17个标志物（小笑脸），甲、乙两队标志物颜色不同（一队橘色，一队蓝色）。 b.听哨音跑出后，到棋盘位置放下自己的标志物，返回后，与下一名同学击掌，下一名同学跑出。 c.五个同一颜色标志物第一次呈一条直线的队伍获胜。17人都比完后，如果双方都没有完成，则为平局	①建立正确快速跑的意识，并能够明确要求。 ②树立小组合作的意识，并能够按照游戏规则熟悉接力五子棋游戏
③进行往返接力五子棋游戏，并进行录像	①开始体验游戏，相互交流放棋子的位置，商讨如何防止对方完成5子连棋，思考封堵如何操作。 ②在比赛过程中根据自身的棋子和对方的棋子进行判断，完成游戏	①学生分组体验游戏。 ②开展完整游戏比赛	①通过教师的讲解再一次明确游戏的方法与规则，为下面的比赛做好铺垫。 ②通过学生之间的相互沟通进一步明确游戏规则，掌握封堵对方和自己获胜的方法。 ③学生通过将五子棋的规则与数学思维相结合，判断棋子的落点；同学之间相互提示与鼓励，培养学生集体主义精神和团队合作意识

学习任务	学生活动	教师组织	活动意图
④数学游戏课，观看比赛录像，并进行反思	①观看比赛录像。②开展讨论。从合作、方法、接力速度等方面分析小组成功或失败的原因。③提出改进措施。学生从游戏的规则过程与方法等方面提出改进建议	①教师播放比赛录像。②分析成功或失败的原因。③鼓励学生提出游戏改进的建议和意见	①通过观看录像，进一步分析跑步中接力的问题，以及五子棋游戏成功与失败的原因，对游戏的规则和学生比赛过程的方式方法等，提出改进意见和建议。②培养学生的反思意识和解决问题能力

四、设计思路

"体育游戏：五子棋连连看"这个活动，把体育接力比赛与数学游戏五子棋结合起来，活动设计目的是让学生既巩固"快速跑前脚掌着地"的动作要领，又能掌握"团队下五子棋"的方法。在数学与体育学科整合的过程中，既提升了学生的运动素养、团队意识、合作能力，又培养了学生的观察能力、分析推理能力，从而发展了学生的空间观念。

本活动初步尝试以跨学科整合的方式进行。首先，在数学游戏课探究"下五子棋"的方法。之后，在体育课上把"下五子棋的方法"和"体育接力赛"巧妙结合起来。最后，再回到数学游戏课，通过回顾与反思，进一步研究和修改游戏规则，培养学生的反思意识和解决问题能力，以便在后面的体育课游戏环节中更好地发挥作用。通过这样的学科整合，让体育游戏更具思维价值和运动价值。

英勇志愿军

胡　浩

历史背景：长津湖战役是抗美援朝战争第二次战役中东线战场在长津湖地区遂行的一次反击作战。

长津湖战役中，中国人民志愿军第9兵团3个军，在气温零下20多摄氏度、冻伤较多、兵力不足的条件下，与武器装备世界一流、战功显赫的美军第10军，于1950年11月27日至12月24日在朝鲜长津湖地区进行了直接较量，创造了抗美援朝战争中全歼美军一个整团的纪录，迫使美军王牌部队经历了有史以来"路程最长的退却"。这次战役，收复了三八线以北的东部广大地区。志愿军在东西两线同时大捷，一举扭转了战场态势，成为朝鲜战争的拐点，为最终到来的停战谈判奠定了胜利基础。

本案例围绕跨学科主题"英勇志愿军"（水平二）进行活动设计，通过模拟"长津湖战役"的场景，引导学生在体育活动中综合运用历史、数学、音乐、语文等知识与技能。

一、育人价值

1.通过指导学生合作在不同环境和地形下进行障碍跑练习，提高学生的耐力，培养学生的合作学习能力和团队精神。

2.通过设计"跳过防火墙""跨过战壕""爬过积雪地""绕过防火线"的情境，培养学生的民族意识和爱国主义精神。

3.通过创设极寒严酷的情境，培养学生克服困难、敢于斗争、坚韧不拔的意志品质。

二、活动目标

1.综合运用历史、地理等知识，了解抗美援朝战争、中国人民志愿军和长津湖地理环境。

2.演绎"极寒严酷、钢铁意志、英勇战斗"场景，提高计划与设计、组织与协调、沟通与表达、决策与反思、探究与创新能力，增强保护自己和他人的意识。

3.在模拟"极寒严酷、钢铁意志、英勇战斗"的过程中，掌握障碍跑跳、跨、爬、绕的动作方法，提高学生在不同地形下通过障碍的能力，增强对障碍跑的兴趣，培养学生克服困难、勇敢顽强、坚韧不拔的意志品质和不怕困难的大无畏革命精神。

三、实施过程

学习任务	学生活动	教师组织	活动意图
①了解抗美援朝历史背景；观看相关的视频和收集相应的图片	①通过网络了解抗美援朝的历史背景。②学生分组讨论探究学习，运用地理、历史、信息科技等知识思考和分析抗美援朝长津湖战役的过程	①引导学生理解抗美援朝艰苦的场景。②在学生讨论学习过程中遇到困难时，教师单独指导和帮助，并鼓励学生小组间互相学习和交流	①学习和了解抗美援朝时的困难和艰辛；教师尝试利用多学科结合的方式来解决问题，提高学生的综合实践能力，激发爱国情怀。②学生通过小组合作的方式来探究问题并解决问题，提高学生自主探究能力
②"极寒严酷、钢铁意志、英勇战斗"（学习障碍跑）	①了解在不同环境和地形下障碍跑的几项技术和动作要领，提高学生对障碍跑的学习兴趣。②学生学习障碍跑的几项动作要领。③科学地设计了障碍跑的各个环节（跳、跨、爬、绕），同学们以小组为单位，自主学习，自主探究，互相帮助，共同攻破难关	①教师利用"抗美援朝长津湖战役"的场景，以及不怕艰辛困难的志愿军的精神，引导学生自主学习障碍跑的动作要领。②在学生自主探究和学习障碍跑时，教师给予帮助和指导。③教师按照跳、跨、爬、绕四个环节设置了障碍，还原长津湖战役场景，增强学生对障碍跑的兴趣	①结合不同环境和地形，了解障碍跑的技术要领，掌握科学合理的锻炼方法。②通过练习障碍跑，提高心肺功能和耐力等。③通过设置跳、跨、爬、绕四个环节，还原历史场景，鼓励学生积极交流和探究，发展自主学习能力和不怕困难、吃苦耐劳的优良品质

学习任务	学生活动	教师组织	活动意图
③模拟实战演练，还原中国人民志愿军在战场上冲锋陷阵、勇往直前的情景	①激发学生学习兴趣，了解抗美援朝长津湖战役攻破敌人防线的实战情况。 ②设计"跳过防火墙""跨过战壕""爬过积雪地""绕过防火线"等在不同环境和地形下战士作战的场景，安全又快速地通过障碍	①学生看图片和视频了解抗美援朝长津湖战役情况，将战争时的场景融入本节课当中。 ②学生自主探究过障碍的方法，引导学生又快又安全地通过	①通过看视频和图片，模拟演练中国人民志愿军攻破敌人防线的情景，了解中国人民志愿军不怕困难、不畏艰辛的精神，激发学生的爱国情怀。 ②学生自主探究和交流，充分发挥自己的想象力，探索过障碍的方法
④应急预案及措施	①根据本节课的需要和抗美援朝长津湖战役的历史背景，将障碍跑四个环节布置得更贴近中国人民志愿军攻破防线的场景，设计从不同障碍出发，运用障碍跑的四个环节攻破敌人防线。 ②在攻破敌人防线中如出现受伤或者过障碍失败的小战士，运用健康知识对受伤小战士进行紧急处理。 ③在学生练习中，结合激情昂扬的音乐，创设中国人民志愿军不畏艰苦，勇往直前，突破重重难关的情境。 ④课后作业：结合本次课模拟抗美援朝长津湖战役的场景，各小组展开课后交流与讨论，并进行互相评价与自我评价	①引导学生以小组为单位，设计顺序不同的障碍，并引导学生又快又安全地通过障碍。 ②教师引导学生全身心地投入情境中。 ③通过大气磅礴的背景音乐，激发学生不怕困难、勇往直前的意志品质。 ④学生知道在特殊情况下如何进行紧急处理。 ⑤谈本节课的收获与不足	①通过设计不同的场地和情景，了解抗美援朝更多的历史故事，增强对历史和地理知识的了解。 ②学生通过亲身参与到实战中，在突发受伤事件时，能够知道急救的基本常识和紧急处理方法。 ③利用音乐激发学生对障碍跑的兴趣，使学生学会在跑步过障碍中根据节奏变换步伐；锻炼身体，磨炼意志。 ④综合运用历史、地理、数学、音乐与信息技术等知识，提高创新能力

四、设计思路

"极寒严酷、钢铁意志、英勇战斗"，以抗美援朝战争长津湖战役为背景，引导学生利用不同的地形和环境，开展障碍跑练习。采用情景教学法和激励法进行教学，以激发学生的学习兴趣，使学生积极主动地去学习。本课在学法上主要采用了尝试学习法、对比学习法和小组合作学习法，如让学生在不同地理环境下完成练习，在练习中发现问题；以小组为单位，研讨悟出正确的动作要领，及时纠正在练习中出现的错误动作和想法。

此次跨学科主题学习开展了爱国主义教育：通过抗美援朝战争长津湖战役这一历史背景，以及激情昂扬的音乐来营造课堂氛围，提高学生参与的积极性和热情，培养学生的爱国主义情怀。

小小跳绳　欢乐唱游

王　超

本案例围绕跨学科主题"小小跳绳　欢乐唱游"进行活动设计。通过模拟跳绳比赛的场景，引导学生在体育活动中体验音乐的情绪与情感，感知音乐的艺术形象，对音乐产生兴趣；通过小组合作及探究，用声音表现出歌曲《跳绳》的轻快与童趣。

一、育人价值

1.通过引导学生积极参与演唱、歌表演、律动、音乐游戏等艺术活动，享受艺术表现的乐趣，初步培养学生合作意识和团队精神。

2.通过创设跳绳比赛的情境，激发学生对音乐的好奇心和探究欲，能在探究声音与音乐的过程中表达自己的想法和感受，能与他人分享、交流自己的发现和感受。

二、活动目标

1.基于学生的跳绳经验，感知《跳绳》中的节拍韵律，探究如何用声音更好地表现歌曲。

2.能够将活动体验融入歌曲的学习过程，引导学生用欢快的情绪、富有弹性的声音演唱。

3.能在探究声音与音乐的过程中表达自己的想法和感受，享受艺术表现的乐趣，初步培养学生团队精神和合作意识。

教育文库
北京卷

三、实施过程

学习任务	学生活动	教师活动	活动意图
①初听歌曲，感知歌曲节拍韵律，对歌曲有初步的了解	①随着音乐的节奏踏步走，感受音乐的进行曲风格。②基于学生的跳绳经验，感知《跳绳》中的节拍韵律	教师播放歌曲《跳绳》，引导学生了解歌曲内容，感受歌曲节拍韵律及进行曲风格	结合学生的生活经验、对声音和音乐的探究，运用形象化的方法和手段，帮助学生认识和理解歌曲，结合体育学科进行跨学科教学
②"小小跳绳欢乐唱游"（学唱歌曲）	①6人一组，选出1位同学作为跳绳运动员，其他5位同学作为啦啦队员，随着歌曲的播放，按照节拍跳绳或击掌加油。②跟随范唱演唱歌曲。③徒手做跳绳的动作，演唱歌曲	①教师创设跳绳比赛的情境，为学生进行分组，播放歌曲《跳绳》，引导学生感受和表现歌曲节拍韵律。②播放歌曲范唱，提示学生不喊唱。③与学生一起，徒手做跳绳的动作，演唱歌曲，演唱后引导学生思考应该用怎样的声音表现歌曲	①通过引导学生积极参与演唱、歌表演、律动、音乐游戏等艺术活动，享受艺术表现的乐趣，初步培养学生团队精神和合作意识。②能够将活动体验融入歌曲的学习过程，引导学生用欢快的情绪、富有弹性的声音演唱
③跳绳比赛，探究演唱	①6人一组，思考并探究怎么让跳绳更加快速。②练习演唱，小组讨论怎么演唱才能快速又清晰。③徒手做跳绳的动作，演唱歌曲	①教师创设跳绳比赛的情境，引导学生基于学生的跳绳经验，总结如何快速跳绳。②引导学生结合快速跳绳的经验，怎么演唱才能用声音更好地表达歌曲，基于学生的想法交流，进行梳理，引导学生用欢快的情绪、富有弹性的声音演唱	①能在探究声音与音乐的过程中表达自己的想法和感受，享受艺术表现的乐趣，初步培养学生团队精神和合作意识。②通过创设跳绳比赛的情境，激发学生对音乐的好奇心和探究欲，能在探究声音与音乐的过程中表达自己的想法和感受，能与他人分享、交流自己的发现和感受
④歌曲表演，跳绳决赛	①6人一组，在规定的时间内，根据歌曲的内容，利用身边的跳绳作为道具，创编动作，进行小组歌表演。②进行小组展示，从歌曲的声音美、表现美等方面进行生生互评	①引导学生在规定的时间内，根据歌曲的内容，进行小组歌表演，培养学生合作意识和团队精神。②结合小组展示，从歌曲的声音美、表现美等方面进行评价，引导学生用欢快的情绪、富有弹性的声音演唱歌曲，勇敢地表现歌曲	①积极参与演唱、歌表演、律动、音乐游戏等艺术活动，享受艺术表现的乐趣，初步培养学生团队精神和合作意识。②能选择合适的表现形式，根据一定的情境、主题或表演要求进行创编和表演

四、设计思路

　　"小小跳绳　欢乐唱游"以跳绳活动为主题，引导学生将跳绳的经验与探究，联系到歌曲的演唱中。本活动的设计目的是将活动体验融入歌曲的学习过程，引导学生用欢快的情绪、富有弹性的声音演唱。通过创设跳绳比赛的情境，激发学生对音乐的好奇心和探究欲，能在探究声音与音乐的过程中表达自己的想法和感受，能与他人分享、交流自己的发现和感受。本活动可以由音乐教师独立实施，也可以协同体育学科教师，引导学生进行跳绳技巧的进一步探究，进行融合学习。

本活动给学生布置了一个开放性任务，引导学生通过团队合作，在探究声音与音乐的过程中表达自己的想法和感受，享受艺术表现的乐趣，初步培养学生团队精神和建立合作意识。能选择合适的表现形式，根据一定的情境、主题或表演要求进行创编和表演。积极参与小组展示，并能从歌曲的声音美、表现美等方面进行评价，不仅学会歌曲，唱好歌曲，还通过本课学习探究了跳绳的技巧，培养了合作能力及团队精神。除此之外，通过生生互评的环节鼓励学生勇敢地表达以及提升音乐的审美等，全面提升学生的综合素养。

乒乒乓乓摆战场，小小球儿闪银光

高 伟

  《乒乓变奏曲》是义务教育教科书《音乐》三年级上册中的一首欣赏曲目。其主题音乐取材于儿童歌曲《小小球儿闪银光》，旋律活泼欢快。像通常的变奏曲一样，本首乐曲的主题非常简洁，带顿音的单声部旋律由左右手交替弹奏，灵巧轻快，好像乒乓球在小球手的你推我挡之下，一来一去，银光闪闪。乐曲包含五个变奏。

  本案例在音乐欣赏过程中，引导学生模拟打乒乓球的动作，了解和运用音乐本体聆听感知乒乓球比赛的场景，在听觉的基础上通过视觉，观察、比较、分析，让学生听辨并判断音乐中的情绪变化和情感变化，在感知音乐的过程中了解到变奏曲的曲式结构，听出主题部分及变奏的次数，将音乐的韵律感、节奏感与体育的动作协调融合。分段聆听中，侧重于让学生感受主旋律及伴奏部分的相互交织所迸发出来的强烈的感情色彩，引导学生学习体育、音乐等知识与技能。

一、育人价值

  1.通过创设跨学科主题"乒乒乓乓摆战场，小小球儿闪银光"的场景，培养学生在音乐活动中综合运用体育等知识与技能的能力。

  2.通过循序渐进地分段聆听《乒乓变奏曲》，感知乐曲每次变奏的不同、分析音乐要素、了解变奏曲式结构，并体验乐曲所表达的乒乓球跳跃及赛场对决的情景。感受乐曲中乒乓球比赛的激烈场面，体会打乒乓球时候的愉快心情。

　　3.通过创设小组合作，营造了良好的学习环境和氛围，充分调动学生在音乐课堂上的活跃性，让学生们在轻松自然的课堂环境中玩中学、乐中学，进行"感受、体验、鉴赏、创造性"的音乐活动；学习运动健儿顽强拼搏、团结友爱的精神。

二、活动目标

　　1.通过欣赏钢琴独奏《乒乓变奏曲》，感受音乐中活泼快乐的情绪，代入体验乒乓球比赛时的激烈场面，体会运动健儿们拼搏、不服输的精神，把对运动的热爱、运动的拼搏精神运用到学习生活中。

　　2.创设情境，通过听、唱、奏、演、创等音乐学习活动，感受音乐塑造的乒乓球跳跃的音乐形象，感性了解变奏曲的特点。

　　3.通过视唱、整体感受、分段聆听、动作模仿等方式，感知乐曲每次变奏的不同、分析音乐要素、了解变奏曲式结构，并体验乐曲所表达的乒乓球跳跃及赛场对决的情景。

三、实施过程

学习任务	学生活动	教师组织	活动意图
①递进式感知体验，熟悉主题旋律	①通过猜谜语抢答（乒乓球）。②看奥运会乒乓球比赛视频片段，感受乒乓球比赛中激烈精彩的瞬间。带着热情进入快乐的音乐时光	①猜谜语导入：乒乓乒乓乒乓乒乓，长方桌上摆战场。你抽杀呀我推挡，小小球儿闪银光。②精彩比赛令人热血沸腾，通过观看奥运会乒乓球比赛视频，引导学生思考音乐与运动的融合会碰撞出怎样的火花？感受"国球"的魅力	①通过谜语导入，吸引学生的学习兴趣。②通过观看比赛激发学生激情，为接下来将音乐与运动融合一起学习奠定基础

学习任务	学生活动	教师组织	活动意图
②了解作品创作背景，初步感受乐曲情绪，判断演奏形式，引出课题	①学生通过聆听歌曲，感受到歌曲欢快活泼的曲调，表现了小朋友们打乒乓球时的快乐心情。 ②学生根据老师的弹奏，试着把这四个音符填在图形谱空缺的位置上。跟着琴声试唱，小手打着拍子在心里唱一唱，思考旋律的节奏是怎样的。演唱歌词时，表现出乒乓球轻快、跳跃的情景。 ③通过老师的介绍，了解到作曲家王志刚先生根据歌曲《小小球儿闪银光》的前两个乐句为主题，变化旋律创作了一首《乒乓变奏曲》。 ④聆听后感受到旋律是欢快、活泼的。学生回答由钢琴演奏	①播放歌曲《小小球儿闪银光》，引出乒乓球游戏。 ②注意到歌曲旋律是由 sol do re mi 四个音符组成的，高低不同的四个音符，就像是乒乓球在上下跳动（弹奏主题旋律，引导学生填写图形谱中缺少的音）。出示谱例，引导学生关注曲谱中有很多的八分音符"titi"和四分音符"ta"，旋律的节奏感觉非常的平稳。 ③简单介绍这首歌曲，引出今天要学习的内容《乒乓变奏曲》。 ④播放钢琴独奏《乒乓变奏曲》，启发学生思考歌曲与刚才听到的音乐有什么联系？引导学生听一听，想一想，思考乐曲的情绪是怎样的？由什么乐器演奏的？	①通过聆听、演唱歌曲，听辨儿童游戏内容，激发学生学习兴趣，点燃学生的学习热情。 ②音乐学习要给学生自主体验的机会，本环节通过听写、视唱、演奏等方式反复聆听，引导学生熟悉主题；通过师生演奏对比，初步了解"变奏"方式。 ③了解作品创作背景，通过主题听辨，加深对活泼欢快的音乐形象的理解。 ④让学生对主题旋律的来源有所了解，为后面学习变奏打下基础
③律动体验，听辨主题，感受音乐要素变化，了解变奏结构	①学生模仿教师律动，观察动作与音乐的关系。 ②聆听全曲，感受打乒乓球的动作与音乐的关系：脚上动作不变，手上动作随主题音乐变奏不断变化。学生聆听，当听到主题音乐出现时举手示意，数一数，举手示意变奏了5次，感受速度变快/慢了，音高变高/低了，节奏改变了。 ③思考"变奏"两个字主要体现在哪个字上？聆听时关注到每次变奏时主题音乐的音高变化	①以《乒乓变奏曲》作为背景音乐，引导学生关注律动动作有什么特点。 ②小小的乒乓球在球桌上忽高忽低，球员打球的动作变来变去。引导学生拿起手中的乒乓球拍，模仿打乒乓球的动作，完整聆听这首乐曲《乒乓变奏曲》，仔细聆听、观察，主题音乐一共变化了几次？音乐是如何表现的？每次出现有什么变化？ ③介绍这样的音乐创作手法叫作变奏，变奏是根据主题音乐改变各种音乐要素得来，它不会脱离主题音乐	①通过身体律动，感受动作与音乐的关系（脚上动作不变，手上动作随主题音乐变奏不断变化），给予学生"变奏曲的感性认识"。 ②从整体感知音乐情绪和音乐形象，到关注音乐主题，再到熟悉主题旋律，符合学生听赏音乐"从整体到部分"的规律特点

学习任务	学生活动	教师组织	活动意图
④对比聆听，探寻变奏方式	①对比聆听，发现主题是单声部旋律，听起来比较轻松，像是赛前热身，颠球熟悉球性，准备发球。 聆听主题时，拿起手中的乒乓球和球拍随着音乐做颠球的动作。 ②看钢琴演奏视频，发现变奏一时，加入了低声部伴奏，感觉开始对打。听音乐，两个同学一组，用挥拍的动作表现对打的场面，体会音乐的变化。 ③观察曲谱，发现高低声部互换了，小组自主探究，可以采取两位同学作为比赛选手，互换场地来进行挥拍对打的律动，表现音乐描绘的场景。 ④聆听变奏三，感受到音乐变得更紧张、更加活泼了。 观察曲谱，发现主旋律由八分音符变成了十六分音符。主题旋律隐伏，音区变高了。 随钢琴范奏视频做律动：学生做跳起来挥拍的动作，表现比赛的激烈场面。 ⑤观看变奏四视频演奏，感受到音乐表现了乒乓球选手正在施展高超的球技，进行激烈的对抗，比赛进入白热化。交换位置打了两场。 小组探究扣杀对方的展现方式，这种扣杀球"左推右勾"，乒乓球呈流线型推出去，要让对方接不到球。手拿乒乓球拍，用扣杀的动作展现这一场景。 通过聆听对照乐谱，发现了左手的伴奏变为了柱式和弦，右手旋律加花，高音区进行了发展变化。 ⑥完整聆听全曲，生生合作，表现这场激烈的乒乓球比赛。通过音乐提示知晓要打什么样的球，什么时候换发球，什么时候使用撒手锏	①引导学生对比主题与变奏一和二，思考主题音乐发生了什么变化？能够联想到什么场景？ 聆听主题时，引导学生拿起球拍做颠球的动作（轻巧、有弹性地拍）。师生律动拍球表现主题音乐。 ②聆听变奏一时，把学生分成两两一组，随着音乐加入击球动作，挥拍对打。师生模仿比赛，动作要你来我挡的律动方式。 出示变奏一曲谱，引导学生关注曲谱中是怎么表现这种场景的。 播放钢琴范奏视频，引导学生关注右手演奏旋律，左手是分解和弦伴奏。 ③出示变奏二曲谱，引导学生根据音乐提示，思考怎样打合适。提示：两段音乐的音高位置交换了。 播放钢琴范奏视频，引导学生关注变奏二的主题由左手演奏旋律，右手进行分解和弦伴奏。 ④欣赏变奏三，引导学生思考：变奏三发生了怎样的变化？ 师生出示曲谱，启发想象：这部分音乐让你想到了什么？球要怎样打？有没有之前那么淡定轻松？ 引导学生看乐谱，找一找主题旋律藏在哪里。 变奏三左手两个声部节奏都变得非常的紧凑，主题旋律发生了旋律隐伏。 观看变奏三的钢琴演奏。 ⑤聆听变奏四和变奏五，引导学生思考最后两次变奏的音乐与之前的音乐有什么不同。 播放变奏四的钢琴演奏，启发想象：这两部分的音乐使你想象到怎样的情景？这是决胜负的两场比赛，要使出绝招了，思考可以用什么样的动作表现这一场景呢？ 出示曲谱，引导学生发现变奏四运用了旋律加花的形式，变得非常的生动。主题旋律变成下行旋律和上行琶音，变奏四右手弹奏主题，左手伴奏；变奏五是左手弹奏主题，右手伴奏。 ⑥欣赏全曲，完整感受。 引导学生完整欣赏全曲的同时，把这场比赛打一次，注意球的弹性，弹性不好非常影响比赛水平。 比赛形势会越来越激烈，所有的提示都在音乐里，用心聆听音乐	①本环节主要以聆听、师生互动、观察弹奏方法、感受比赛情境作为主要途径。 ②引导学生在欣赏的过程中，感受主题旋律及五次变奏。 ③具体教学方法有：听唱法、比较法、情景联想法、小组合作法、图谱旋律线记忆法、律动法。 ④学生已经对这首变奏曲有了一定的认知，再通过分段欣赏，逐步感知每个变奏的特点，描绘出五个变奏的图谱，并能根据音乐情绪、变奏特点，对音乐产生联想，以合作律动"打乒乓球"体验音乐的情境

续表

学习任务	学生活动	教师组织	活动意图
⑤主题旋律创编，培养音乐创造能力	①通过本课对于变奏曲的学习，了解变奏的一些手法，小组合作进行探究学习，试着把《闪烁的小星星》的曲谱进行节奏变化。②简单创编，小组汇报	①引导学生感受到这首作品表现了一场激烈的乒乓球比赛，了解通过节奏、速度、音高等音乐要素的改变，可以变成一段新的音乐。小组合作探究，从节奏上看一看还能怎么变？②出示《闪烁的小星星》歌曲的曲谱，尝试改变其节奏，感受变奏的魅力。师生演唱，评价	通过本学期已学的节奏进行音乐要素变化，创造出新的主题变奏，延续音乐的意境，使学生情感逐渐丰沛，得到满足
⑥情感升华，激发学生爱国热忱	通过老师的介绍，了解到我国还有非常多有名的乒乓球选手，他们艰苦训练，努力拼搏，为国家拿下了一个又一个金牌，今后应该学习他们勇于拼搏的体育精神	乒乓球是我们中国的国球，中国历史上第一个在世界乒乓球比赛中获得冠军的人是容国团	通过认识乒乓球冠军第一人，了解我国乒乓球竞赛的成长历程，渗透人文情怀，激发学生的爱国热忱

四、设计思路

"乒乒乓乓摆战场，小小球儿闪银光"以乒乓球运动为背景，以学科核心思想为出发点，立足音乐课程的特殊性，以及各学科之间的渗透性和干预性，利用自身较强的学科素养，将学科转化，与体育学科连接，在持续发展音乐学科的同时主动跨界，为学生营造出一堂堂优美的跨学科主题教学。本节课的设计目的是运用不同教学形式帮助学生体会乒乓球运动的魅力，将学科知识技能进行融合、贯通。本课例给学生提供了一个开放性感受音乐所描绘的打乒乓球的场景，分为课外和课内两部分：课外活动主要是学生收集乒乓球相关资料和信息等，课内活动主要是小组创编多种形式等，培养学生的合作探究意识和体育精神，使学生体会到音乐的无穷魅力。

音乐、体育学科融合的教学方式，多样化地引导学生感受、体验美，有利于学生能力的培养、迁徙与发展，提升其核心素养能力。在深刻把握音乐学科核心素养——审美感知、艺术表现、文化理解、创意实践的基础上，扩展视野，从学科的大门走出去，去关注相关学科。考虑音乐学科在整体育人课程体系当中占据的地位、发挥的作用，思考如何能够跟其他学科一起育人。音乐融入体育实践教学，打破了学科的限制，让学生在学科融合的教学新环境下感受了两大学科的魅力。

动态飞扬　运动场上

孙　滨

本案例围绕跨学科主题"人与自然和谐美"（水平三）进行活动设计，以运动会为契机，让学生通过观察运动场上人物动态，找寻动态规律，感受运动场上的氛围和运动员的拼搏精神。结合科学、艺术中人体生理和人体美学等相关知识，在多种运动技能观察中，引导学生了解、尊重、珍惜自己的身体，树立正确的身体观和审美观。促进学生主动欣赏美、展示美、表现美，培养学生的创造性思维，提升艺术素养。

一、育人价值

1.通过观察运动场上人物动态，感受运动员的拼搏精神，感受运动的美感，培养学生团队合作、吃苦耐劳、坚持不懈的意志品质。

2.通过"动态飞扬　运动场上"跨学科主题学习，提高学生综合运用体育、语文、美术、音乐、信息技术等知识与技能的能力，培养学生创造性思维和审美感知能力。

3.体育运动是展现人体之美的最佳途径之一，运动场上人体在运动中所体现出的蓬勃活力和生命律动，能培养学生正确的身体观和审美观。

二、活动目标

1.综合体育、语文、美术、音乐、信息技术等相关知识，观察人物动态规律，借用形象思维方法描绘运动场上人物动态的变化，培养学生的艺术表现能力。

2.通过欣赏、观察、对比、探究的方法，培养良好的观察及表现习惯，并运用夸张的手法表现运动的人物形态。

3.引导学生感受运动员的拼搏精神，感受人与自然的和谐之美，体验体育活动的趣味性，渗透艺术来源于生活而高于生活的道理，加深对运动美的理解。

三、实施过程

学习任务	学生活动	教师组织	活动意图
①导入新课	学生运用Pad，在运动会上抓拍自己喜欢的一项体育运动，注意拍摄角度的选择，横竖构图均可	导入新课，创设情境，介绍运动会项目，引导学生抓拍运动会最美瞬间。注意人物的动态变化，引导学生抓拍人物的不同动态	运用Pad抓拍人物动态，为学生分析人物动态特点环节做好铺垫，培养学生艺术核心素养
②讲授新课	①分析人体结构：学生利用拍摄的照片，分析人物的身体结构。②动态规律：观察运动员们在运动的过程中躯干的变化，寻找变化的规律。③动态表现手法：分析人物的动态变化，总结运用夸张、变形的方法。④动态拼摆游戏：运用Pad中的软件拼摆人物动态变化，学生通过拼摆人物动态，巩固夸张、变形的方法	①讲解人物的身体结构，正常人头身比例一般为1:7，因此头要画小，这样比例才更加协调，四肢长于躯干，修长。板书：结构：头、颈、躯干、四肢②下肢比上肢长，大臂与小臂长度相同，大腿与小腿长度相同，但都是大臂、大腿粗，四肢修长且长于躯干。上肢是可以360度旋转的，下肢可以180度转动。③通过学生所拍照片与艺术作品进行对比分析，总结出夸张、变形的方法。引导学生运用Pad进行动态的拼摆，鼓励学生大胆变形	①通过对学生画的人物进行对比与测量，充分了解人物头部与身体的关系。②巩固学生已知内容，明确四肢的特点。为后面进行四肢动态变化做铺垫。③通过作品对比，让学生了解夸张、变形的艺术创作手法，激发学生的创作热情，为后面的创作奠定基础。运用现代信息技术，调动学生的学习兴趣，同时对学生所学知识进行巩固
③艺术实践	学生进行艺术创作，运用线描的形式完成作品	艺术实践要求：a.运用夸张和变形的手法表现人物动态。b.构图饱满、有创意。c.人物描绘生动自然	针对学生出现的问题，进行进一步的集体与个人指导
④展示与评价	欣赏观摩作品，发表意见。按照评价要点进行相应的评价	①展示：在侧面展板上进行展示。②评价点：a.人物动态夸张。b.画面具有想象力、创造力。c.能够适当添加运动场景	通过参与自评、互评，学生思想进行再一次碰撞，从而起到查漏补缺的作用，为今后更好地创作提供借鉴

学习任务	学生活动	教师组织	活动意图
⑤课后拓展	感受从古希腊到现代的运动员的人体美。欣赏人体美的结构与比例。同时明白造就人体美的还包括坚强的意志与不懈的追求	《掷铁饼者》被誉为"空间中凝固的永恒""体育运动之神"。在那么遥远的古代，人类就已经开始崇尚人体之美了，该塑像从结构、比例上，给人以美的感受	通过欣赏古希腊时期的雕塑，感受雕塑中的人体美。在欣赏运动员体态美的过程中，也要对学生进行立德树人教育

四、设计思路

"动态飞扬　运动场上"跨学科主题学习以运动会观察人物运动动态变化为主线，综合体育、语文、美术、音乐、信息技术等知识与技能，通过欣赏、观察、对比、探究等方法，并运用夸张的手法表现运动的人物动态。运动会是学生非常喜欢的活动，前期体育教师已经有序开展了分组等相关工作，美术教师组织学生选择自己喜欢的体育项目，进行人物动态的观察与创作。

本活动借助运动会的契机，激发学生认真观察运动会上人物的不同动态，运用现代信息技术抓拍动态，观察并总结出人物运动过程中的动态特点，寻找动态变化的特征，运用夸张、变形的方法进行艺术创作，使学生在学习过程中既感受到体育精神，又能够主动地参与学习，从教学的各个环节体现实践性、审美性，使学生感受运动之美，比例之美。

发现运动规律，感受动态之美

赵雄韬

本案例围绕跨学科主题"人与自然和谐美"（水平三）进行活动设计，让学生寻找体育运动中的动态规律，感受人体在运动中所体现出的蓬勃活力，以及运动带给人们的韵律美、速度美、力量美。通过欣赏、演示、拼摆道具等环节，激发学生的绘画创作欲望。

一、育人价值

1. 通过欣赏冰雪运动、武术等在自然环境中进行的体育，使学生了解运动是兼具锻炼身心和感悟自然的双重价值。

2. "发现运动规律，感受动态之美"跨学科主题学习，巧妙融合了体育、音乐、信息技术等学科，使学生在享受运动的同时，能够感受音乐节奏的动感，并且能够发现美、欣赏美、感受美，提升学生的审美情趣。

3. 美术和体育的融合，让美育贯穿体育。美术可以将体育的这种力量的角逐、智慧的较量、健美的展示呈现在画面之中。体育活动为学生创作提供了更加丰富的形象素材积累。

二、活动目标

1. 分析人物动态之美产生的规律，感受运动中产生的韵律美、力量美和速度美，用版画的形式刻画出美的瞬间。

2. 通过欣赏影音、对比图片、拼摆关节活动人，学习人物动态造型的表现形式与方法，以便更好地表现动态之美。

3. 在小组合作完成命题版画的过程中，使学生养成合作的意识，体会创作的快乐，感受人物运动中的动态美感。

三、实施过程

学习任务	学生活动	教师组织	活动意图
①导入新课	欣赏视频，找出印象深刻的动态，谈感受	导入新课，播放武术、击剑、花样滑冰等运动项目的精彩瞬间高清视频，引导学生欣赏并思考视频中哪种动态给你留下的印象最深刻？为什么？板书：速度美、力量美、韵律美	在导入环节运用声音、动态视频来展现体育运动中转瞬即逝的精彩瞬间，伴着动感的音乐，调动学生的感官，使学生初步感受不同节奏的音乐下，运动员的体态展现出的动态的美——速度美、力量美、韵律美
②讲授新课	①动态线。观看对比找到动态线。②身体结构：根据自己的经验，说出人的身体结构分为：头、颈、躯干、四肢，并找到这些关节的基本活动范围。③动态规律。找出认为美的动态，画出动态线，能模仿的同学可以到讲台上进行静态的模仿。试着找到并勾画出侧面人物动态。观察两名做操的同学的动态，感受动作舒展带来的美感。④拼摆体验：以小组为单位拼摆木质关节人。拼摆卡纸活动小人，为完成命题画做好前期准备	①探究动态线。刚才在大家分析人物动态的时候，老师快速地画了一些简练概括人物动态的线，我们把它叫作动态线。我们来看如何利用动态线表现人物动态之美。②明确身体结构。人的身体结构分为哪些？板书：头、颈、躯干、四肢③探究动态规律：规律一引导学生观察两幅正面人物动态图片，哪幅图看起来具有动态之美？你能试着画一画这名舞者的动态线吗？板书：正面——中间规律二探究侧面人物的动态线如何勾画。教师勾画动态线——沿着身体的一侧勾画。边勾画边叙述动态线在身体的一侧。规律三展示两名学生做课间操的照片，相同动作，幅度不同，让学生对比描述其带给我们的不同感受。我们动作舒展了看起来是不是也很美呢？当人物处于动态时，肩和髋的角度是相对的。④拼摆关节活动人。在生活中我们会发现很多动态，但是哪些动态是美的呢？请以小组为单位摆出你们认为最美的动态。刚才所摆的活动小人是正面的，在生活中人物的姿态多种多样，老师为每位同学准备了一个侧面的活动小人，请同学们试着摆一摆你的资料卡中的人物动态	①通过欣赏图片中动态人物，总结出：动态线是表现人体在动作中体现身体弯曲变化的辅助线，一般动态线少而简练，具有高度概括性。②科学地了解人的身体结构以便更好地分析动态产生的规律和人体运动时关节的活动范围，纠正错误认知，提升刻画人物的生动性的同时，也可以在今后的体育活动中避免受伤。③当人物处于正面时，动态线在身体的中间，从美术的角度欣赏正面的姿态。舞者在表演舞蹈时展现出的优美体态，使学生清晰直观地对比绘画中的动态和真实动态规律，帮助学生理解体育课中的体态美。使学生了解在做课间操的时候应该让动作尽可能展开，强身健体的基础上也能给人带来肢体美的感受。通过对比使学生了解在展示形体的时候，动作要舒展，才能带给人们更好的审美感受，有利于在体育活动中展现标准、舒展、优美的体态。④使学生在拼摆过程中发现人体的运动及四肢的活动都有一定的规律和特点，符合这些规律和特点的是和谐的、美的动态。相反，顺边、各关节超出了活动界限都是不美的动态。教具的使用能够使学生由体的认识转化为形的认识，感受丰富的动态带给我们的美感，使学生了解人物动态规律的同时，回忆生活中各种体育运动最美的瞬间，解决了本课的教学重点
③教师示范	认真观察老师如何根据动态线来表现人物生动的动态	这么优美的动作我们怎么表现出来呢？教师示范怎样完成人物动态。白板软件勾画踢足球人物	运用白板软件的演示优势，通过绘画和拖拽，把线稿和底图分离进行对比，使学生直观感受由形到线的归纳过程

续表

学习任务	学生活动	教师组织	活动意图
④艺术实践	学生运用版画的形式进行小组合作的艺术实践	实践主题：动态之美 艺术实践要求： a.运用版画的方式，小组创作一幅主题画。 b.抓住人物的动态特征，表现出身体各部位的变化。 c.在操作过程中注意安全及小组卫生	①小组合作的形式可以锻炼学生的合作能力，并在实践中发现运动之美。 ②通过作品的展现倡导了健康运动理念与团队的配合、拼搏、乐观向上等相融合的体育精神
⑤展示与评价	按照小组的创作主题进行展示汇报。评价时参考评价要点进行自评和互评	①展示： a.将所有学生作品以小组为单位进行展示，每组一个主题。 b.作业讲评：采用学生自评、教师点评相结合。 ②评价点： a.人物动态是否生动、美观。 b.小组合作中能否合理分工，完成优秀作品。 c.学生评价的同时教师添画简单的背景，使画面更加完整	给学生提供展示作业、互相交流的空间。挖掘优点，促进提高，激发和延续学生的学习兴趣，同时在汇报时也能够锻炼学生的语言组织表达能力，增强自信心
⑥课后拓展	赏析教材中以及不同材料制作的人物动态	①引导学生从人物速度、韵律、力量来赏析教材中的人物动态。 ②展示用线材、泥塑等材料表现的人物动态	总结本课的教学内容，拓宽学生视野，以便学生可以运用更多的表现形式来塑造表现运动中的美的瞬间

四、设计思路

此案例"发现运动规律，感受动态之美"跨学科主题学习，融合信息技术、体育、音乐等多学科进行教学，美术与体育的融合充分体现了学科整合的特点，让美术课堂充满健康与活力，不但可以引导学生感受运动之美、增强健康体质，而且还使学生同时受到艺术和体育的熏陶，在运动中陶冶情操，在绘画中感受体育的魅力。

（一）信息化的运用助力学生更好地融入课堂

本案例运用白板软件进行授课，增加了课堂的互动性。本课中因为要示范人物动态，还要进行对比，所以使用白板直接在课件上进行勾画动态线以及人物动态轮廓，拖动对比图片和线稿更加直观，学生看起来也比较醒目，增加了课堂的实效。音视频的使用，使学生能够欣赏各种体育运动精彩瞬间的高清画面，配合动感的音乐，使学生身临其境地欣赏到不同的体育运动之美。

（二）教具拼摆帮助学生理解体育运动中的动态之美

学生拼摆小木偶—教师拼摆活动小人（教具）—学生拼摆活动小人（学具），整个过程由生活中的记忆—抽象的木偶（体）—活动小人（形）—教师示范（线）组成。教师示范贯穿始终，使学生直观感受到将体育运动中的人物表现在画面上的方法。教学中运用大量的互动环节，使学生通过小组拼摆、自己拼摆、小组合作，完成主题绘画中的教学重难点。活动中强调团队合作意识，每个人分工完成主题创作的一部分，最终共同完成一个主题的创作，这也正是体育运动中所倡导的团队分工合作的精神。

（三）新的作业呈现形式提升作品效果降低作业难度

本课以版画的形式展现动态人物，所用的吹塑版可以直接沿着画出的边缘线掰出轮廓，并且边缘不整齐也可产生丰富的变化，更活泼。在制作过程中人物的身体还可以做出很多装饰效果，使画面更加美观完善。节约了以往制作剪贴画中剪齐边缘的时间，降低了作业难度，提高了课堂效率。

呼吸与健康生活

苏博为

本案例围绕"呼吸与消化"单元进行活动设计，通过"感受呼吸过程""探究呼吸变化"等活动，引导学生在科学探究活动中综合运用科学、体育、数学统计等知识与技能。

一、育人价值

1.在"感受呼吸过程"活动中相互交流、协作，培养学生合作学习能力和团队精神。

2.在"探究呼吸变化"活动中，耐心、细致地完成测量活动，培养学生客观记录、实事求是的精神。

二、活动目标

1.学生通过资料阅读，知道呼吸是进行气体交换，使氧气进入血液，同时排出二氧化碳，肺是身体进行气体交换的"中转站"。

2.学生通过探究活动，知道人体运动量越大，消耗的氧气会越多，就需要加快肺的呼吸，吸入更多的氧气。

3.学生通过拓展阅读，知道肺的功能大小是可以改变的，经常性锻炼可以使我们的身体更健康。

4.学生在探究人体活动对呼吸影响的活动中，能及时地记录数据，并能对数据进行初步的分析。

5.学生在探究人体活动对呼吸影响的活动中，能根据不同活动对呼吸次数的影响，做出合理的解释。

三、实施过程

教学环节	学生活动	教师组织	活动意图
① 聚焦话题	学生通过学习生活经验进行回答。 预设：睡觉的时候呼吸微弱，跑步时呼吸变快	教师：在第一节课我们提出了很多关于呼吸的问题（出示上一节课的问题清单），很多同学提出疑问："在不同的状态下，呼吸会发生什么变化？"请大家思考，在什么状态下，我们的呼吸会发生变化？ 接下来，我们通过学习《呼吸与健康生活》，一起来了解为什么在不同的状态下呼吸会发生变化，从而指导我们更加健康地生活	利用单元起始课的问题清单来展开本节课的学习，使课与课之间具有连贯性和系统性。并通过提问调取学生对于呼吸的前认知
② 探索活动：演示呼吸的过程	学生演示呼吸及气体的路径。 学生进行回答，进行追问，获取学生想法。 预设：吸进去的气体是氧气，呼出来的气体是二氧化碳。 学生读图，回答。预设：氮气不变，呼出来的氧气变少，二氧化碳变多，其他气体变多。 学生观看视频后，用自己的话进行介绍	① 请学生演示一次呼吸并说说气体经过的路径。 ② 我们吸进去的空气与呼出来的空气成分是一样的吗？有什么不同？ ③ 科学家对吸进去和呼出来的气体进行了更加精密的研究，由此，你获取到什么信息？ ④ 气体成分发生了变化，它们在我们体内是怎样进行交换的呢？带着问题，一起来看一段视频。 小结：通过视频我们可以看到，肺相当于一个"中转站"，它是用二氧化碳交换氧气。所以，呼吸实际上是在进行气体交换，使氧气进入血液，同时排出二氧化碳	学生通过资料阅读完善或修正了原先对吸进去和呼出来气体成分的认识：吸进去是混合的多种气体，呼出来的也是混合的多种气体。气体交换的概念是学生认知的盲点，采用视频这一直观的方法，让学生认识到肺就相当于"中转站"，是用二氧化碳来交换氧气。这里对呼吸本质的深刻认识，为后续解释呼吸速度变化做好了知识储备
③ 探索活动：探究并统计哪些活动会加快每分钟的呼吸次数	学生根据生活经验进行思考、回答。 尝试慢走和原地跳等活动。 学生进行探究活动，探究哪些活动会加快呼吸次数。 提示： ①要求学生自然呼吸，不刻意控制自己的呼吸。 ②安静状态下测量3次，引导学生选择相同数值较多的那个数。如果没有相同数值，可选取位于中间大小的数	① 在生活中，我们的呼吸是会发生变化的，例如跑步的时候能使呼吸加快，还有哪些活动会加快每分钟的呼吸次数？ ② 判断呼吸是否加快，应先测量安静状态下每分钟的呼吸次数，之后再做出对比。为了减少误差，我们测量3次。再测量慢走1分钟后和跳动1分钟后的呼吸次数。 利用数学统计图的形式进行记录。 ③ 在学生记录的基础上，利用班级记录表将所有同学的数据汇总起来（安静、慢走、慢跑、加速跑、高抬腿等）	引导学生测量不同状态下（安静、慢走、慢跑、加速跑、高抬腿等）呼吸次数的变化，并利用班级记录表将所有同学的数据汇总起来。有效性的体验和数据为后续"为什么运动后呼吸次数会增加"的研讨奠定了基础

续表

教学环节	学生活动	教师组织	活动意图
④研讨	学生根据探索活动进行讨论。了解相对于安静状态下的呼吸次数，有些活动能减慢呼吸，有些活动能加快呼吸。 学生回顾呼吸的本质是通过气体交换而获取生命活动所需的氧气，从而解释运动需要消耗更多的氧气。在一次呼吸中，气体交换的量是一定的，所以要多次呼吸，让更多氧气进入体内，以供我们人体所需。 学生根据活动中的感受，进行回答	①这些活动会影响我们每分钟的呼吸次数吗? 在学生讨论的基础上，再提供同一个人在睡眠、安静、慢走、慢跑、加速跑、高抬腿等状态的呼吸次数变化数据。 ② 运动后，为什么呼吸次数会增加? 我们呼吸是为了什么? 引导学生思考："运动后，如果呼吸次数不增加，会怎么样?"从而认识到运动后呼吸次数的增加对我们的健康具有重要的作用。 ③在运动过程中，你还注意到身体的其他变化了吗?（提供课前一些同学测试心跳的视频）	在前面两个探索活动的基础上，利用视频、拓展的信息、追问等方法，让学生对"呼吸是人体维持生命物质与能量交换的重要活动"有深刻的认识与内化。最后一个研讨问题是从呼吸系统延伸到循环系统，旨在让学生形成"人体各系统是共同参与，协作完成各项生命活动"的认识
⑤拓展	根据本节课所探究内容，进行小结。教师进行适当补充	① 通过今天的学习，你收获了什么? ② 气体进行交换的地方在肺部，关于肺、肺活量以及如何测量，将在下一节课进行学习	通过对本节课的总结与拓展，从科学的角度帮助学生建立呼吸与健康生活的联系，并为下一节课的学习做好铺垫
⑥板书设计			

四、设计思路

"呼吸与健康生活"是四年级上册"呼吸与消化"单元的第2课。本节课的学习内容来自课程标准中的相关学习内容。

本节课采用资料阅读、视频辅助的教学方法，帮助学生完善或修正对呼吸本质的认识，为后续解释呼吸速度变化做好知识储备。在本课中，我们引导学生测量不同状态下人体呼吸次数的变化，并结合呼吸与慢跑、加速跑、高抬腿等活动之间关系的体育健康知识，运用数学统计图的方式对测量的数据进行分析，知道肺的功能大小是可以改变的，经常性锻炼可以使我们的身体更健康，引发对健康生活的思考。

学生通过对呼吸活动的体验与探索，知道空气中的氧气和二氧化碳对生命具有重要意义，认识呼吸是人体维持生命所必需物质与能量交换的重要活动。

在体验活动中，学生还会感受到心跳次数的变化，使学生认识到人体不同部分的器官在进行各种生命活动的时候，不是孤立的，而是互相密切配合、协同工作的，指向本单元的核心概念。

定向少年，探秘植物王国

吴咸中

本案例围绕跨学科主题"人与自然和谐美"进行活动设计，让学生通过定向运动挑战赛，走进自然，进行户外运动，发展心肺耐力的同时，正确认识人与自然的关系，感受人与自然的和谐之美，引导学生在学习活动中综合运用科学、数学、美术、语文、地理、信息技术、体育等知识与技能。

一、育人价值

1.通过让学生参与发展心肺耐力的定向运动，促进学生体能全面协调发展。

2.通过"定向少年，探秘植物王国"跨学科主题学习，提高学生综合运用科学、数学、美术、语文、地理、信息技术、体育等知识与技能解决实际问题的能力。

3.通过在自然环境中进行定向运动，引导学生在掌握运动技能的同时观察并描述大自然，增进对自然的认识，感受人与自然的和谐之美，体验体育活动的趣味性。

二、活动目标

1.综合运用科学、数学、语文、信息技术、体育等知识，知道定向运动相关运动术语及工具，并在运动过程中体验方向、路径、位置的变化，感受与他人或物体的相对关系，体验移动性技能，了解与植物相关的知识。

2. 通过快乐地参与定向运动体育活动，丰富运动体验，提高计划与设计、组织与协调、沟通与表达、决策与反思等能力。

3. 体验并知道定向运动有助于发展心肺耐力，按照规则和要求参与定向运动挑战赛，锤炼克服困难、奋勇拼搏、公平竞争、乐于助人等优良品质。

三、实施过程

学习任务	学生活动	教师组织	活动意图
①了解定向运动相关术语、规则及工具使用方法	①通过阅读《奥森定向越野赛》绘本故事，了解定向运动相关术语、规则、工具。 ②运用手机等通信工具，小组合作探究学习，运用科学、数学、信息技术等知识，学会指北针、定向地图、点标旗、打卡器使用方法。 ③再次明确指北针、定向地图、点标旗、打卡器使用注意事项	①引导学生自主阅读《奥森定向越野赛》绘本故事，阅读后沟通交流定向运动相关术语、规则以及使用到的工具。 ②引导学生通过手机等通信工具查阅指北针、定向地图、点标旗、打卡器使用方法。在学生遇到问题时，及时给予指导，鼓励学生进行小组内部和小组之间的交流与合作。 ③讲解并强调指北针、定向地图、点标旗、打卡器使用注意事项	①通过自主阅读《奥森定向越野赛》绘本故事了解定向运动相关术语、规则、工具。尝试运用科学、数学、语文、信息技术等知识学会指北针、定向地图、点标旗、打卡器使用方法，提高学生综合运用多学科知识解决实际问题的能力。 ②尝试通过团队合作与交流解决问题，以积极的状态投入合作探究学习活动中
②"定向少年，探秘植物王国"定向运动挑战赛赛前准备	①了解"定向少年，探秘植物王国"挑战赛路线。 ②明确"定向少年，探秘植物王国"挑战赛规则及要求如下： a.挑战赛共8个点位，前2个由老师带领学练完成。 b.相邻检查点间设置绕过、跨过、跳过、匍匐等路障。 c.每个检查点设置"探秘植物王国"闯关游戏，需阅读资料卡完成关于植物的闯关答题或绘制植物资料卡，方可打卡器打卡。 d.需以最短的时间，按顺序到访地图上所标的各个点位。 ③分组战队，进行指北针、定向地图、打卡器等工具准备，做好准备活动	①导入"定向少年，探秘植物王国"定向运动挑战赛的情境，讲解并明确挑战赛的路线，引导学生在区域范围内进行活动，注意安全和保护伴同。 ②讲解并明确挑战赛的规则及要求，指导学生开展定向运动挑战赛，提高学生的学习兴趣，激发参与热情。 ③引导学生积极主动投入挑战赛分组战队、道具准备中，鼓励学生战队内团结协作，奋勇拼搏	①通过明确"定向少年，探秘植物王国"定向运动挑战赛路线区域范围，培养学生的自我保护及安全意识。 ②通过进一步明确定向运动挑战赛的规则及要求，加深对定向运动的了解，激发学生参与定向运动的热情与兴趣。 ③通过分组战队、认真做好准备活动、进行工具准备，初步形成安全运动的行为习惯，培养团结协作的优良品质

续表

学习任务	学生活动	教师组织	活动意图
③进行"定向少年，探秘植物王国"定向运动挑战赛	①在老师的带领下，学练完成2个点位的定向运动打卡。a.跨过或跳过第一和第二个相邻检查点间设置的路障。b.完成前2个检查点设置的"探秘植物王国"闯关游戏。②开展小组合作，自主利用指北针、地图、打卡器进行定向运动挑战赛，按顺序并以最短的时间完成相邻检查点间设置的路障及每个检查点的"探秘植物王国"闯关游戏——植物闯关答题或绘制植物资料卡	①讲解并示范"定向少年，探秘植物王国"定向运动挑战赛前2个点位的比赛方法。引导学生进行绕过、跨过、跳过等练习，并学会"探秘植物王国"闯关游戏的闯关打卡方法。②在学生遇到问题时，及时给予指导，鼓励学生进行小组内部和小组之间的交流合作	①通过绕过、跨过、跳过、耐久跑等练习，发展心肺耐力等体能，促进学生体能全面协调发展，丰富运动体验。②通过在自然环境中进行定向运动，引导学生在锻炼心肺能力的同时观察并描述大自然，增进对自然的认识，感受人与自然的和谐之美。③尝试通过团队合作与交流解决问题，提高计划与设计、组织与协调、沟通与表达、决策与反思等能力，锤炼不怕困难、奋勇拼搏等优秀品质。④通过综合运用科学、数学、美术、信息技术等知识，在运动过程中体验方向、路径、位置的变化，感受与他人或物体的相对关系，体验移动性技能
④使用软件App分析评价轨迹、平均配速、时间配比等参数并进行反思复盘	①通过软件App共享各战队的挑战赛轨迹、平均配速、时间配比、心率等参数。②分析反思复盘各个参数，各小组进行自评与互评，总结经验	引导学生根据各战队的挑战赛轨迹、平均配速、时间配比、心率等参数，反思定向运动过程中的优点及不足，并提出改进建议	通过分析定向运动挑战赛各个参数，知道定向运动有助于发展心肺耐力，促进学生体能全面协调发展，锤炼团结协作、勇敢顽强的优良品质

四、设计思路

　　"定向少年，探秘植物王国"跨学科主题学习以定向运动挑战赛为主线，引导学生综合运用科学、数学、美术、语文、地理、信息技术、体育等知识与技能，了解定向运动相关运动术语及工具，学会指北针、定向地图、点标旗、打卡器等使用方法，并在运动过程中体验方向、路径、位置的变化，发展心肺耐力等体能。本活动可以由体育教师独立实施，也可以协同其他学科教师一起完成。

　　本活动创设定向运动挑战赛情境，为学生布置了绕过、跨过、跳过、耐久跑等练习，以及植物的闯关答题或绘制植物资料卡的开放性闯关学习任务。学生自主利用指北针、地图、打卡器进行定向运动挑战赛，同时倡导学生通过团队合作来完成。本活动分为课外和课内两部分：课内活动主要是通过自主阅读《奥森定向越野赛》绘本故事了解定向运动相关术语、规则、工具，运用小组合作探究学习学会指北针、定向地图、点标旗、打卡器使用方法。课外活动主要是在自然环境中进行定向运动，感受人与自然的和谐之美，发展体能，体验体育活动的趣味性。

传统游戏

姚娅旭

在我校综合实践选修课程中，包含一类传统文化课程，旨在增强学生对中华传统文化的认同及培养民族自信心和自尊心。其中的"传统游戏"课程，根据中华传统文化传承与发展的要求，以中华优秀传统体育文化内容为主。传统游戏作为"玩"项目中的一种，正在逐步淡出孩子玩的世界，本主题通过认识传统游戏活动，引导孩子玩中学，做中学，以研究性学习的方式，强身健体，并通过信息科技手段进行汇报展示，使学生感受传统游戏的独特文化魅力。

一、育人价值

1. 通过"传统游戏"主题活动，引导学生体验中华优秀传统体育文化的丰富性与独特性，感受中华优秀传统文化的魅力，增强对中华优秀传统文化的认同感及培养民族自信心和自尊心。

2. 在小组活动中，培养学生团队协作的意识，以及与他人合作交流的能力。

二、活动目标

1. 了解传统游戏的种类、玩法及特点，开展传统游戏体验活动，感受游戏带来的快乐，增强传统文化认同感。

2. 活动中，学生制订活动计划，提高学生收集和处理信息的能力；培养学生体验、交流、实践、探究等综合实践能力和创新精神。

3.激发学生对传统游戏的兴趣，认识到运动的重要性，带动他人参与其中，让传统游戏成为学生课余生活的一部分。

三、实施过程

活动阶段	学生活动	教师组织	活动意图
①准备阶段	①谈谈自己课余时间的游戏活动。 ②观看视频，看看以前的孩子玩什么。 ③介绍一下自己知道的传统游戏。 ④确定小组研究的传统游戏种类	①组织学生说出课余活动项目。 ②播放开展传统游戏的视频。 ③引出活动主题——传统游戏。 ④组织学生讨论，确定各组研究的传统游戏种类	①课余活动，每个同学都有，借助学生已有的生活经验引入，带入感强。 ②通过视频介绍传统游戏，激发学生兴趣，方便引出活动主题。 ③小组间交流确定小组主题，考验学生间的交流协同能力
②实施阶段	①收集小组研究游戏的相关资料（游戏的由来，玩法，规则，特点等）。 ②制订活动体验计划。 ③游戏初体验，在体验中收集遇到的问题。 ④小组总结问题，商讨解决方案，并进行汇报。 ⑤再次进行游戏实践，看看问题是否解决	①介绍各种研究方法。 ②在学生制订活动体验计划过程中进行指导，并组织学生进行计划汇报，相互借鉴。 ③组织学生进行游戏体验活动，学生遇到的场地、器材等问题，要与学校沟通协调。 ④组织学生发挥集体智慧，商讨策略。 ⑤引导学生发现问题（技能问题与方法问题）	①让学生知道常用的研究方法都有哪些，这些方法如何运用，并使用这些研究方法收集相关的资料。 ②学生能知道计划要具备可行性。 ③学生能够体会到知道与掌握之间还是有差距的，技能要通过练习才能发现新问题，也只有通过练习才能熟练掌握。 ④通过组内讨论，组间汇报，寻找问题解决方案。 ⑤学生认识到方法问题可以改正，技能问题需要练习
③总结交流阶段	①小组通过信息科技手段制作小组传统游戏的素材（特点、玩法、注意事项，以及整个过程中的心得）。 ②汇报小组材料	①教师为学生制作材料提供场所支持（计算机教室等），并为学生提供相应的技术支持。 ②及时点评，抓住材料中的闪光点，进行展开说明，也是对其他小组的指导	①学生在制作材料的过程中，通过小组分工，学会与他人合作；根据材料需要，学会相应的技术手段。 ②通过梳理小组的传统游戏种类，让学生对传统文化理解更深刻，也让其他小组详细地认识到其他的传统游戏项目
④拓展延伸阶段	①每组挑一种其他小组的传统游戏进行体验。 ②汇报心得体会	①组织学生活动体验。 ②教师总结：我们中华文化博大精深，传统游戏不但有意思，还能强身健体、增强同伴间的关系，倡导学生课余进行此类活动，远离手机游戏等	①让学生体验更多的传统游戏种类。 ②增强学生中华传统文化的认同感，引导学生在课余时间开展传统游戏项目

四、设计思路

"传统游戏"主题活动以传统体育内容为主要素材，以小组活动形式展开，学生在真体验、真实践、真探究中进行活动。通过研究性学习，拓展学生思考的范围和活动空间，提升学生兴趣，使整个学习过程成为一个主动学习的过程。优化了体育教学的结构，合理地利用了学科间相互渗透、彼此依存的关系。同时，使学生对传统体育技能的理解更深入，不但会做，且知其然并知其所以然，也让学生对传统文化有更深入的了解，增强民族认同感。

学生在本主题活动中，经历完整的研究性学习过程，在体验中发现问题，在探究、实践、反思中解决问题，从而达到对传统游戏的深刻理解。活动分为准备阶段、实施阶段、总结交流阶段和拓展延伸阶段。在活动准备阶段，学生知道了一些传统的游戏项目，确定了本组研究的游戏种类；实施阶段中，各组通过多种方式收集并整理资料，制订体验计划，在实践中发现问题，并制订解决方案，再次经过体验，验证方案的正确性，并熟练掌握游戏技能；总结交流阶段，通过小组汇报的形式介绍各组研究的传统游戏；拓展延伸阶段，试玩其他小组的传统游戏内容，研究小组作为指导嘉宾。

沙 包

于志刚

本案例以体育课上学生熟悉的沙包游戏作为切入点，结合综合实践课程中的传统游戏开展活动。在活动过程中，学生通过与家长的交流，了解沙包游戏这一传统游戏的发展过程。通过自己动手制作沙包掌握缝纫的简单劳动技术。通过设计沙包，引导学生在实践活动中综合运用体育、劳技等知识与技能，体验发现问题、解决问题的学习过程。

一、育人价值

1.通过主题活动，引导学生对综合实践活动课程有更具体、更深入的了解。能够顺利地开展综合实践活动，能够把不同学科的学习结合起来，能够把学校的学习和生活实际结合起来。

2.学习劳动技能，树立劳动思想，训练发散思维，培养多元智能。

3.培养学生个性化的认识，团队协作的意识，以及与他人合作交流的能力。

二、活动目标

1.通过活动，掌握相关的劳动技能和实践学习的步骤。

2.培养学生体验、交流、实践、探究等综合实践能力和创新精神。

3.能够把不同内容的学习结合起来，能够把学习和生活结合起来。

三、实施过程

活动阶段	学生活动	教师组织	活动意图
①准备阶段	①交流体育课上的砍包游戏。 ②说一说和家长交流的收获（他们是怎样玩砍包游戏的，他们的包是怎样制作的）。 ③汇报交流："我"要制作的包	①提问：砍包是什么材质的？在游戏过程中，你对这种包有什么体会，传统的砍包游戏使用的包是怎样制作的？ ②展示：引导学生观察、体验传统的包，对形状不同、大小不同的包有哪些猜想。 ③引出实践活动	①把体育课上的砍包游戏与综合实践课程的研究活动结合起来作为切入点。 ②通过直观的体验对包有一定的认识，产生猜想引出后面的实践活动
②实施阶段	①制订实践活动计划，包括：具体的步骤，人员的分工，问题的解决。 ②根据向家长请教的收获，尝试制作包。裁剪布料，缝合，填充。 ③用自己制作的包进行游戏。说一说游戏的体验。对自己制作的包是否满意。有哪些优点，哪些方面需要改进与调整。 ④总结问题，尝试改进与调整。 ⑤再次进行游戏实践，检验问题的解决效果	①基本针法指导。缝包可以采用的针法不是唯一的。布料的裁剪方法更是多种多样。不同的针法在效果上区别不大。裁剪不同，带来形状不同的包。 ②包内填充物的选择与控制。填充物一般为各类谷物。颗粒大小不同的谷物，填充效果也是不太一样的。填充比例需要通过游戏来确定。太满或太空都会带来一些问题。 ③组织学生进行游戏体验活动。检验自己制作的包在游戏中的表现。无论是猜想还是设计以及制作都需要通过实践来检验	①通过实践活动，学生知道制订计划的必要性，并对自己制订的计划有进一步的认识。发现问题，尝试改进。 ②通过实践活动，学生体会到学习与生活的联系，能力与实践的关系。 ③通过与家长的交流，增进彼此的了解。同时，了解社会的发展与时代的变迁。 ④掌握能力。包括分析、思考的能力，动手实践的能力，研究、设计的能力
③总结交流阶段	①把自己的完整活动情况进行总结。设计环节、实践环节、验证环节、反思与改进环节，有哪些收获。 ②汇报小组材料	①对学生的个性化设计进行引导。在基本技术与能力上进行指导。 ②以实践检验为主，让学生在实践中学会实践，在学习中学会学习	①学生在制作材料的过程中，通过小组分工，学会与他人合作；根据材料需要，学会相应的技术手段。 ②通过梳理小组的传统游戏种类，让学生对传统文化理解更深刻，也让其他小组详细地认识到其他的传统游戏项目
④拓展延伸阶段	①设计制作两个包，在大小、形状、布料、填充物等方面加以区分。对不同的包进行对比分析，发现各自的特点。 ②对自己的发现进行总结，猜想什么样的包是比较适合游戏的。有些包适合进攻方，有些包适合防守方，如何做到攻守平衡……	①学生自主进行研究实践活动。 ②指导学生的实践活动，帮助学生分析问题，提供适当的指导与帮助	①学会自己研究，能够进行有条理、有效果的研究实践活动。 ②掌握一定的实践能力与基本技能

四、设计思路

　　"沙包"主题活动以体育内容为切入点，把综合实践与劳动技能结合起来，以个人加小组的活动形式展开。通过研究性实践活动，训练学生的基本技能，训练学生的实践思维，提升学生活动的兴趣。学生在体育课上经常进行砍包游戏，他们使用的是橡皮筋砍包。当他们与家长交流之后，知道自己的家长也会玩砍包游戏，但是用的都是自己制作的包，就会产生好奇。当同学们把家长的介绍汇报出来之后，进一步发现：原来的包有很多样子，比现在的橡皮筋包好玩，就会由好奇转为想尝试。在尝试过程中发现问题、解决问题，让学生兴趣更高，收获也更大。这样的实践活动很自然地把不同学科串联起来，让不同的学科互相支撑，互为表里。合理地利用了学科间存在的相互渗透、彼此依存的关系。同时，学生的思维能力也得到了提升。面对一个情况、一个问题，可以从不同的角度去分析和思考。把自己头脑中的所学，运用到实践活动中，并用实践活动检验自己所学的知识和技能。

　　学生在本主题活动中，从自己动手制作沙包开始，过程中面对一个又一个问题。用什么样的布料制作沙包比较合适；沙包制作成什么样的形状比较合适；布料怎样剪裁比较合适；缝沙包用什么样的针法比较合适；沙包里填充什么东西比较合适；填充多少比较合适；等等，从体育课上的一个橡皮筋包到自己动手制作沙包就遇到了这么多问题。这些问题在橡皮筋包上是没有的，但又是从橡皮筋包引出的。从游戏的角度出发，从生活实际的角度出发，一个包需要考虑这些方面的问题。这是需要实践活动去发现的，也是需要实践活动去检验的。而一个完整的实践学习过程，让学生对于今后的研究与实践树立了信心，也掌握了方法。

舞动的语言

王晶晶

本案例围绕跨学科主题"会说话的身体"（水平一）进行教学设计。在教授模仿操的时候，选取适合模仿操节奏的音乐，并用一些形象生动的词语来描述动作，这样既可以让学生更好地理解动作的要领，也可以让学生在语文表述方面和音乐的节奏感方面得到提高。在学习活动中，尝试跨学科主题学习，采用语言与模仿操相结合的方式，激发学生的学习兴趣和运动兴趣。

一、育人价值

1.通过学习让学生对模仿操有初步的了解，学生乐于参加模仿操的学习，并在活动中增强自信。

2.通过模仿操的自我练习和互相观察，矫正姿态，提高韵律感与协调性，增强体质，为身体的正常发育和以后的学习打下良好的基础。

3.激发学生运动的兴趣，培养学生乐观、积极的心态，与同伴互帮互学，积极合作，互相激励，共同提高，发扬集体主义精神。

二、活动目标

1.通过语言表述学习模仿操动作，掌握动作与音乐的协调配合。

2.学生能充分展现自我，发挥自己的才能，在模仿操的展示中，体验获得成功的喜悦感，培养自尊自信等心理健康素质。

3.通过各种形式的练习，培养学生创新精神；学会尊重并听取别人的意见，互帮互学，形成良好的团队合作精神。

三、实施过程

学习任务	学生活动	教师组织	活动意图
①观看模仿操的视频，了解模仿操的动作要领	①学生认真观看模仿操视频。②小组进行讨论，对模仿操进行语言描述，如"小猫咪喵喵叫着，欢快地跑了过来；小白兔开心地蹦蹦跳跳，两只耳朵快乐地摇摆着；小花狗懒懒地伸了个懒腰，汪汪地叫着"等。③组长代表小组对模仿操进行语言描述	①观看视频，了解模仿操的动作要领。②组织学生小组讨论，并进行巡视指导，参与到学生的讨论中。③总结学生的讨论结果，展示模仿操的语言描述文字	①通过观看视频激发学生学习模仿操的兴趣。②激发学生合作探究的意识，培养学生的观察能力和语言描述能力
②了解模仿操的动作要领之后模仿练习动作	①认真观看教师示范动作。②根据语言描述练习模仿操动作。③小组边进行语言描述边练习	①教师讲解示范模仿操的动作要领。②教师对模仿操进行语言描述，并提示动作要领。③组织学生小组练习，边说边做	①帮助学生明确模仿操的动作要求。②树立小组合作的意识
③跟音乐进行小组模仿操练习	①配合音乐集体练习模仿操。②配合音乐进行小组练习。③组员相互提示动作要领	①教师带领学生跟着音乐进行模仿操练习。②组织学生分组跟着音乐进行练习。③教师巡视各组，并进行指导	同学之间相互提示与鼓励，培养学生集体主义精神和团队合作意识
④小组展示	①积极参与小组展示。②开展讨论，根据平时对小动物的观察，小组创编新的动作。③小组展示新创编的模仿操	①教师组织小组展示。②鼓励学生大胆创新的模仿动作。③教师鼓励学生展示自创的模仿操	①给学生展示的空间，增强自信心。②促进学生互相交流，激发和延续学生的学习兴趣，锻炼学生的语言组织表达能力

四、设计思路

在教授模仿操的时候，用一些形象生动的词语来描述动作，比如"小猫咪喵喵叫着，欢快地跑了过来；小白兔开心地蹦蹦跳跳，两只耳朵快乐地摇摆着；小花狗懒懒地伸了个懒腰，汪汪地叫着"。将模仿操和语文、音乐融合在一起，这样可以让学生更好地理解动作的要领，不仅锻炼了身体，还增强了音乐节奏感，丰富了课程内容。

组织学生进行一些小组练习、展示，既提升了学生的运动素养、团队意识、合作能力，又培养了学生的观察能力，提高了学生的语言表达能力，让学生对体育运动更加感兴趣和热爱，同时也提高了学生的音乐素养和节奏感。

通过这种方式，学生不仅能够学到模仿操的动作，还能够通过课堂上的语文内容、音乐节奏感训练等学到其他学科的知识和技能，让体育课程更加生动有趣、更加全面。

英雄少年　勇往直前

周　帅

本案例围绕跨学科主题"钢铁战士"（水平二）进行活动设计，以消防演习为契机，通过模拟地震救援的场景，引导学生在体育活动中综合运用道德与法治及语文、数学、音乐、信息技术等知识与技能，激发学生敢于冲锋、勇往直前的精神，传承和弘扬英雄精神。

一、育人价值

1.通过指导学生在不同地形地貌下进行障碍跑练习，促进学生的体能发展，培养学生的合作学习能力和团队精神。

2.通过设计"长途奔袭""跨越深坑""匍匐前进""绕过障碍"等情景，培养学生"人民至上、生命至上"的意识和爱国主义精神。

3.通过创设"地震救援"的情境，培养学生正视困难、敢于拼搏、坚韧不拔的意志品质。

二、活动目标

1.综合运用体育、语文、音乐、信息技术等相关知识，了解不同场景发生地震后的紧急避险方法，并掌握正确的救援方法。

2.通过演绎地震的场景，提高计划与设计、组织与协调、决策与反思、探究与创新等能力，增强保护自己和他人的意识。

3.在完成模拟地震救援场景练习的过程中，掌握障碍跑的呼吸节奏与技术要领，提高障碍跑练习的兴趣，锤炼学生攻坚克难、勇于挑战的优良品质，发扬舍己为人的无私精神。

三、实施过程

学习任务	学生活动	教师组织	活动意图
①观看发生地震时相关的视频，了解地震造成的后果	①通过信息技术了解发生地震时的场景。②学生分组讨论探究学习，运用语文、数学、信息技术等知识思考和分析发生地震后应如何自救以及如何救人	①引导学生思考不同场景下发生地震的自救方法及救人方法。②在学生讨论学习过程中遇到困难时，教师单独指导和帮助，并鼓励学生小组内部与小组之间互相学习和交流	①通过学习和了解不同场景地震自救与救人的方法，教师尝试运用多学科知识结合的方式来解决问题，提高学生的综合实践能力。②通过团队合作的方式来探究和解决问题，提高学生自主探究能力
②"长途奔袭""跨越深坑""匍匐前进""绕过障碍"（学练障碍跑）	①了解在不同环境和地形下障碍跑的技术和动作要领，提高学生对障碍跑的学习兴趣。②学生学习障碍跑的几项动作要领。③科学、灵活地设计障碍跑的各个环节（跳、跨、爬、绕），学生以小组为单位，自主学习自主探究，互相帮助，帮助同伴克服对障碍跑的恐惧心理，共同攻破难关	①教师导入发生地震，需要紧急救援的情景，以及我英雄部队人民至上、生命至上的勇往直前精神，激发学生学习热情。②在学生自主探究和学练障碍跑技术时，教师给予帮助和指导。③教师按照跳、跨、爬、绕四个环节设置了障碍，引导学生在已学动作技术基础上，积极创编障碍跑的方法及拓展。关注学生个体差异，针对性地调整教学方法，增强学生自信心	①通过对不同地形地貌下障碍跑技术动作的练习，了解障碍跑的技术要领，掌握科学合理的锻炼方法。②通过练习障碍跑，发展学生跑、跳、跨、爬、绕等能力，以及学生的心肺功能和耐力等体能。③引导创编新的游戏，增强学生练习兴趣，发展学生实践创新能力，以及锤炼学生团结协作、勇敢顽强和吃苦耐劳的优良品质
③模拟实战演练：还原地震现场解放军战士冲锋陷阵，勇往直前的情景	①了解本次地震的大体情况（包括地震等级、环境状态、救援距离等）。②设计不同地形地貌下解放军战士救援的场景，安全又快速地通过障碍抵达救援现场	①引导学生了解近些年我国发生的两次大地震（汶川地震和玉树地震），将灾难背景融入教学情境中。②引导学生模拟救援部队紧急集合，快速增援，提示学生在救援过程中注意自我保护，引导学生又快又安全地通过。增强学生对抗自然灾害等突发事件的能力	①通过观看视频和图片，模拟实战演练中解放军战士快速救援的情景，讲述英雄事迹，了解解放军战士不怕困难、不畏艰辛的精神，激发学生的家国情怀。②学生自主探究和交流，充分发挥想象力，体验过障碍的方法，发展体能
④不同险情的应急预案及实施	①根据实战需要，重新进行布局：设计同一险情多方增援的方案，从不同障碍出发，运用障碍跑的四个环节抵达救援现场。②若在救援过程中出现受伤或者过障碍失败的消防战士，运用健康知识对其进行紧急处理，运送伤员。③结合激情昂扬的音乐，创设一方有难、多方支援的情境	①指导学生根据不同地形地貌的特点，设计顺序不同的障碍，思考怎样又快又安全地通过障碍，合理布置应急场景。②教师引导学生全身心地投入情境中。③根据背景音乐的节奏特点，激发学生不怕困难、勇往直前的意志品质，提高学生通过障碍的能力	①通过设计不同的场地和情景，掌握越过障碍救援的多种方法，增强对救援工作困难的理解。②学生亲身参与到实战中，通过突发受伤事件，了解急救的基本常识和简单的紧急处理方法。③利用音乐激发学生对障碍跑的兴趣，学会在跑步过障碍中变换节奏步伐。

续表

学习任务	学生活动	教师组织	活动意图
⑤课后拓展	①围绕本次课程内容，讨论对于这次模拟演练的感想，各小组根据评价指标自评与互评，之后老师进行评价。②走访、调查居住地消防通道及避险场所，了解消防工具的使用等	①引导学生根据应急预案与实施情况，评选出优秀增援小组，说出其优缺点，并提出改进意见。②引导学生对其所居住地消防通道及设施进行实地考察，做到了解	①综合运用语文、数学、音乐与信息技术等知识，提高创新能力，激发家国情怀。②在发生突发状况时，能够快速应对，保证自身安全，并在有条件的情况下对周边人员进行救援

四、设计思路

"英雄少年　勇往直前"以震后抢险救灾为背景，教师创建情境教学法和激励法进行教学，引导学生利用不同地形地貌，开展各种障碍跑学练，以激发学生的学习兴趣，使学生积极主动地去学习。本活动的设计目的是让学生了解和运用与灾后救援相关的语文、音乐、信息技术等知识；在抢险救灾模拟演练中，结合不同地形地貌学练与障碍跑相关的体育与健康知识。

本课在学法上主要采用了尝试学习法、对比学习法和小组合作学习法，首先，让学生在不同地形地貌下完成练习，在练习中发现问题。然后，以小组为单位，研讨悟出正确的动作要领，及时纠正在练习中出现的错误动作和想法，从而促进学生积极主动地参与练习，提高学生学习的自主性。本活动可以由体育教师独立实施，也可以协同其他学科教师一起完成。

本活动给学生提供了一个开放性任务，引导学生通过团队合作，设计针对不同险情的应急预案，并进行演练。本活动分课外和课内两部分：课外活动主要是学生收集相关资料和信息等；课内活动主要是小组创编多种形式的障碍跑，学练障碍跑动作技术，进行展示与交流等。教师可以采用昂扬的音乐来营造课堂氛围，提高学生的积极性和参与的热情，提高学生对障碍跑的兴趣，进而传承和弘扬英雄精神，培养学生勇往直前的品格和家国情怀。

运动与测量

冯家舟

本案例围绕跨学科主题"运动与测量"进行活动设计。体育运动中，测量是非常重要的环节，将运动与测量的知识结合在一起，可以培养学生良好的竞争意识以及帮助学生更好地掌握测量方法和分析对比数据的能力，引导学生在体育活动中综合运用数学知识与技能。

一、育人价值

1. 通过分组练习蹲踞式跳远，小组合作测量、记录数据，培养学生的团队协作能力。

2. 发展学生的跳跃能力，使学生能够根据测量的数据了解自己的水平，进而更好地培养学生之间合理的竞争意识，提高运动技能。

二、活动目标

1. 综合运用数学知识，通过测量数据、记录数据、对比数据，激发学生对体育运动的兴趣，进而更好地掌握跨越式跳高的运动技能。

2. 让学生学会相互沟通、决策与实施，培养学生的合作、创新能力。

3. 学生能够通过分析、对比数据，帮助自己在体育锻炼上达到更高的目标，培养学生勇于挑战的优良品质。

教育文库
北京卷

三、实施过程

学习任务	学生活动	教师组织	活动意图
①学生测量数据、记录数据、整理数据	①通过蹲踞式跳远测试，产生学生研究的数据。②学生学习使用测量工具进行相关仪器的测量，如使用测量仪器测量蹲踞式跳远的距离，小组合作进行数据的记录和整理	①组织学生进行蹲踞式跳远测试。②在学生遇到困难时，及时给予帮助，并鼓励学生在小组内部与小组成员相互学习和交流	①通过这一活动产生数据，为接下来的学习做好数据准备。②尝试通过团队合作与交流完成数据的收集与整理，调动学生的积极性，从而以积极的状态投入后续的研究活动中
②学生将记录和整理的数据使用数学方法进行对比分析	①在记录、分析和对比数据的基础上，绘制小组成员关于蹲踞式跳远的统计表。②根据统计表中呈现的数据，绘制统计图	①利用前面收集整理的数据，引导学生根据所学知识绘制统计表。②在学生合作绘制统计图的过程中，及时给予指导	①巩固学生用统计表呈现数据的方法。②通过绘制统计图，使学生对所学知识有更加深刻的领悟。③通过小组合作，发展学生的团结协作能力
③观察统计图，分析数据解决实际问题	①通过数据分析的过程，学生进一步体会到统计图的直观优势。②根据图表显示，进行合理的分析	①引导学生观察统计图，回答问题，并体会绘制统计图的优势。②引导学生分析数据，并挖掘体育与数学之间的联系	①巩固学生对统计图相关知识的应用能力，并在这个过程中使学生再一次体会利用统计图进行数据对比的优势。②通过学生分析数据的过程，培养学生的数据分析意识和能力

四、设计思路

　　"蹲踞式跳远"（水平三）是跳跃单元中学生所要学习的课程，将体育课程与数学中的测量结合在一起，激发学生的学习兴趣以及自主练习的积极性，从而巩固、提高学生的运动能力。

　　通过数据的对比、整理、分析，可以培养学生良好的竞争意识、团队合作意识，同时结合测量数据，帮助学生在体育锻炼上达到更高的目标，培养学生正视困难、攻坚克难、超越自我、勇于挑战的优良品质。

小雨伞
——如何欣赏与评价足球比赛

邢洪宇

在 2023 年活力校园创新研讨会上，专家们就"如何设计跨学科主题教学案例，需要遵循哪些原则"这一话题进行了深入探讨。其中汪晓赞老师谈到了在我们的体育专项运动技能学习里面有六大板块，第一个是基础知识、基本技能，第二个是技战术应用，第三个是体能，第四个是展示与比赛的组织，第五个是规则裁判方法，第六个是观赏与评价。前三个在我们的课堂教学中比较普遍，但后三个，在我们的课堂教学中实在是比较容易忽视的。为此，基于体育新课标改革发展评价观所倡导的：①评价目的是促进发展；②评价内容综合化；③评价方式多样化；④评价主体多元化；⑤关注发展过程，我设想用数学课标中要求的"三会"（会用数学眼光观察现实世界，会用数学思维思考现实世界，会用数学语言表达现实世界）来评价体育课中的足球技能水平，设计一个跨学科主题学习案例。

本学期我校开展足球联赛，借此活动我设计相关体育专项技能第六项观赏与评价的主题学习案例。本案例我设计的主题为"小雨伞——如何欣赏与评价足球比赛"。在观看足球比赛过程中，引导学生用数学的"三会"观赏和评价比赛。比赛中可以要求学生记录、分析，如了解对手各个方面情况时，收集数据、处理数据，然后把这些评价用数学语言表示出来。

一、育人价值

1.通过创设跨学科主题："小雨伞——如何欣赏与评价足球比赛"，培养学生体育专项技能的第六项：观赏与评价。

2.调查对手各个方面情况，通过收集数据、分析数据，将评价通过雷达形图（小雨伞）做出来，帮助学生理解和学会欣赏、评价足球比赛。

3.通过归纳和总结同学们收集的数据，设计针对对手的足球比赛战术。充分调动学生在体育课堂上学习足球的积极性，让学生们在乐中学，"感受、体验、思考、评价"足球比赛。

4.学习运动健儿顽强拼搏、团结友爱的精神。

二、活动目标

1.通过观看足球比赛，收集比赛对手的各项数据，并对数据统计、分析，得出量化结果。

2.分析数据得出量化结果，并制作运动员足球综合能力雷达图。

3.分析运动员足球综合能力雷达图，了解对手足球技战术特点。并针对对手特点制订出本班足球技战术。

三、实施过程

学习任务	学生活动	教师组织	活动意图
①观赏与评价足球比赛的侦察任务	①明确观赏比赛任务：记录速度、力量、防守、盘带、传球、射门等六方面足球能力。②知道评价方法，按要求记录对手足球队员分数	①通过观察对手，侦察其速度、力量、防守、盘带、传球、射门等方面足球能力。②讲解记录和评价的方法。对足球队员各项能力按满分100分估算评分评价	①通过观赏任务导入，引发学生的学习兴趣。②通过观看比赛、评价对手，学习足球技能

学习任务	学生活动	教师组织	活动意图
②了解足球比赛规则，本次比赛每班队员14人，男女不限，比赛分上下半场，每半场10分钟。学生根据比赛人员情况布置侦察任务	①学生通过教师讲解，学习足球比赛相关规则。②学生根据教师的讲解，明确对每位对手的侦察任务（每班约40人），每位对手要有1—2位同学观察评价。③学生根据教师讲解，了解统计和分析数据方法，并明确是那些同学的任务	①教师讲解比赛规则等相关内容。②引导学生部署侦察任务。③引导学生部署统计和分析数据的任务	①通过侦察任务，激发学生学习兴趣。②通过布置侦察任务，使学生了解学习足球所需的各项技术技能。③通过布置统计分析任务，使学生运用数学知识完成观赏和评价足球比赛的学习
③观赏与评价足球比赛	按教师要求，观赏足球赛，完成侦察任务	通过观赏足球赛，完成侦察任务。再次明确分工，组织赛后收集工作	通过现场观赏比赛，直观了解足球各项技术技能，为学习足球打下基础，制造学习动机，培养学习兴趣
④收集、分析数据。得出对手各项技能指标	①按之前要求收集数据，分析数据。得出对手各项技能指标。②制作"小雨伞"，即足球技能综合能力雷达图	①组织学生收集数据，分析数据。②讲解并组织学生制作"小雨伞"，使分析数据更直观易懂	①通过侦察对手球员各项足球技能数据，并运用"三会"的理念，帮助学生更好地理解和学习足球技能。②通过制作"小雨伞"，帮助学生更好地观赏和评价足球比赛，学习足球技能
⑤统计分析数据后思考、制订针对对手特点的本班足球技战术	按教师要求思考、制订针对对手特点的本班足球技战术	教师讲解运动员足球综合能力雷达图，使学生了解对手足球技战术特点，并针对对手特点制订出本班足球技战术	①通过总结和归纳同学们收集的数据，设计针对对手的足球比赛战术。②充分调动学生在体育课堂上学习足球的积极性，让学生们在玩中学、乐中学，"感受、体验、思考、评价"足球比赛
⑥学习女足运动员顽强拼搏、团结友爱的精神	通过教师的介绍，了解到我国有很多有名的女足运动员。她们艰苦训练，努力拼搏，为国家拿下了1996年亚特兰大奥运会银牌。思考评价自己的足球技能，想想自己怎样学习足球	足球是人们喜爱的比赛，教师介绍中国女足队员比赛事迹，教育学生学习中国女足顽强拼搏团结奋进的精神。引发学生思考评价自己的足球技能	了解我国女足的成长历程，渗透人文情怀，激发学生的爱国热忱

四、设计思路

本课通过教育学生"会用数学眼光观察现实世界，会用数学思维思考现实世界，会用数学语言表达现实世界"的方式来观赏和评价足球比赛，从而学习足球技能。通过评价对手的足球综合能力，进而思考自己的足球综合能力的方法来提高学习足球的内驱力。学生通过用数学眼光观察对手足球能力，用数学思维思考对手足球能力，用数学语言表达对手足球能力的这种跨学科的观赏和评价体育的方式，直观地认识对手，认识自己。

华丽变身捕虫能手

沈 光

本案例围绕跨学科主题"华丽变身捕虫能手"（水平一）进行活动设计，通过模拟"小蝌蚪找妈妈、捕捉害虫"的场景，引导学生在体育活动中综合运用语文、信息技术、美术等相关知识与技能。

一、育人价值

1. 通过游戏创设良好的学习氛围，提高学生的自主学习积极性，激发学生的学习兴趣。

2. 学习立定跳远的技术动作，掌握正确的立定跳远方法，发展腿部力量和跳跃能力。

3. 培养良好的合作精神和创新意识，感受和体验参与集体活动的乐趣。

二、活动目标

1. 综合运用体育、语文、美术、信息技术等相关知识，了解小蝌蚪变成小青蛙的相关知识，学习并掌握跳跃技能，发展肌肉力量、肌肉耐力、协调性等体能。

2. 通过小蝌蚪变成小青蛙和捕捉害虫的场景，引导学生质疑、实践、探究，促进学生在教师的引导下主动地、富有个性地学习。

3. 在青蛙的成长、捕虫过程中，掌握跳跃的技术要领，提高跳跃练习的兴趣，培养学生积极思考、相互交流的优良品质，发扬学生的创新精神。

教育文库
北京卷

三、实施过程

学习任务	学生活动	教师组织	活动意图
①观看小蝌蚪找妈妈的相关视频	①通过图片及信息技术了解小蝌蚪变成小青蛙的过程。②学生分小组讨论，探究学习，发挥想象模仿"小蝌蚪"游着找妈妈。③运用语文、美术等知识思考和分析小蝌蚪变成小青蛙的过程	①由课文《小蝌蚪找妈妈》意境导入。②在学生遇到困难时，教师及时给予指导和帮助，鼓励学生进行小组内部与小组之间的互相学习和交流	①教师尝试运用多学科知识结合的方式引导学生学习和了解小蝌蚪游动找妈妈的方法，提高学生的综合模仿能力。②使学生以积极、饱满的精神状态参与到小组的合作与交流中，提高学生自主探究能力
②"小青蛙学本领"（学练跳跃）	①了解小青蛙跳跃的技术和动作要领，提高学生对跳跃的学习兴趣。②学生学习跳跃的动作要领。③科学、灵活设计"小青蛙学本领"的各个环节，以小组为单位，自主学习自主探究，互相激励，帮助同伴克服对跳跃的恐惧心理，共同攻破难关，挑战更高的难度	①教师模仿青蛙妈妈走路，激发学生学习热情。②在学生自主探究和学练跳跃技术时，教师给予帮助和指导。③教师按照跳的远近设置障碍，引导学生在已学动作技术基础上，积极挑战自己。④关注学生个体差异，针对性地调整教学方法，增强学生自信心	①通过不同距离的跳跃练习，了解跳跃的技术要领，掌握科学合理的锻炼方法。②通过练习跳跃，发展学生肌肉力量以及学生的协调性和平衡性等。③通过创造挑战任务，提高学生练习兴趣，发展学生实践创新能力，以及指导和巩固跳的正确动作
③"青蛙"捕"害虫"	①了解自然中哪些是害虫，哪些是益虫。②设计青蛙在不同荷叶上顺利通过的场景，使其安全又快速地通过障碍抵达目的地。③根据实际需要，重新进行布局：为另一小组设计不同方案，从不同障碍出发，运用跳跃的方式抵达目的地	①设置教学情境，引导学生学习和了解自然界中的益虫与害虫。②指导学生观察、思考，安全通过障碍的方法，提示学生在通过过程中注意自我保护，引导学生又快又安全地通过。③指导学生根据距离远近的不同，设计顺序不同的障碍，引导学生思考怎样又快又安全地通过障碍，合理地布置跳跃场景	①通过观察地上障碍物的摆放，模拟安全通过障碍物的情景，激发学生不怕困难，挑战自己的精神。②学生自主探究和交流，充分发挥想象力，体验过障碍的方法，发展体能。③不断提高通过难度，激励学生挑战自我

四、设计思路

"华丽变身捕虫能手"以小蝌蚪成长、捕捉害虫为背景，引导学生模拟各种距离下的跳跃。本活动的设计目的是让学生了解和运用与跳跃相关的语文、美术、信息科技等知识；在"青蛙"捕"害虫"活动中，结合不同距离，设计与跳跃力度相关的体育与健康知识，运用语文、美术等知识学练与人交流。本活动可以由体育教师独立实施，也可以协同其他学科教师一起完成。

　　本活动给学生提供了一个开放性的任务，引导学生通过团队合作，为其他小组设计不同的障碍，并进行演练。本活动分为课内和课外两部分，课外活动主要是学生了解自然界中的益虫和害虫，学习绘画和唱歌等；课内活动主要是在体育教师的引导下，小组合作创编多种形式的跳跃活动，学练跳跃的动作技术，进行展示与交流，培养学生学习主动性，帮助学生实现个性地学习。

吹响劳动的号角

张 雯

本案例围绕跨学科主题"劳动最光荣"（水平二）进行活动设计，让学生通过查阅资料了解插秧的相关知识。以插秧为主题，带领孩子们体验从拔秧苗、犁田、搬运秧苗到插秧的整个过程，让学生学会插秧的基本方法并体验到劳作的艰辛，培养学生勤俭节约的品质，加深对劳动人民的理解和关怀，引导学生在体育活动中综合运用劳动、语文、艺术、信息科技等知识与技能。

一、育人价值

1. 增强学生的劳动意识和劳动技能，促进学生体能发展。

2. 提高学生的自主学习、合作学习、实践探索、解决问题等方面的能力。

3. 培养学生吃苦耐劳、直面困难、顽强拼搏的意志品质。

二、活动目标

1. 综合运用劳动、科学和艺术等知识，了解播种的过程，学习并掌握劳动技能，发展肌肉力量、肌肉耐力、协调性和平衡能力等体能。

2. 通过插秧实验和模拟插秧的劳动场景，提高计划与设计、组织与协调、沟通与表达等能力。

3. 通过体验劳动的艰辛与快乐，感受劳动的光荣。

三、实施过程

学习任务	学生活动	教师组织	活动意图
①了解插秧的相关知识，学习和提高劳动技能	①通过信息技术，查阅资料，了解插秧的相关知识。②通过展示、交流操作等方式指导学生体验拔秧苗、犁田、搬运秧苗、插秧的整个过程	①引导学生查阅插秧资料。②在学生遇到问题时，及时给予指导，鼓励学生进行小组之间的交流与合作	①使学生在学习插秧的过程中，尝试运用多学科知识解决问题，发展综合实践能力。②激发学生合作探究的意识，在团队合作中相互积极交流
②插秧整个过程的经验分享（拔秧苗、犁田、搬运秧苗和插秧）	①查阅有关插秧过程的相关资料，进行科学培育实验。②语言描述拔秧苗、犁田、搬运、插秧的过程和技巧。③小组讨论、分享实验经验	①引导学生课外自主学习整个插秧过程的技巧与知识，激发学生学习兴趣。②通过语言描述引导学生感受农民伯伯的不容易，感受劳动的艰辛。③教师积极参与到各个小组，与学生相互沟通与交流	①提高学生观察能力、动手操作能力，激发学生求知欲。②通过插秧的整个过程，教育学生学会关爱他人、善待自己、珍惜劳动成果。③提升学生的语言表达能力
③吹响劳动的号角，开展劳动技能挑战赛（模拟插秧全过程：拔秧苗、犁田、搬运、插秧）	①拔秧苗：两人一组同时出发，一人背竹筐，一人拔秧苗，折返跑。②犁田：四人一组，第一个人出发拉着轮胎跑到对面标志桶，放下轮胎跑回，第二个人出发把轮胎拉回来，以此类推。③搬运：四人一组同时出发，一起抬轮胎，搬运秧苗。④插秧：做插秧游戏（折返跑放道具）	①讲解并示范劳动技能挑战赛的比赛方法，提示学生注意安全，遵守比赛规则。②说明劳动技能挑战赛的意义，培养学生团结协作、吃苦耐劳的意志品质。③播放劳动歌曲，激发学生劳动热情	①发展学生快速奔跑能力、肌肉力量、协调性和平衡能力等体能。②通过多种劳动场景，使学生体会劳动人民的艰辛，珍惜来之不易的劳动成果。③学会分配体力，提高劳动效率。④努力完成各项劳动技能任务，养成团结协作、积极向上、吃苦耐劳的生活态度

四、设计思路

"吹响劳动的号角"以插秧实验和模拟插秧整个过程的劳动场景，引导学生综合运用体育与健康、劳动、科学、语文、艺术、信息科技等知识，了解插秧整个过程的相关知识，学习相关的劳动技能并分享经验，参加与运动相关的劳动技能挑战赛等。

在本课教学内容的设计中，根据小学生的心理和生理特征，以游戏练习为主线，注重诱导、启发，鼓励学生发挥想象，进行了大胆创新。在发展学生跑的能力的同时，培养其爱劳动的品质。

本活动创设农作物插秧实验和劳动技能挑战赛，为学生布置了开放性的学习任务。课外活动主要是学生收集信息，了解插秧步骤和过程，学会语言表达和学唱歌曲等；课内活动主要是小组合作学练劳动技能，创编多种形式的劳动，展示与交流，感受劳动的光荣，培养学生不怕苦、不怕累、敢于挑战自我的精神。

后 记

青少年是国家和民族的希望和未来，少年强，则国强。党的十九届五中全会提出，到 2035 年基本实现社会主义现代化远景目标，要建成文化强国、教育强国、人才强国、体育强国、健康中国，国民素质和社会文明程度达到新高度，国家文化软实力显著增强。由此可见，国民健康水平，尤其是青少年的体质健康水平，不仅关系和影响到一个人、一个家庭的幸福，更是关系到国家的发展和民族的未来。

从 2010 年开始，学校将学生的体质健康和健全身心发展工作摆在更加突出的位置，牢固树立"健康第一"的思想，并在诠释学校办学理念"为幸福人生奠基"中，将"幸福人生从健康起航"表述列为首位。

为了提升学生的身心素质，学校对体质健康工作进行大力改革。构建体育与健康的基础性课程、拓展性课程和个性化课程三级课程体系，实施"常态教学＋选项走班"相结合的教学模式。增加大课间活动时间，学生每天体育活动时间从国家规定的 60 分钟，延长至 100 分钟。学校先后为孩子们设立爱眼工作室、小胖墩工作室、体能测试室，研发淡盐水漱口设备，开设给男子汉加钢、登山等课程。关注师生心理健康，用好心理咨询室，开展积极心理课程、学生健康自我成长课程，着重从身心两方面齐抓共管，提升学生综合素质，促进学生全面健康地成长。

学校先后获得全国教育系统先进集体、北京市模范集体称号，首都劳动奖状，国家级教育教学成果二等奖，北京市基础教育教学成果特等奖和一等奖，以及全国首批科研兴校示范基地、全国青少年校园篮球运动特色学校、全国青少年校园足球运动特色学校、全国青少年校园冰雪运动特色学校、北京市奥林匹克教育示范学校、北京市足球运动特色学校等荣誉称号。

本书凝结了学校全体干部教师 10 多年来关于学生体质健康工作改革的智慧和心血，体现了在办学中学校领导集体的前瞻性思考和高站位引领，更有全体一线教师在教育教学中的大胆实践与探索，展现出朝实人"坚持、坚守与创新"的精神和不懈追求。各章节的负责人为：前言，陈立华；第一章，陈立华；第二章，陈旭、王雪莲；第三章，李军、李梓阳；第四章，赵黎明、蒋圆、夏莹莹；第五章，王长柏、李星燃；第六章，冀丽丽、武与文；第七章，于浩、侯杰；第八章，张博彦；第九章，陈大禹、李博瀚；第十章，高晓明、赵军；后记，胡爱国。同时，于志刚、王超、王志芳、王学俊、王秋香、王晓松、王晶晶、冯莉娜、冯家冉、邢洪宇、邢绘君、孙滨、苏博为、李丽丽、李海龙、吴咸中、沈光、张雯、张蕾、张娜薇、张鑫杰、周帅、郑新萌、屈晓娜、赵明月、赵雄韬、胡浩、姚娅旭、倪芳、高伟、崔彦、崔英华、焦健荣、蔡宇晴等教师为本书撰写了教学案例。

胡爱国

2023 年 2 月 8 日